贵州省社会科学院甲秀文库·创新工程系列

从生态扶贫迈向生态振兴的贵州实践

张琳杰 著

中国金融出版社

责任编辑：曹亚豪
责任校对：孙　蕊
责任印制：陈晓川

图书在版编目（CIP）数据

从生态扶贫迈向生态振兴的贵州实践／张琳杰著．—北京：中国金融出版社，2025.4

ISBN 978-7-5220-1581-1

Ⅰ.①从…　Ⅱ.①张…　Ⅲ.①扶贫—研究—贵州　Ⅳ.①F127.73

中国版本图书馆 CIP 数据核字（2022）第 059351 号

从生态扶贫迈向生态振兴的贵州实践
CONG SHENGTAI FUPIN MAIXIANG SHENGTAI ZHENXING DE GUIZHOU SHIJIAN
出版
发行　中国金融出版社
社址　北京市丰台区益泽路 2 号
市场开发部　(010)66024766，63805472，63439533（传真）
网 上 书 店　www.cfph.cn
(010)66024766，63372837（传真）
读者服务部　(010)66070833，62568380
邮编　100071
经销　新华书店
印刷　涿州市般润文化传播有限公司
尺寸　169 毫米×239 毫米
印张　13.75
字数　235 千
版次　2025 年 4 月第 1 版
印次　2025 年 4 月第 1 次印刷
定价　58.00 元
ISBN 978-7-5220-1581-1
如出现印装错误本社负责调换　联系电话(010)63263947

贵州省社会科学院甲秀文库

出版说明

近年来，贵州省社会科学院坚持“出学术精品、创知名智库”的高质量发展理念，资助出版了一批高质量的学术著作，在院内外产生了良好反响，提高了贵州省社会科学院的知名度和美誉度。经过几年的探索，现着力打造“甲秀文库”和“博士/博士后文库”两大品牌。

甲秀文库，得名于贵州省社会科学院坐落于甲秀楼旁。该文库主要收录院内科研工作者和战略合作单位的高质量成果，以及院举办的高端会议论文集等，包括创新工程系列、高端智库系列、院省合作系列等。每年根据成果质量、数量和经费情况，全额资助若干种著作出版。

在中国共产党成立100周年之际，我们定下了这样的目标：再用10年左右的功夫，将甲秀文库打造为在省内外、在全国社科院系统具有较大知名度的学术品牌。

贵州省社会科学院

2021年1月

前言

乡村振兴战略是党的十九大作出的重大决策部署，是决胜全面建成小康社会、全面建设社会主义现代化国家的重大历史任务。生态扶贫是我国扶贫攻坚进入新时代所推进的一项重大扶贫举措。良好生态环境是农村最大优势和宝贵财富，生态振兴是乡村振兴的重要组成部分，乡村振兴与生态扶贫工作必然相互交织、相互促进。随着我国贫困治理从绝对贫困向相对贫困过渡，全面小康社会建成后，增强经济发展实力、缩小区域发展差距、提高生态环境质量成为新的挑战。生态扶贫是一项更加艰巨、持续和长远的任务。在乡村振兴战略背景下，应持续推进生态扶贫机制创新，构建生态扶贫长效机制，让生态资源成为乡村发展的重要支撑和突出优势，用生态扶贫的良好成效夯实乡村振兴的绿色根基。

贵州省是中国贫困人口最多、贫困程度最深的欠发达省份之一，贫困地区覆盖范围广、贫困人口返贫比例高、对资源环境的依存度高，是全国连片特困的代表性区域。贵州既是贫困治理重点地区，也是重要的生态功能区、生态脆弱区，是全国精准扶贫脱贫和污染防治两大攻坚战的共同战场。贵州在发展过程中长期面临着脱贫致富与生态保护的双重任务和双重压力，贫困治理与生态治理既相互促进又相互制约。改革开放以来，随着经济社会的快速发展，贵州贫困人口大幅减少，贫困发生率不断降低，贫困治理取得了巨大成就；随着退耕还林、石漠化治理等生态工程的实施，自然生态环境不断改善。特别是党的十八大以来，贵州协同推进精准扶贫与大生态战略，以脱贫攻坚统揽经济社会发展全局，在脱贫攻坚中不断加强生态建设和环境保护，生态扶贫工作取得了显著成效。2020年，贵州省历史性地解决了绝对贫困问题。进入后扶贫时代，探寻使贵州省实现生态环境保护与稳定脱贫的生态扶贫长效机制，提升脱贫攻坚和乡村振兴的质量与效果，充分依托贵州生态资源禀赋优势，根据不同区域的发展特点与优势，助力实现贵州乡村生态振兴及生态宜居的发展目标，具有重要的理论意义和现实意义。

本书以贵州省作为我国生态扶贫研究的典型样本，按照理论分析、实践分析、实证分析和机制对策分析的逻辑演进，深入剖析了贵州省生态扶贫工作的历史成就、现实困境与前景展望。理论分析部分从生态扶贫相关概念的内涵和外延出发，立足于习近平生态文明思想及其“两山”理念和经济—生态系统要素禀赋耦合理论，在系统层面以实现经济社会系统与自然生态系统的协调可持续发展为理论支点，对生态扶贫长效机制构建进行了理论分析。实践分析部分对贵州省贫困治理历程与生态贫困状况进行了考察，分析了贵州生态贫困的形成原因，并总结了贵州生态扶贫的历程、实践探索和经验启示。实证分析部分选取符合贵州省情的评价指标，通过构建经济—生态系统耦合模型，对贵州区域经济社会系统和自然生态系统进行综合评价，选择典型案例进行分类讨论，并从自然生态层面和经济社会层面分析了乡村振兴战略背景下贵州生态扶贫面临的机遇和挑战。机制对策分析部分从有效衔接及协同推进机制、生态改善及价值实现机制、稳定脱贫及持续增收机制、生态扶贫的共治共享机制、生态扶贫的激励保障机制五个方面，探讨乡村振兴战略背景下贵州生态扶贫长效机制构建，并提出了贵州从生态扶贫迈向生态振兴的对策建议。

本书的特点和创新之处体现在以下几个方面：一是研究视角的创新。生态扶贫涉及的对象范围大、复杂性强。当前研究区域多集中在连片特困区和生态脆弱地区，对生态资源丰裕型贫困区和经济富裕生态滞后型地区的研究相对缺乏，有些研究并未考虑到贫困与生态问题具有显著的区域差异性特征。因此，本书从贫困与生态的互动关系出发，立足于经济社会系统与自然生态系统的互动关系视角，拓展了生态扶贫的内涵及研究范围。二是研究方法的创新。本书借助习近平生态文明思想和生态经济学相关研究成果，将经济社会系统与自然生态系统作为一个复合系统，采用系统构造与系统分析的方法，通过构建经济—生态系统耦合理论及模型，立足于系统层面的协调发展和整体优化，对区域生态贫困进行了综合评价及类型划分，更加客观、全面地研究了贵州经济社会发展与生态资源禀赋、生态环境质量的关系，为乡村振兴战略背景下贵州生态扶贫提供优化路径和政策依据。三是研究观点的创新。生态扶贫的目标是实现经济社会系统与自然生态系统的协调可持续发展。生态扶贫非朝夕之功，必须充分认识到生态扶贫的长期性，从体制机制上进行系统、全面、长远的规划，确保生态贫困群众稳定脱贫和持续增收。进入后脱贫时代，兼顾生态环境与经济发展的相对贫困治理，在系统层面实现经济社会与生态环境的协调可持续发展，针对不同类型的生态贫困实行差异化的治理策略，探寻乡村振兴战略背景下贵州生态扶贫长效机制，提出从生态扶贫迈向生态振兴的对策建议，实现贵州农村地区贫困缓解和生态保护的良性互动。

目 录

第1章 绪 论

消除贫困和生态治理是当今世界面临的全球性挑战。按照中共中央、国务院打赢脱贫攻坚战的部署，到2020年全面建成小康社会，我国现行标准下的农村贫困人口全部脱贫，整体上消除了绝对贫困，这是中国历史上的重要里程碑。但这并不意味着中国与贫困斗争事业的终结，后脱贫时代的贫困治理是需要持续关注的重大议题。生态扶贫是我国扶贫攻坚进入新时代所推进的一项重大扶贫举措。随着我国贫困治理从绝对贫困向相对贫困过渡，全面小康社会建成后，增强经济发展实力、缩小区域发展差距、提高生态环境质量成为新的挑战，生态扶贫是一项更加艰巨、持续和长远的任务。本章将阐述研究背景与价值，进行相关文献回顾与评述，介绍本书的研究内容、方法与创新之处。

1.1 研究背景与价值

1.1.1 我国贫困治理成就与贫困治理迈入新阶段

1. 贫困治理取得巨大成就

消除贫困自古以来就是人类孜孜以求的梦想，也是发展中国家共同面临的重要任务。中国是人口最多的发展中国家，面临比较严峻的贫困治理形势。新中国成立之初，由于长期战乱和通货膨胀，全国大部分地区都处于普遍性贫困之中。为了实现社会主义的本质要求，降低贫困率成为中国政府的重要任务。虽然在政府文件中直接标明脱贫的标题较少，但在分配制度、政策导向中消除贫困、发展生产、避免贫富差距过大等方面多有涉及。

改革开放以后，家庭联产承包责任制的落实有效释放了农村生产力，调动了亿万农民群众的生产积极性，国民经济得到迅速恢复和发展，社会事业全面进步，困扰中华民族的“吃饭问题”在全国范围内迅速得到基本解决。中国政府明确地将扶贫作为战略目标，尝试在经济发展中实现共同富裕。伴随经济基础初步雄厚，中国在全国范围内进行了大规模开发扶贫，以国家性扶贫规划为手段，相继颁布实施中长期的扶贫纲领性文件①，有力推动了我国贫困治理进程。党的十八大以来，习近平总书记将贫困治理放在治国理政的重要位置，提出符合时代要求的精准扶贫方略，有效解决传统“大水漫灌式”粗放型扶贫，贫困治理能力显著提升，为全面建成小康社会打下了坚实基础。

经过不懈努力，中国贫困治理取得了举世瞩目的成就，2020 年，脱贫攻坚目标任务全面完成，贫困地区人民生活极大改善。按照“两不愁、三保障”的贫困治理目标，贫困地区生产生活条件和发展环境明显提升，基础设施、营养状况、教育水平、医疗卫生以及其他福利指标也得到了全面改善。按照年人均收入 2300 元（2010 年不变价）的农村扶贫标准计算，中国农村贫困人口从 1978 年的 7.7 亿人下降到 2019 年的 551 万人，农村贫困发生率从 1978 年的 97.5%下降到 2019 年的 0.6%②（见图 1-1）。

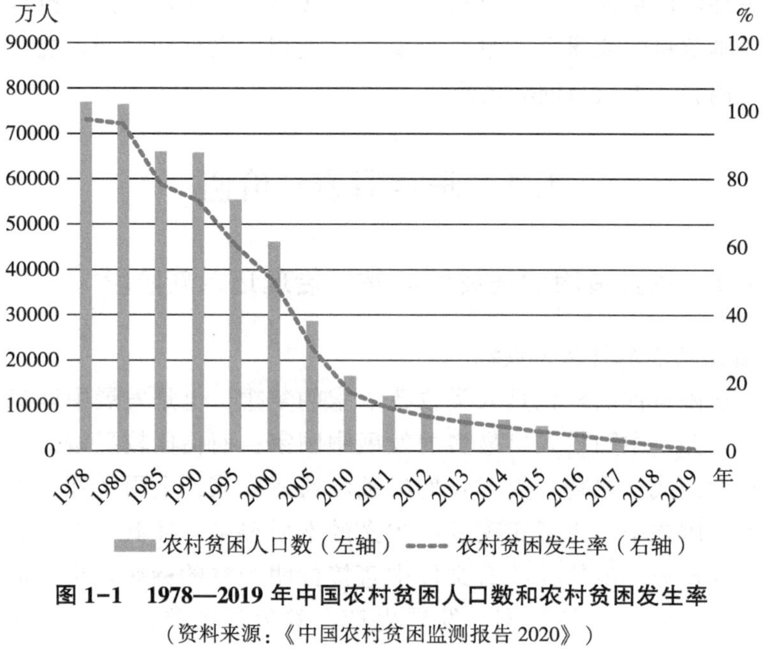

图 1-1　1978—2019 年中国农村贫困人口数和农村贫困发生率

（资料来源：《中国农村贫困监测报告 2020》）

① 分别是《国家八七扶贫攻坚计划》《中国农村扶贫开发纲要（2001—2010 年）》《中国农村扶贫开发纲要（2011—2020 年）》。

② 国家统计局住户调查办公室．中国农村贫困监测报告 2020［M］．北京：中国统计出版社，2020.

2. 贫困治理迈入新阶段

2020年中国全面建成小康社会，长期困扰中华民族的绝对贫困得以终结，这是中国历史上的重要里程碑，但这并不意味着中国与贫困斗争事业的终结。伴随我国经济实力不断提升和社会发展不断加速，贫困的表现形式和致贫原因更加复杂，贫困治理面临新的挑战。2020年以后，中国贫困治理迈入战略性变革的新阶段，主要体现在以下几个方面。

（1）从解决绝对贫困向缓解相对贫困转变

2020年我国区域性的大规模极端贫困得以彻底消除，但相对贫困依然存在，缓解相对贫困就是要缩小收入差距，减少社会不公平。从实现共同富裕这一更加长远的目标来看，中国仍需要识别和划定经济社会发展薄弱县，继续开展相对贫困阶段的区域性贫困治理。未来缓解区域性相对贫困将是我国贫困治理的重点，集中连片特困地区的大多数县村仍将处于相对贫困的状态，仍需要国家结合区域发展、生态保护、缩小发展差距等多方面来开展2020年以后的扶贫开发工作。

（2）从农村扶贫为主向城乡统筹扶贫转变

过去中国的贫困主要集中在农村，但现在城市也出现了贫困问题。随着中国经济结构的调整变化，大量农民从农村进入城市，城镇化加速推进，城市贫困问题开始显现。外来人口激增带来城市资源环境和基础设施超负荷工作，给城市交通、垃圾处理、就医环境等造成压力。城市环境问题还未有效解决，城市贫困问题接踵而至。贫困人口由于资产缺乏和社会保障强度不高，往往不足以抵御风险，城市空气污染、水污染等生态风险常常由贫困人口承担。2020年农村贫困人口实现脱贫后，亟须进一步提升扶贫资源配置效率，统筹城乡贫困治理工作。

（3）从侧重于减贫向统筹贫困治理与生态治理转变

随着社会主要矛盾的转化，我国已经进入“提供更多优质生态产品以满足人民群众日益增长的优美生态环境需要的攻坚期”①，生态环境质量不仅是经济社会发展的基础，也是区域竞争力的重要影响因素。全面建成小康社会不仅仅是人民群众的物质需要得到满足，生态需要也是其中的重要组成部分。这就要求各级政府把经济社会发展同生态文明建设统筹起来，坚持“绿水青山就是金山银山”的发展理念，摒弃损害甚至破坏生态环境的增长模式，解决突出生态环境问题，不断增强人民群众的生态福祉。

① 习近平．推动我国生态文明建设迈上新台阶［J］．求是，2019（3）：3-8.

1.1.2 乡村振兴战略下生态扶贫长效机制的意义

生态扶贫是新时代贫困治理与生态文明建设双赢的现实要求。在当前决战决胜脱贫攻坚、加快实施乡村振兴战略的关键时期，应该持续推进生态扶贫机制创新，构建生态扶贫长效机制，努力实现生态保护与脱贫攻坚双赢，以生态环境保护助力脱贫攻坚，让生态环境为乡村发展提供源源不竭的资源支持和发展优势，用生态扶贫的良好效果夯实乡村振兴的绿色基础以及可持续发展根基，进一步发挥生态环境保护和生态振兴在脱贫攻坚和乡村振兴中的重要作用。

1. 生态扶贫是一项持续性任务

按照中共中央、国务院打赢脱贫攻坚战的部署，到2020年全面建成小康社会，我国现行标准下的农村贫困人口全部脱贫，整体上消除了绝对贫困，这是中国历史上的重要里程碑，但这并不意味着中国与贫困斗争事业的终结。伴随我国经济水平不断提升和社会发展不断加速，贫困问题不再是单纯的经济现象，而是经济、社会、生态等因素综合作用的结果。尤其是自然生态先天脆弱和人为资源不合理开发利用所导致的生态贫困，降低了人民群众的生活质量，影响了区域可持续发展。我国剩余贫困人口大部分集中分布在生态脆弱地区或需要重点保护和修复的生态功能区，脱贫质量极易受到自然生态环境的影响，贫困地区脱贫摘帽的紧迫性与生态治理的长期性之间存在矛盾冲突，如果不能正确处理经济发展与生态环境保护的关系，很可能经济贫困没有得到解决就出现生态退化、资源短缺、环境污染等问题。尽管我国在生态减贫方面作出了一定的成绩，但是这些探索尚不完善，生态扶贫仍将是后脱贫时代的一项持续性任务。

在乡村振兴战略背景下，贫困治理逐步从“以解决温饱问题为主要任务”的初级阶段转入“以巩固温饱成果、加快脱贫致富、改善生态环境、提高发展能力、缩小发展差距为主要任务”的新阶段。要把脱贫攻坚同实施乡村振兴战略有机结合起来，打赢打好脱贫攻坚战，为乡村振兴奠定坚实基础，进而从根本上解决贫困问题。乡村振兴与生态扶贫工作必然相互交织、相互促进。生态扶贫通过将生态改善与农民增收结合起来助力实现乡村振兴，持续开展生态扶贫工作有利于乡村振兴战略中生态宜居目标的实现。一方面，乡村振兴战略下农村生态环境保护的重要性更加凸显。生态扶贫为在乡村振兴中处理好经济社会发展与生态环境保护的关系奠定了基础，在实现乡村振兴的过程中，坚决不能以牺牲农村优良的自然生态环境作为代价，要走出一条“既要绿水青山又要金山银山”的振兴道路。另一方面，在现阶段的乡村振兴中，由于过去的农村发展中对生态环境保护不够重视，乡村不同程度地存在生态环境问题，主要体现为农业生产过程中农药化肥不恰当使用引发的农业面源污染，毁林开荒导致的水土流失及石漠化，以及对地下水过度开采用于农田灌溉引发的水资源问题等。此外，农村地区群众欠缺生态环保知识，生产生活垃圾不合理处理及堆放，也对建设生态宜居乡村产生了负面影响。在乡村振兴战略下，农村地区的生态环境虽然有了较大改善，但仍然有较大提升空间，围绕农业生产和农民生活开展生态环境治理依然任重道远。

2. 以生态振兴巩固拓展生态扶贫成果

2018年1月，中共中央、国务院印发的《关于实施乡村振兴战略的意见》指出：“乡村振兴，生态宜居是关键。良好生态环境是农村最大优势和宝贵财富。必须尊重自然、顺应自然、保护自然，推动乡村自然资本加快增值，实现百姓富、生态美的统一。”2020年6月，生态环境部办公厅、农业农村部办公厅、国务院扶贫办综合司联合印发了《关于以生态振兴巩固脱贫攻坚成果进一步推进乡村振兴的指导意见（2020—2022年）》，进一步提出“发挥生态环境保护和生态振兴在脱贫攻坚和乡村振兴中的重要作用”。

随着我国贫困治理迈入新时期，生态振兴成为乡村振兴的重要组成部分，必须以生态振兴巩固脱贫攻坚成果，发挥生态扶贫在生态振兴中的重要作用。生态扶贫需要坚持人与自然和谐共生，贯彻自然恢复、保护优先的指导思想，统筹全局，严守生态保护红线，切实推动贫困地区居民提高收入。实现农村治理，需要建立长效机制，有效弥补乡村振兴的短板。部分深度贫困地区属于过度开发，伴随全面小康社会建设步伐，生态诉求进一步加强。部分深度贫困地区与生态环境存在内在关联，改善贫困地区经济状况，应从改善生态环境入手。巩固和扩大农村生态优势，必须加快推进可持续发展模式，深入实施农村环境整治，做好污染防治攻坚战和生态保护修复工作。进入后脱贫时代，人们更加注重生活质量，最宏观的要求就是健康的生态、美丽的环境。伴随全面建成小康社会，民众的生态诉求进一步增加，渴望神州处处天蓝、地绿、水清，乡村文明，处处有乡愁，喧嚣的城市变得更加安静，更加山水合一。只有切实提高生态环境质量，提供更多优质生态产品，才能满足人民群众日益增长的对美好生活的向往与期待，增强人民生活的获得感和幸福感。

乡村振兴与精准扶贫紧密相连，在乡村振兴战略背景下，良好生态环境是农村最大优势和宝贵财富，生态振兴是乡村振兴的重要组成部分，以生态振兴巩固脱贫攻坚成果，发挥生态扶贫在生态振兴中的重要作用，把生态减贫与乡村振兴有机结合，以乡村生态振兴保障稳定的生态脱贫，有利于提升生态扶贫的工作成效，助力乡村生态振兴，实现互惠共赢。生态振兴的目标是生态宜居，生态环境全面改善。以生态宜居为着眼点，进一步加速美丽乡村建设，实现绿色发展道路，促进乡村振兴与精准扶贫相结合，能够更好地满足人民群众日益增长的美好生活需要。2020 年是全面建设小康社会冲刺年，同样是乡村振兴的开端，两者的结合客观要求经济发展与环境保护有机衔接。这就要求各级政府必须推动生态扶贫与生态振兴良性互动和有效衔接，巩固和发展好乡村生态优势，以绿色发展引领乡村振兴。

1.1.3 贵州是我国生态扶贫研究的典型样本

贵州是我国西南地区的一个内陆省份，是长江、珠江上游的重要生态安全屏障，也是我国贫困人口最多、贫困程度最深的欠发达省份之一，贫困地区覆盖范围广、贫困人口返贫比例高、对资源环境的依存度高，是全国连片特困的代表性区域。贵州既是贫困治理重点地区，也是重要生态功能区、生态脆弱区，是全国精准扶贫脱贫和污染防治两大攻坚战的共同战场。贵州在发展过程中长期面临着脱贫致富与生态保护的双重任务和双重压力，贫困治理与生态治理既相互促进又相互制约。

改革开放以来，随着经济社会的快速发展，贵州贫困人口大幅减少，贫困发生率不断降低，贫困治理取得了巨大成就；退耕还林、石漠化治理等生态工程的实施，使自然生态环境不断改善。特别是党的十八大以来，贵州协同推进精准扶贫与大生态战略，以脱贫攻坚统揽经济社会发展全局，在贫困治理中不断加强生态建设和环境保护，生态扶贫工作取得了显著成效。贵州在生态扶贫方面进行了大胆探索，颁布出台了相关政策。2014 年，贵州省人大颁布《贵州省生态文明建设促进条例》，这是内地第一部省级生态文明法令。2015 年，贵州省明确提出《生态文明体制改革实施方案》。2017 年，贵州将“大生态、大扶贫”作为省级战略。同年，贵州获批首批国家生态文明试验区。2017 年，中共中央办公厅、国务院办公厅印发《国家生态文明试验区（贵州）实施方案》，明确了贵州作为“生态脱贫攻坚示范区”的战略定位。2018 年，贵州省政府办公厅印发《贵州省生态扶贫实施方案（2017—2020年）》，提出“实施生态扶贫十大工程”，明确了“到2020年，通过生态扶贫助推全省30万以上贫困户、100万以上建档立卡贫困人口实现增收”的主要目标。生态扶贫是精准扶贫时期实现贵州经济社会发展与生态资源禀赋良性互动的双赢策略。具体实践中，贵州坚守“发展和生态两条底线”，协调贫困地区经济、社会、生态统筹发展，在生态扶贫方面开展了大量工作。贵州省生态扶贫的实践与探索，始终走在全国同类地区前列，在生态工程建设扶贫、生态公益性岗位扶贫、生态产业及生态资源扶贫、生态保护补偿扶贫、生态移民搬迁扶贫等方面都取得了令人瞩目的成绩，实现了区域经济社会与生态环境的协同可持续发展。

在乡村振兴战略背景下，推动贫困地区由脱贫攻坚向乡村振兴转变，生态环境保护将继续发挥重要作用。将生态扶贫融入乡村振兴，充分依托贵州生态资源禀赋优势，根据不同区域的发展特点与优势，探寻使贵州同时实现生态环境保护与减贫的生态扶贫长效机制，能够提升脱贫攻坚和乡村振兴的质量与效果，助力实现贵州乡村生态振兴及生态宜居的发展目标。全面建成小康社会和脱贫攻坚战结束后，乡村振兴战略中生态振兴的重要性更加凸显。新阶段，贵州省实施大生态战略，高质量建设国家生态文明试验区，都离不开生态环境的保护和提升。在后发赶超进程中，如何实现后发地区经济社会发展与生态文明建设的协同共进，是贵州实现高质量发展需要持续探索的议题。因此，探寻乡村振兴与生态扶贫的互促互进之道，结合贵州生态扶贫实践中积累和总结的宝贵经验与主要问题，进一步思考如何实现区域经济发展与生态文明建设的良性循环，对于构建乡村振兴战略背景下贵州生态扶贫长效机制具有重要价值。

1.2 文献回顾与评述

1.2.1 关于生态扶贫概念内涵的研究

随着经济发展水平的提高和生态环境问题的加剧，20世纪90年代，国内外学者对贫困问题的关注逐步从经济层面扩展到生态层面。2015年，“生态扶贫”被正式提出，作为精准扶贫战略的重要组成部分，生态扶贫的相关研究开始逐渐增多。国内学者从不同的视角和研究案例提出了生态扶贫的概念。一般认为，生态扶贫是将生态保护与扶贫开发相结合的一种扶贫模式，是中国特色贫困治理的重要组成部分。研究区域主要涉及贵州、宁夏、广西、重庆高山地区、四川藏区、江西赣南等，也涉及对西部地区和民族地区的研究。

杨文举（2002）从发展地方特色产业、改善环境等角度对生态扶贫的概念进行了初步界定。① 李广义（2012）立足于生态伦理视角，认为生态扶贫即生态文明视角下的扶贫开发，摆脱贫困、改善生活绝对不能以牺牲有限资源与破坏环境为代价。② 刘慧和叶尔肯·吾扎提（2013）认为，生态扶贫就是要坚持生态建设与扶贫开发同步进行、生态恢复与脱贫致富相互协调的原则。③ 沈茂英和杨萍（2016）认为，生态扶贫是在贯彻国家主体功能区制度的基础上，以保护和改善贫困地区生态环境为出发点，以提供生态服务产品为归宿，通过一系列政策举措促进贫困地区生态系统健康发展和贫困人口可持续生计能力提升，实现贫困地区经济社会可持续发展的扶贫模式。④ 杨庭硕和皇甫睿（2017）认为，应将生态产品价值转变为农户的生计资本与发展资本，形成生态环境保护与贫困地区人口可持续生计能力发展相协调的生态扶贫方式。⑤ 骆方金和胡炜（2017）认为，生态扶贫是以绿色发展理念为指导，以脱贫致富和生态改善为目标，以增强扶贫主体绿色扶贫能力为根本，以贫困地区生产生活条件改善为基础，以市场为导向，以发展特色生态产业为依托，以科技进步和创新为动力，以制度建设和创新为保障的政府引导下的企业、社会组织和志愿者协同参与的绿色高效的新型扶贫方式。⑥ 胡兴东和杨林（2018）指出，我国很多贫困地区往往是生态严重损坏的地区，同时也是区域生态系统的维持地区，因此生态扶贫不仅具有贫困治理的功能，还具有维护整个国家生态环境良性运行的作用。⑦ 史玉成（2018）认为，生态扶贫是实现欠发达地区精准扶贫与生态保

---

① 杨文举．西部农村脱贫新思路——生态扶贫［J］．重庆社会科学，2002（2）：36-38.

② 李广义．桂西石漠化地区生态扶贫的应对之策研究［J］．广西社会科学，2012（9）：19-22.

③ 刘慧，叶尔肯·吾扎提．中国西部地区生态扶贫策略研究［J］．中国人口·资源与环境，2013，23（10）：52-58.

④ 沈茂英，杨萍．生态扶贫内涵及其运行模式研究［J］．农村经济，2016（7）：3-8.

⑤ 杨庭硕，皇甫睿．生态扶贫概念内涵的再认识：超越历史与西方的维度［J］．云南社会科学，2017（1）：88-93+187.

⑥ 骆方金，胡炜．生态扶贫：文献梳理及简评［J］．经济论坛，2017（3）：150-152.

⑦ 胡兴东，杨林．中国扶贫模式研究［M］．北京：人民出版社，2018：139.

护相结合，破解“生态型贫困”困局的制度安排。[①] 李双成（2020）认为，生态扶贫是通过生态系统服务和产品的经济开发、市场交易使居民获得收益，或者对居民保护和修复生态系统所产生的成本进行货币补偿或生态管护劳务安排，从而使其脱贫的一种政策工具或公共服务。[②] 胡振通和王亚华（2021）认为，生态扶贫是一种基于可持续发展理念的扶贫模式，体现了生态产品价值实现的思想，强调贫困人口可持续生计能力提升与贫困地区生态改善相结合。[③] 在生态文明建设视域下，生态扶贫逐渐发展成为一个理念丰富、政策综合和途径多元的议题性话语政策实践体系，并构成了中国特色社会主义扶贫理论与实践的重要侧面或维度（郇庆治和陈艺文，2021）。[④]

1.2.2　关于生态扶贫模式及途径的研究

生态扶贫是破解生态贫困难题的重要手段和制度安排，通过将贫困地区经济社会发展与生态环境保护相结合，能够实现贫困治理和生态治理的双赢。就生态扶贫模式及途径的研究而言，国内外学者关注的重点涉及生态工程建设扶贫、发展生态产业扶贫、生态移民搬迁扶贫和生态保护补偿扶贫四种主要模式。

1. 生态工程建设扶贫

加强生态工程建设，重在加强贫困地区生态保护与修复。由于自然环境条件脆弱与恶化而贫困，需要先恢复或大规模地重建生态环境支持系统（王丽华，2012）。[⑤] 公共工程计划是实现生态恢复和扶贫社会目标的双赢解决方案。如南非的“为水而工作”计划，旨在通过恢复外来植物入侵的景观创造就业机会，通过生态恢复减轻贫困（Mcconnachie 等，2013）。[⑥] 我国生态工程建设以政府为主导，如退耕还林工程、天然林资源保护工程、三

---

① 史玉成．生态扶贫：精准扶贫与生态保护的结合路径［J］．甘肃社会科学，2018（6）：169-176.

② 李双成．生态何以扶贫？［J］．当代贵州，2020（35）：80.

③ 胡振通，王亚华．中国生态扶贫的理论创新和实现机制［J］．清华大学学报（哲学社会科学版），2021，36（1）：168-180+206.

④ 郇庆治，陈艺文．生态文明建设视域下的当代中国生态扶贫进路［J］．福建师范大学学报（哲学社会科学版），2021（4）：48-61+169-170.

⑤ 王丽华．就业援助：西部农村反贫困的现实抉择——基于减缓地缘性贫困和生态贫困的视角［J］．理论探讨，2012（2）：94-97.

⑥ Mcconnachie M M，Cowling R M，Shackleton C M，et al. The Challenges of Alleviating Poverty through Ecological Restoration：Insights from South Africa's “Working for Water” Program［J］．Restoration Ecology，2013，21（5）：7.

北和长江中下游地区等重点防护林建设工程等改善生态环境的工程和项目，既改善了贫困地区和相关贫困人口的生存与发展条件，也为贫困人口提供了就业机会、补贴以及新的创收机会（吴国宝，2018）。[①] 生态建设与保护是我国贫困地区实施力度最大、涉及面最广的发展项目，生态建设项目在治理区域生态的同时也为当地带来了发展机会，通过项目实施维护和增加了生态资源，提高了生态产品供给水平，开拓了生态产业化和生态服务消费市场（沈茂英和杨萍，2016）。[②] 我国林业重点工程实施以来，对调整农村产业结构、改善生产条件、提高综合生产能力、推动农民增收致富、促进社会主义新农村建设发挥了重要作用（张永亮等，2013）。[③] 同时，学者们越来越关注生态系统服务有助于减轻贫困的潜力。生态扶贫往往更有利于预防贫困，而不仅仅是事后减少贫困（Janet 等，2013）。[④]

2. 发展生态产业扶贫

生态产业是按生态经济原理和知识经济规律组织起来的基于生态系统承载能力、具有高效的经济过程及和谐的生态功能的网络型、进化型、复合型产业（王如松和杨建新，2000）。[⑤] 具体实践中，我国生态产业扶贫主要有发展生态农业、生态旅游业、新能源产业扶贫等。王振颐（2012）认为，生态资源富足区的反贫困要通过生态扶贫与农业产业化扶贫的有效耦合，分阶段、有重点地开展扶贫以取得更好的效果。[⑥] 黄承伟和周晶（2016）以“贵州省草地畜牧业产业化扶贫实践”为案例，认为其将减贫与生态有机结合，发挥了绿色减贫效应。[⑦] 生态旅游扶贫是在生态资源丰富的贫困地区进行生态旅游开发并带动当地社区发展，贫困人口通过生态旅游

---

① 吴国宝．改革开放 40 年中国农村扶贫开发的成就及经验［J］．南京农业大学学报（社会科学版），2018，18（6）：17-30+157-158.

② 沈茂英，杨萍．生态扶贫内涵及其运行模式研究［J］．农村经济，2016（7）：3-8.

③ 张永亮，刘璨，刘浩，刘延安．林业重点工程对农民生计持续影响研究［J］．林业经济，2013，35（10）：23-28+43.

④ Janet A. Fisher，Genevieve Patenaude，Patrick Meir，et al. Strengthening Conceptual Foundations：Analysing Frameworks for Ecosystem Services and Poverty Alleviation Research［J］．Global Environmental Change，2013，23（5）.

⑤ 王如松，杨建新．产业生态学和生态产业转型［J］．世界科技研究与发展，2000（5）：24-32.

⑥ 王振颐．生态资源富足区生态扶贫与农业产业化扶贫耦合研究［J］．西北农林科技大学学报（社会科学版），2012，12（6）：70-74.

⑦ 黄承伟，周晶．减贫与生态耦合目标下的产业扶贫模式探索——贵州省石漠化片区草场畜牧业案例研究［J］．贵州社会科学，2016（2）：21-25.

开发受益并脱贫（罗盛锋等，2015）。[①] 加快贫困地区可再生能源开发利用，因地制宜发展小水电、太阳能、风能、生物质能，推广应用生态能源建设项目，例如，光伏扶贫是中国第一个把气候变化、低碳发展与扶贫结合起来的重要举措（全球环境研究所，2016）。[②] 莫光辉（2017）认为，产业扶贫与绿色生态的结合是发展的必然趋势，应依托当地自然资源发展环境友好型、生态友好型产业，因地制宜发展光伏扶贫、构树扶贫、生态旅游扶贫等新兴生态扶贫产业模式。[③]

3. 生态移民搬迁扶贫

生态移民（Eco-migration）源于 Lester Brown（1976）[④] 首次提出的"环境移民"概念，指的是自然或人为因素引致的环境恶化威胁了当地居民的生存从而被迫离开家园的人群。20世纪90年代末，中国西部地区最早出现生态移民搬迁行为。生态移民是解决生态环境保护和农牧民脱贫致富之间矛盾的需要。另外，在保护生态环境的各项措施中，生态移民是成本较小而收益较大的一种方式（孟琳琳等，2004）。[⑤] 通过将生产生活条件差或者生态环境脆弱地区的贫困人口迁移到城镇或其他条件更好的农村，以易地建设的方式改善受益人群和地区的基础设施与公共服务，改变生存环境和提供配套的就业、创收服务，能够增强搬迁贫困人口的可持续生计能力（吴国宝，2018）。[⑥] 精准扶贫时期，易地搬迁是改善生态环境、减少贫困发生率的重要手段。构建易地扶贫搬迁机制体系是实现全面小康目标的重要保障，有助于搬迁群众的全面发展与社会矛盾的缓解，就后者来说这将是一个较为漫长的过程（白永秀等，2018）。[⑦]

---

① 罗盛锋，代新洋，黄燕玲．生态旅游扶贫研究动态及展望［J］．桂林理工大学学报，2015，35（3）：642-648.

② 全球环境研究所．新能源与扶贫发展相结合的案例梳理和研究建议——以光伏扶贫为例［M］．北京：全球环境研究所，2016.

③ 莫光辉．精准扶贫视域下的产业扶贫实践与路径优化——精准扶贫绩效提升机制系列研究之三［J］．云南大学学报（社会科学版），2017，16（1）：102-112.

④ Brown L R, Mcgrath P L, Stokes B. Twenty-two Dimensions of the Population Problem［J］. Population Reports, 1976（11）.

⑤ 孟琳琳，包智明．生态移民研究综述［J］．中央民族大学学报，2004（6）：48-52.

⑥ 吴国宝．改革开放40年中国农村扶贫开发的成就及经验［J］．南京农业大学学报（社会科学版），2018，18（6）：17-30+157-158.

⑦ 白永秀，宁启．易地扶贫搬迁机制体系研究［J］．西北大学学报（哲学社会科学版），2018，48（4）：62-74.

4. 生态保护补偿扶贫

对生态保护行为进行付费是生态贫困治理的重要手段。Richards (2010)① 认为，对于较为贫困及偏远的地区，生态系统服务市场能够比产品市场提供更大的机会，有助于地区经济发展，降低贫困程度。Pagiola 等 (2004)② 通过对拉丁美洲的研究发现，向贫困的自然资源管理者付费可以减少贫穷，从而协同实现生态保护和消除贫困的目标。大量的实践案例也表明，生态补偿项目在减贫方面取得了一定成果，如哥斯达黎加奥萨半岛的生态补偿项目、墨西哥的森林水文服务补偿项目以及中国的退耕还林项目等，大多数参与项目的贫困的生态服务提供者的收入都有所增加（吴乐等，2018）。③ 当中国进入“后贫困”时期，以单纯收入增长为导向的扶贫政策将不再符合绿色增长趋势。扶贫是一种强有力的增强当前贫困人口应对生态变化风险能力的重要政策举措，同时，贫困人口不应该被要求承担过多的改善生态环境的成本，因此，全面推行合理、合法、合规的生态补偿政策将成为两者协同的关键（李秀芬等，2018）。④

1.2.3 关于生态扶贫机制构建的研究

体制机制是长效推进生态扶贫的根本保障。“机制”源于希腊文，是指机器构造及其工作原理。生物学和医学研究生物功能时，用机制表示有机体内发生生理或病理变化时，各器官之间相互联系、作用和调节的方式。经济学中的机制是指经济活动中各要素相互联系和作用的关系及其功能。长效机制是指能长期保证制度正常运行并发挥预期功能的制度体系。长效机制是随着时间、条件的变化而不断丰富、发展和完善的。吴寒斌 (2015)⑤ 认为，长效机制是指能够长期发挥效用的由系统内各个特定要素组成一定的结构，要素间以某种运行方式相互联结、相互作用，形成合力

---

① Richards Michael. Common Property Resource Institutions and Forest Management in Latin America [J]. Development & Change, 2010 (1): 95-117.

② Pagiola S, Platais G. Payments for Environmental Services: From Theory to Practice. Initial Lessons of Experience [M]. Washington DC: World Bank, 2004.

③ 吴乐，孔德帅，靳乐山．生态补偿对不同收入农户扶贫效果研究 [J]. 农业技术经济，2018 (5): 134-144.

④ 李秀芬，王杨．绿色增长下的扶贫政策取向——国外近期文献综述 [J]. 西北民族大学学报（哲学社会科学版），2018 (1): 89-93.

⑤ 吴寒斌．永生的生命线：党的群众路线教育实践活动长效机制研究 [M]. 北京：光明日报出版社，2015: 24.

以实现某种特定目标或功能的一套带规律性的模式。

关于生态扶贫机制构建的研究，查燕等（2012）认为，生态贫困地区人口往往自我脱贫能力弱，因此无论采取哪种扶贫策略，可持续生计机制的系统性构建是贫困地区生态扶贫的关键。① 李仙娥等（2014）认为，应该更多地借助政府财政转移支付制度，构建生态扶贫的内外部长效机制。其中，内部长效机制为加强人力资本投入、完善公众参与机制，外部长效机制为创新片区合作、完善生态补偿、建立健全产业生态化、组织生态移民、加快城镇化进程。② 黄金梓等（2016）借助“互联网+”建立信息化公共服务平台和有效的沟通机制，助力生态扶贫。③ 莫光辉（2016）认为，生态扶贫过程中存在经济社会发展与生态环境保护的矛盾，生态扶贫的整体运行机制亟须完善。④ 骆方金和刘联军（2017）认为，应在对贫困地区生态状况进行精准识别的基础上分类施策，从激励机制、约束机制和保障机制等方面建立健全生态扶贫长效机制。⑤ 雷明（2017）认为，应坚持生态扶贫精细化管理，从原地生态扶贫机制创新、其他保障性机制创新方面提出了绿色发展下生态扶贫机制创新的建议。⑥ 胡兴东和杨林（2018）认为，生态扶贫的作用机制是将贫困地区的生态资源直接或间接转化成生态产品，依托良好生态环境形成新型生态产业。⑦ 雷明等（2020）基于贵州省生态扶贫实践，提出通过提高生态资源利用效率、创新生态建设参与激励、推动生态搬迁以腾置资源等途径，优化生态扶贫内生循环机制。⑧ 新发展阶段，生态扶贫成果巩固面临返贫风险，要围绕培育脱贫人口持续致富发展能力，建

---

① 查燕，王惠荣，蔡典雄，武雪萍．宁夏生态扶贫现状与发展战略研究［J］．中国农业资源与区划，2012，33（1）：79-83.

② 李仙娥，李倩，牛国欣．构建集中连片特困区生态减贫的长效机制——以陕西省白河县为例［J］．生态经济，2014，30（4）：115-118.

③ 黄金梓，段泽孝．“互联网+”与生态扶贫之因应［J］．湖南广播电视大学学报，2016（1）：59-62.

④ 莫光辉．绿色减贫：脱贫攻坚战的生态扶贫价值取向与实现路径——精准扶贫绩效提升机制系列研究之二［J］．现代经济探讨，2016（11）：10-14.

⑤ 骆方金，刘联军．精准生态扶贫：战略意义及路径选择［J］．农业经济，2017（10）：63-65.

⑥ 雷明．绿色发展下生态扶贫［J］．中国农业大学学报（社会科学版），2017，34（5）：87-94.

⑦ 胡兴东，杨林．中国扶贫模式研究［M］．北京：人民出版社，2018：139.

⑧ 雷明，姚昕言，袁旋宇．地方生态扶贫内在循环机制的优化——基于贵州省扶贫实践的研究［J］．南京农业大学学报（社会科学版），2020，20（4）：152-162.

立有效的返贫风险防控机制和稳定脱贫致富的长效机制（王萍，2021）。[①]构建生态扶贫长效机制，既是生态资源向减贫成效的可持续变现，也是扶贫开发对生态资源的反哺和保护（郎秀云，2021）。[②]

1.2.4 关于生态扶贫与乡村振兴的研究

2017年10月18日，在党的十九大报告中习近平总书记提出“实施乡村振兴战略”，强调“农业农村农民问题是关系国计民生的根本性问题，必须始终把解决好‘三农’问题作为全党工作的重中之重，实施乡村振兴战略”。随后，2018年1月2日，中央一号文件公布，即《中共中央 国务院关于实施乡村振兴战略的意见》。同年9月，中共中央、国务院印发了《乡村振兴战略规划（2018—2022年）》，明确提出要“推动乡村生态振兴，建设生活环境整洁优美、生态系统稳定健康、人与自然和谐共生的生态宜居美丽乡村”。由此，关于生态扶贫与乡村振兴的研究开始逐步增加。

于开红等（2018）针对深度贫困地区现状，提出摆脱贫困走向乡村振兴的关键是要真正达到“绿水青山”转变为“金山银山”，建立适度开发与充分保护、创新生态移民手段与后期扶持结合等模式。[③]吕静（2018）认为，绿色发展是贫困地区脱贫与乡村振兴相融合的关键路径，要从生态保护、农业新业态、农业标准化生产、政策支撑、人才以及法律等方面促进贫困地区绿色发展，加快乡村振兴进程。[④]史志乐和张琦（2018）认为，绿色减贫是实现乡村振兴的重要支撑，脱贫攻坚和乡村振兴是贫困地区农村发展的两个阶段。有必要在脱贫攻坚过程中，不断提升贫困地区、贫困人口的内生动力，实现贫困地区的可持续发展，确保2020年以后，农村贫困地区能向乡村振兴战略目标发展。[⑤]胡钰等（2019）指出，生态扶贫和生态振兴具有内在一致性，但在目标、侧重、总体要求三个层面存在不同。在脱贫攻坚阶段，生态扶贫为生态振兴提供了良好的基础与有效经验，但是

① 王萍．新发展阶段生态扶贫脱贫成果巩固中的返贫风险及其防控机制构建［J］．重庆社会科学，2021（10）：30-40.

② 郎秀云．中国生态扶贫的理论创新、精准方略与实践经验［J］．江淮论坛，2021（4）：149-155.

③ 于开红，付宗平，李鑫．深度贫困地区的“两山困境”与乡村振兴［J］．农村经济，2018（9）：16-21.

④ 吕静．贫困地区走绿色发展乡村振兴之路的思考——以甘肃礼县为例［J］．甘肃农业，2018（17）：30-31.

⑤ 史志乐，张琦．实施乡村振兴需要绿色减贫推动［J］．中国生态文明，2018（3）：67-68.

仍然存在体制机制衔接不畅、资金投入短缺、生态产业发展升级困难等问题。因此，应着力在生态规划引领、资金投入多级打通、产业多元发展等方面精准发力，推动乡村振兴与脱贫攻坚有机衔接。① 廖彩荣等（2019）认为，协同推进打好精准脱贫攻坚战与实施乡村振兴战略，须做好生态协同保障，协同推进生态脱贫与生态振兴，这有利于在脱贫攻坚与乡村振兴中更好地保护生态环境，有利于更好地推进绿色发展方式转化，推动发展新动能转换，实现生态扶贫与生态振兴协调发展。② 2020年以后，巩固拓展脱贫攻坚成果同乡村振兴有效衔接，相对贫困地区的政策导向将由生态扶贫迈向生态振兴（胡振通和王亚华，2021）。③ 郑继承（2021）指出，生态扶贫助力贫困群体摆脱生存型贫困的目标容易实现，让贫困群体实现长期稳定致富的道路仍然十分艰巨，后扶贫时代接续推进生态扶贫与乡村振兴战略的有效衔接，将生态扶贫内嵌于乡村振兴战略框架，既是相对贫困治理的现实需求，又是生态文明建设的现实需要。④ 伴随生态文明建设和乡村振兴战略的全面实施，农民生产行为的调整，乡村治理能力的提升，文明制度体系的健全，为生态扶贫迈向生态富民提供了可能性，从生态扶贫跃迁到生态富民，是我国进入新时代后的必然选择（李周，2021）。⑤

1.2.5 现有研究评述

综上所述，现有对生态扶贫的研究呈现增多趋势，国内外学者围绕生态扶贫的概念内涵、扶贫模式及途径、机制构建等问题进行了广泛研究，充分肯定了生态扶贫研究的重要价值，探讨了乡村振兴战略背景下生态扶贫的重要意义。当前学界关于生态扶贫的研究成果更多侧重于微观层面，对于生态扶贫的内涵和外延还有待拓展，还需要系统总结我国生态扶贫的实践探索和经验启示。迈向新的发展阶段，进一步探索生态扶贫与乡村振兴的逻辑关联，构建生态扶贫长效机制的研究还有待丰富和深化。本书拟从三个方面尝试进一步创新拓展。

---

① 胡钰，付饶，金书秦．脱贫攻坚与乡村振兴有机衔接中的生态环境关切［J］．改革，2019（10）：141-148.

② 廖彩荣，郭如良，尹琴，胡春晓．协同推进脱贫攻坚与乡村振兴：保障措施与实施路径［J］．农林经济管理学报，2019，18（2）：273-282.

③ 胡振通，王亚华．中国生态扶贫的理论创新和实现机制［J］．清华大学学报（哲学社会科学版），2021，36（1）：168-180+206.

④ 郑继承．中国生态扶贫理论与实践研究［J］．生态经济，2021，37（8）：193-199.

⑤ 李周．中国的生态扶贫评估和生态富民展望［J］．求索，2021（5）：14-24.

第一，拓展生态扶贫和生态贫困的内涵及外延。伴随我国经济实力提升和社会发展加速，贫困问题不再是单纯的经济现象，而是经济、社会、生态等因素综合作用的结果。尤其是自然生态先天脆弱和人类活动干扰等因素导致的生态贫困，降低了人民群众的生活质量，影响了区域可持续发展。尽管目前学者们从不同视角理解和定义了生态扶贫，但是这些探索尚不完善，对贫困与生态退化的相互关系及其内在机理的研究还比较薄弱与片面。从广义的层面看，生态扶贫不再局限于生态恶化、生态脆弱的地区，也会发生在经济社会发展水平较高的地区和生态资源丰裕的地区，本书试图拓展生态扶贫的内涵及外延。

第二，对区域生态贫困进行综合评价和类型划分。当前学者们对生态扶贫的研究更多侧重于微观层面，从区域视角来看，生态扶贫的目的是消除生态贫困。当前对生态贫困进行度量的研究相对较少，已有研究主要是对集中连片特困地区或特定区域的测度，多是将生态维度指标纳入贫困县的多维贫困测度中。生态贫困反映了区域要素禀赋的稀缺程度，反映了区域生态资源利用、生态环境质量与经济社会、人类福利的关系。因此，本书从区域经济社会与生态环境协调可持续发展的角度，对区域生态贫困进行综合评价和类型划分，为新发展阶段相对贫困缓解和生态环境保护的协同提供理论参考。

第三，探索生态扶贫与乡村振兴的逻辑关联。2020 年中央一号文件明确指出要研究建立解决相对贫困的长效机制，这为乡村振兴战略背景下持续推进生态扶贫工作提供了根本遵循。尽管我国在生态减贫实践方面取得了一定的成效，但是这些探索尚不完善，随着扶贫工作转入巩固温饱成果、改善生态环境、提高发展能力、缩小发展差距的新阶段，生态扶贫将是一项更加艰巨、持续和长远的任务。本书以生态环境保护为切入点，分析生态扶贫与乡村振兴的逻辑关联，探索乡村振兴战略背景下贵州生态扶贫长效机制及其实现路径，为新发展阶段贵州农村地区生态减贫和可持续发展建言献策。

1.3 研究内容、方法与创新之处

1.3.1 研究内容和结构安排

本书从生态扶贫相关概念的内涵和外延出发，立足于习近平生态文明思想及其“两山”理念和经济—生态系统要素禀赋耦合理论，对贵州省贫困治理历程与生态贫困状况进行深入考察，并总结贵州生态扶贫的实践探索和经验启示。在此基础上，通过构建经济—生态系统耦合模型，对贵州区域生态贫困进行了综合评价和类型划分。从自然生态系统和经济社会系统两个方面，探讨贵州从生态扶贫迈向生态振兴面临的机遇和挑战。最后，构建乡村振兴战略下贵州生态扶贫长效机制，并提出了贵州从生态扶贫迈向生态振兴的对策建议，助力贵州农村地区生态保护与贫困缓解的协同，实现生态扶贫与乡村生态振兴的有效衔接。

具体主要从以下八个章节展开研究。

第1章是绪论。生态扶贫是新时代贫困治理与生态文明建设双赢的现实要求。本章介绍了研究背景及价值，进行相关文献回顾与评述，对生态扶贫的概念内涵、生态扶贫模式及途径、生态扶贫机制构建、生态扶贫与乡村振兴等相关文献进行梳理，介绍了本书的研究内容、方法与创新之处。

第2章是相关概念与理论基础。从生态扶贫相关概念的内涵和外延出发，对本书研究中出现的核心概念（“贫困”“生态贫困”“生态扶贫”）进行辨析和界定。理论部分从单纯经济增长到可持续的发展观，从马克思主义生态文明思想的历史演进，到习近平生态文明思想中的生态扶贫观。在相关概念辨析和相关理论溯源的基础上，从生态与贫困的互动关系理论出发，在系统层面以实现经济社会系统与自然生态系统的协调可持续发展为理论支点，对生态扶贫长效机制构建进行了理论分析。

第3章是贵州贫困治理历程及生态贫困状况考察。贵州在发展过程中长期面临着脱贫致富与生态保护的双重任务和双重压力，贫困治理与生态治理既相互促进又相互制约。本章在对贵州自然生态环境与经济社会发展情况进行分析的基础上，对贵州省贫困治理历程及取得的成就进行了回顾，对贵州生态贫困状况进行了考察，探讨了贵州生态贫困的特征及其形成原因。

第4章是贵州生态扶贫的实践探索与经验启示。改革开放以来，特别是党的十八大以来，贵州在贫困治理中不断加强生态建设和环境保护，生态扶贫工作取得了显著成效。本章对贵州生态扶贫的历程及政策进行梳理，总结了贵州生态扶贫的实践探索与取得的成效，贵州生态扶贫的实践探索为实现区域经济社会和自然生态的协调发展发挥了重要作用，也为全国其他地区的生态扶贫提供了经验启示。

第5章是贵州生态贫困评价指标体系构建及测度。为了判断贵州省各地区的生态贫困状况，对生态贫困影响因素作出定量判断，本章选取符合贵州省情的评价指标，通过构建经济—生态系统耦合模型，对贵州区域经济社会系统和自然生态系统进行综合评价，并选择典型案例进行分析讨论，通过兼顾生态保护与经济发展的扶贫开发，为贵州区域经济社会与生态环境协调可持续发展提供参考。

第 6 章是乡村振兴战略下贵州生态扶贫面临的机遇和挑战。在乡村振兴战略背景下，贵州农村地区生态环境问题依然突出，经济社会发展整体水平亟待提升，防止返贫致贫仍面临较大压力，农村发展与生态保护之间存在现实矛盾。本章从自然生态系统和经济社会系统两个方面，探讨贵州从脱贫攻坚阶段的生态扶贫迈向乡村振兴阶段的生态宜居和生态振兴，实现新发展阶段农村地区贫困缓解与生态文明建设的协同，既面临难得的历史机遇，也面临巨大的挑战。

第 7 章是乡村振兴战略下贵州生态扶贫长效机制构建。本章结合贵州生态扶贫实践中积累和总结的宝贵经验与主要问题，充分认识生态治理的长期性和贫困状态的动态性，保持生态扶贫工作的稳定性和持续性，构建乡村振兴战略下贵州生态扶贫长效机制，探寻乡村振兴与生态扶贫的互促互进之道，助力贵州农村地区生态保护与贫困缓解的协同，实现生态扶贫与乡村生态振兴的有效衔接。

第 8 章是贵州从生态扶贫迈向生态振兴的对策建议。生态扶贫是实现贵州经济社会发展与生态资源禀赋良性互动的双赢策略。在乡村振兴战略背景下，巩固拓展脱贫攻坚成果同乡村振兴有效衔接，政策导向将由生态扶贫迈向生态振兴。以生态环境保护助力脱贫攻坚，让生态资源为乡村发展提供资源支持和发展优势，发挥生态环境保护和生态振兴在脱贫攻坚和乡村振兴中的重要作用。

1.3.2 研究思路和方法

1. *研究思路*

本书以贵州作为我国生态扶贫研究的典型样本，从理论分析、实践分析、实证分析和机制对策分析的逻辑演进，深入剖析了贵州生态扶贫工作的历史成就、现实困境与前景展望。理论分析部分从生态扶贫相关概念的内涵和外延出发，立足于习近平生态文明思想及其“两山”理念和经济—生态系统要素禀赋耦合理论，在系统层面以实现经济社会与生态环境的协调可持续发展为理论支点，对生态扶贫长效机制构建进行了理论分析。实践分析部分对贵州省贫困治理历程与生态贫困状况进行了考察，分析了贵州生态贫困的形成原因，并总结了贵州生态扶贫的历程、实践探索和经验启示。实证分析部分选取符合贵州省情的评价指标，通过构建经济—生态系统耦合模型，对贵州区域经济社会系统和自然生态系统进行综合评价，选择典型案例进行分类讨论，并从自然生态层面和经济社会层面分析了乡村振兴战略背景下贵州生态扶贫面临的机遇和挑战。机制对策分析部分从有效衔接及协同推进机制、生态改善及价值实现机制、稳定脱贫及持续增收机制、生态扶贫的共治共享机制、生态扶贫的激励保障机制五个方面，探讨乡村振兴战略背景下贵州生态扶贫长效机制构建，并提出了贵州从生态扶贫迈向生态振兴的对策建议。

本书逻辑框架如图 1-2 所示。

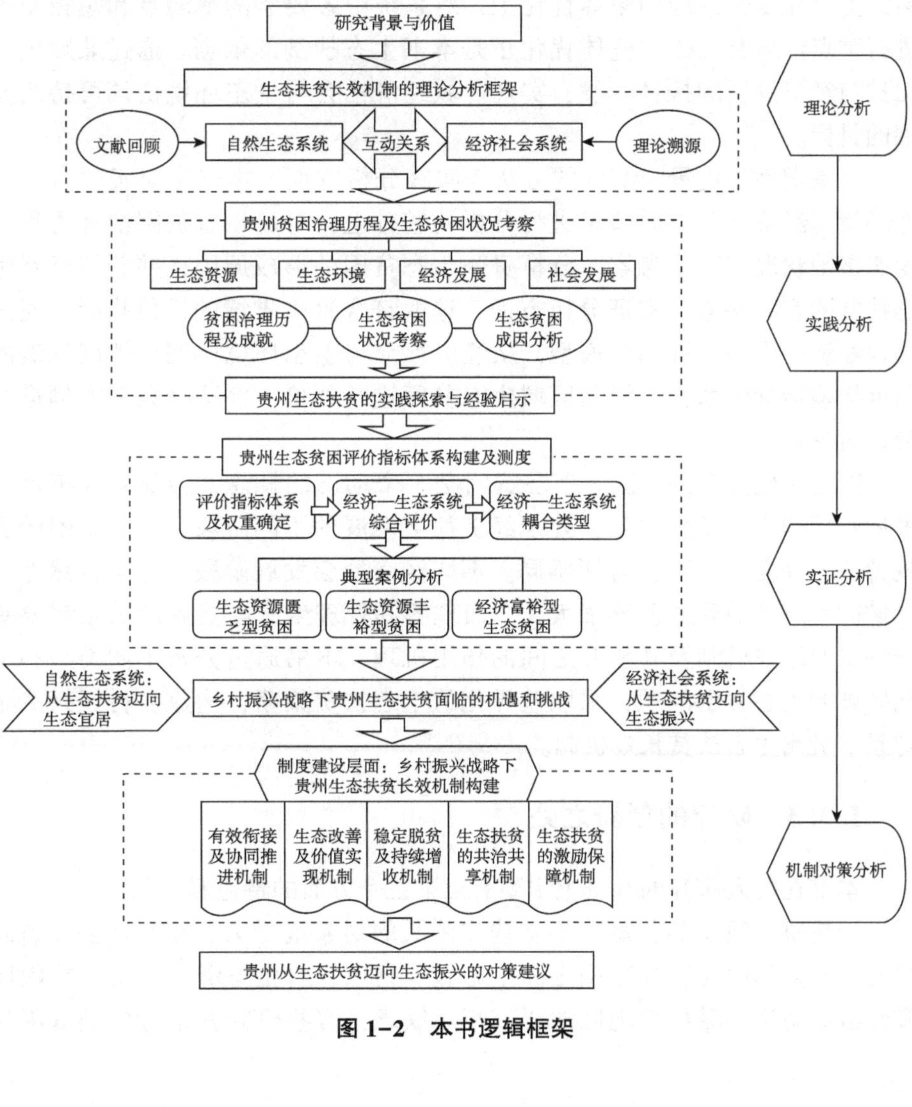

图 1-2　本书逻辑框架

2. *研究方法*

一是文献分析的方法。本书通过文献收集和文献解读，对国内外生态扶贫、生态贫困及相关领域的研究进展和研究成果进行系统的梳理与回顾，重视收集最原始、最新、最权威的资料，尽可能详尽地占有资料。在现有研究的基础上，进一步拓展生态扶贫和生态贫困的内涵及外延。

二是系统分析的方法。本书将经济社会系统与自然生态系统作为一个复合系统，采用系统构造与系统分析的方法，通过收集相关数据反映生态贫困问题的阶段差异和区域差异，构建生态贫困耦合模型及评价指标体系，对典型案例区域的生态贫困进行综合评价和类型划分。系统分析方法最终落脚在复合系统的整体优化上，对系统中各要素的薄弱点和短板瓶颈进行重点治理及突破，整体优化正是本书生态扶贫的依据。通过兼顾生态保护与经济发展的扶贫开发，实现区域经济社会与生态环境协调可持续发展的目标。

三是定性与定量相结合的方法。实践分析方面，本书在对贵州自然生态环境与经济社会发展情况进行分析的基础上，对贵州省贫困治理历程与生态贫困状况进行了考察，分析贵州生态贫困的形成原因，并总结贵州生态扶贫的实践探索。实证分析方面，选取符合贵州省情的评价指标，通过构建经济—生态系统耦合模型，从经济社会与生态环境协调可持续发展的角度构建指标体系，对贵州区域生态贫困进行评价，并选择典型案例进行分析讨论。

四是比较分析的方法。生态贫困是一个动态的概念，会随着经济社会发展水平的变化发生改变，处于经济社会发展的不同阶段，生态贫困的表现特征、程度和危害也有所不同。不同经济社会发展阶段、不同自然地理区域的生态贫困问题差异很大，全面理解和处理生态与贫困的关系需要基于特定的形成机制及其相互之间的作用机理。本书通过分析不同类型和不同区域的生态贫困问题，采取差异化的生态扶贫策略，构建乡村振兴战略背景下贵州生态扶贫长效机制。

1.3.3 研究的创新之处

本书在前人研究的基础上主要有以下三个方面的特色和创新。

一是研究视角的创新。生态扶贫涉及的对象范围大、复杂性强。当前研究区域多集中在连片特困区和生态脆弱地区，对生态资源丰裕型贫困区和经济富裕生态滞后型地区的研究相对缺乏，有些研究并未考虑到贫困与生态问题具有显著的区域差异性特征。因此，本书从贫困与生态的互动关系出发，立足于经济社会系统与自然生态系统的互动关系视角，拓展了生态扶贫的内涵及研究范围。

二是研究方法的创新。本书借助习近平生态文明思想和生态经济学相关研究成果，将经济社会系统与自然生态系统作为一个复合系统，采用系统构造与系统分析的方法，通过构建经济—生态系统耦合理论及模型，立足于系统层面的协调发展和整体优化，对区域生态贫困进行了综合评价及类型划分，更加客观、全面地研究了贵州经济社会发展与生态资源禀赋、生态环境质量的关系，为乡村振兴战略背景下贵州生态扶贫提供优化路径和政策依据。

三是研究观点的创新。生态扶贫的目标是实现经济社会系统与自然生态系统的协调可持续发展。生态扶贫非朝夕之功，必须充分认识到生态扶贫的长期性，从体制机制上进行系统、全面、长远的规划，确保生态贫困群众稳定脱贫和持续增收。进入后脱贫时代，兼顾生态环境与经济发展的相对贫困治理，在系统层面实现经济社会与生态环境的协调可持续发展，针对不同类型的生态贫困实行差异化的治理策略，探寻乡村振兴战略背景下贵州生态扶贫长效机制，提出从生态扶贫迈向生态振兴的对策建议，实现贵州农村地区贫困缓解和生态保护的良性互动。

第 2 章　相关概念与理论基础

本章从生态扶贫相关概念的内涵和外延出发，对本书研究中出现的核心概念（“贫困”“生态贫困”“生态扶贫”）进行辨析和界定。理论部分从单纯经济增长到可持续的发展观，回顾了生态经济学的兴起及理论发展，从马克思主义生态文明思想的历史演进，到新时代习近平生态文明思想中的生态扶贫观。在相关概念辨析和相关理论溯源的基础上，从生态与贫困的互动关系理论出发，延伸到生态系统与经济系统的互动关系，在系统层面以实现经济社会与生态环境的协调可持续发展为理论支点，对生态扶贫长效机制构建进行了理论分析。

2.1　相关概念辨析

2.1.1　生态贫困和生态扶贫

1. 贫困和贫困地区

长期以来，中国使用的“贫困”概念主要是经济意义上的贫困，而且强调的是绝对贫困。这种状况在 20 世纪 90 年代有所改观，对贫困的认识开始深化。童星和林闽钢（1994）结合我国农户的生活状况，定义贫困是经济、社会、文化落后的总称，是由低收入造成的缺乏生活所需的基本物质和服务以及没有发展的机会和手段这样一种生活状况。[①] 随着我国贫困治理实践与理论研究的不断深入，“贫困”的内涵从广度和深度两个方面逐步丰富完善，从单纯的经济现象拓展引申为涉及经济、社会、政治、文化、生态等诸多方面。“贫困”既要反映历史进步与时代特征，又要体现其本质及政治、经济和社会发展水平，是历史性、动态性、多维性、绝对性和相对性的对立统一（牛胜强，2018）。[②]

---

① 童星，林闽钢．我国农村贫困标准线研究［J］．中国社会科学，1994（3）：86-98.

② 牛胜强．多维视角下贫困内涵及我国农村贫困标准的科学构建［J］．当代经济管理，2018，40（7）：1-5.

与“贫困”概念相对应，贫困地区是以区域经济发展水平为基础，以人民生活水平为主要标志，体现社会发展程度的地域性概念，并受到区域资源或条件的制约。“贫困地区”是一个相对的概念，是相对于发达地区而言的。一般来说，贫困地区是指由于经济、社会、历史、地理等方面的原因，其教育文化、医疗卫生、基础设施等落后，市场化程度低，收入水平和生活水平都低于国家平均水平的落后欠发达地区。贫困地区是贫困人口聚集的区域，只有少数贫困人口的地区不是贫困地区。

“贫困”和“贫困地区”都是相对的历史范畴，其范围和数量是不断变化的，是动态变化发展的概念。我国贫困地区的划定标准也随着经济社会发展阶段的变化而发生变化。以农村贫困标准为例，由 1986 年首次划定的 206 元提高到 2008 年的 1067 元，再到 2011 年的农民人均纯收入 2300 元。随着农村贫困线的变化，贫困地区的范围和数量也随之变化。1986 年，我国首次以县为单位来划定贫困地区，划定了 699 个贫困县（其中国家级贫困县 331 个，省级贫困县 368 个）。1994 年，《国家八七扶贫攻坚计划》划定了 592 个国家重点扶持贫困县，分布在全国 27 个省（自治区、直辖市）。2011 年，《中国农村扶贫开发纲要（2011—2020 年）》划定了 14 个集中连片特困地区，以及 592 个国家扶贫开发工作重点县。除国家划定的贫困县外，各省份根据自身情况也划定了一些省级贫困县。贫困地区具有点、片、带的特征，即有贫困村、贫困县、贫困片区及贫困带之分。

2. 生态贫困

生态贫困是贫困的一种重要类型。在人类社会发展历程中，贫困问题和生态问题相互交织、相互胁迫。从时间层面看，人类社会经历了数千年的农业文明和数百年的工业文明，在经济社会发展水平较低的阶段，人们更关注经济贫困，并未涉及生态贫困层面；进入工业社会后，生态贫困问题逐渐显露出来，生态资源稀缺在当前及未来较长一段时间，仍然是制约经济社会发展的关键因素。从空间层面看，自然生态系统具有复杂性、差异性。一般情况下，由于不同国家和地区在自然地理、资源禀赋、气候环境等方面的差异，生态贫困的表现形式各有特点，生态贫困的类型也各不相同。

中国是在人口基数大、人均资源少、经济及科技水平都比较落后的条件下，实现经济快速发展的。在经济快速发展阶段，由于没有充分认识到生态环境保护的重大意义，没有处理好经济增长与环境承载能力之间的关系，在长期高强度的人类活动干扰下，我国生态贫困问题开始显现（程伟礼和马庆，2012)。[①] 究其原因，一是我国人均自然资源占有率远低于世界平均水平。表现在人多地少、水资源紧张、缺林少绿、资源利用方式仍然粗放、资源时空分布不均等方面，成为制约经济社会发展的重要因素，也影响了贫困人口的生产生活。二是自然生态脆弱，生态系统功能退化。表现在我国环境容量有限，生态环境脆弱，水土流失、土地沙漠化、生物多样性减少等生态系统功能退化，自然灾害频发导致不可预见的损失增加，直接影响了区域经济社会发展和贫困群体的生活质量。三是工业化、城镇化快速发展带来的生态环境污染。表现在国土开发格局不够合理，超过环境承载能力。大气污染、水污染等生态环境问题不断积累并爆发，许多地区形成了生态退化与经济贫困的恶性循环，人与自然矛盾突出，生态安全面临巨大压力，经济社会发展的整体效能下滑，严重影响了人民的获得感与幸福感。[②]

随着人类社会经济发展水平的提高和生态环境问题的加剧，国内外学者对贫困问题的关注逐步从经济层面扩展到生态层面。国外学者考沃德等(Coward 等，1999) 最早明确提出并界定了生态贫困，即穷人能获得生产生活必不可少的产品流和环境服务流的自然资源能力的缺乏，他们认为大部分农村贫困的根源都是自然资产不断恶化，导致与之相联系的生态系统功能受损，从而给当地居民带来负面影响。[③] 萨马尔等 (Samal 等，2003) 研究发现，印度喜马拉雅山脉中部山区的人们严重依赖直接的自然资源来维持生存，但是资源匮乏的山区生态系统逐渐无法为不断增长的人口提供最低标准的生活资料，限制了当地经济的增长，导致贫困和影响居民生活质量。他们认为，其生态系统中不可理解和评估的独立于生态财富的贫困就是生态贫困。[④] 国内学者何运鸿 (2001) 认为，生态贫困是指某一地区生态环境不断恶化，超过其承载能力，造成不能满足生活在这一区域的人们的

---

① 程伟礼，马庆．中国一号问题：当代中国生态文明问题研究 [M]．上海：学林出版社，2012：25-26.

② 欧阳志云，郑华．生态安全战略 [M]．北京：学习出版社，2014：65.

③ E. Walter Coward, Melvin L. Oliver, Michael E. Conroy. Building Natural Assets Re-thinking the Centers' Natural Resources Agenda and Its Links to Poverty Alleviation [C]. Paper Presented to Workshop, Assessing the Impact of Agricultural Research on Poverty Alleviation, San Jose, Costa Rica, 1999: 18-20.

④ Samal P K, Palni L M S, Agrawal D K. Ecology, Eecological Poverty and Sustainable Development in Central Himalayan Region of India [J]. The International Journal of Sustainable Development & World E-cology, 2003, 10 (2): 157-168.

衣食住等基本生存需要和难以维持再生产的贫困现象。[①] 陈南岳和王国华（2002）将人类生态需要得不到正常满足的状态称为生态贫困。[②] 于存海（2006）认为，生态贫困是特定的人与环境的动态变化的过程和结果。[③] 胡鞍钢（2012）认为，生态贫困是基本生存环境的贫困，由于生态环境不断恶化，超过其承载能力而造成不能满足生活在这一区域的人们基本生存需要与再生产活动，或因自然条件恶化、自然灾害频发而造成人们基本生活与生产条件被剥夺的贫困现象。[④] 鲍青青等（2009）认为，由于粗放式发展模式导致生态环境恶化，人类负荷超过其生态承载能力引起了生态赤字，人类的生态需要得不到正常满足，就是生态贫困状态。[⑤] 李虹（2011）认为，生态贫困是低质量或脆弱的生态环境与过度的或不适当的人类经济活动相结合，引起生态环境恶化，进而威胁到当地的可持续发展与居民的基本生存环境，使当地居民同时面临生态与经济的双重贫困。[⑥] 李惠梅等（2014）认为，由于生态退化、资源贫乏或限制利用所引起的区域经济发展受到阻碍、因生计受阻而使农牧民生活水平下移或发展受到限制等现象均可以称为生态贫困。[⑦] 乔宇（2015）认为，生态贫困不仅是经济上的贫困，而且是伴随着生态贫困的一种双重贫困。[⑧] 于开红（2016）从马克思历史唯物主义出发，对生态贫困的内涵与外延进一步挖掘，认为生态贫困既可以是生态财富的贫困，也可以是生态贫困陷阱，还可以是生态财富缺乏与物质贫困的复杂结合体，它既存在于发展中国家或地区，也存在于发达国家或地区，既存在于农村，也存在于城市。[⑨]

回顾学者们对生态贫困问题的研究，大部分仍局限在生态脆弱地区或

---

① 何运鸿．消除生态贫困的有效途径——黔东南州积极实施生态工程的几点思考［J］．农村经济与技术，2001（2）：33-34.

② 陈南岳，王国华．我国城市生态贫困问题初探［J］．西北民族学院学报（哲学社会科学版），2002（6）：58-62.

③ 于存海．论内蒙古农牧区生态安全、生态贫困与生态型反贫困特区建设——兼论社会政策在农牧区反贫困中的作用［J］．内蒙古财经学院学报，2006（5）：26-30.

④ 胡鞍钢．中国减贫之路：从贫困大国到小康社会（1949—2020年）［A］．清华大学国情研究中心．国情报告（第十一卷·2008年（下））［M］．北京：党建读物出版社，2012：38.

⑤ 鲍青青，唐善茂，王瑛．生态贫困初探［J］．资源与产业，2009，11（5）：111-114.

⑥ 李虹．中国生态脆弱区的生态贫困与生态资本研究［D］．成都：西南财经大学，2011.

⑦ 李惠梅，张雄，张俊峰，等．自然资源保护对参与者多维福祉的影响——以黄河源头玛多牧民为例［J］．生态学报，2014，34（22）：6767-6777.

⑧ 乔宇．生态贫困视域下民族生态脆弱地区减贫研究——以武陵山片区为例［J］．贵州民族研究，2015，36（2）：125-128.

⑨ 于开红．马克思主义视阈下的中国生态贫困问题研究［D］．成都：西南财经大学，2016.

是生态环境恶化地区的生态贫困问题。但有一些贫困地区是生态资源丰裕、生态环境质量较好的区域，由于经济社会发展滞后、地理区位较差等限制而尚未得到开发利用，当地群众仍处于贫困的境地。还有一些地区以牺牲生态环境为代价换取经济增长，经济富裕却面临生态资源匮乏的状况，经济发展与生态保护之间的矛盾凸显，由于生态治理和恢复成本高昂，甚至会发生“生态返贫”现象。可见，生态贫困概念的界定不仅仅局限在生态环境恶化、生态脆弱的地区。从广义的角度来看，生态贫困也会发生在生态资源丰裕地区和经济社会发展水平较高的地区。本书从经济社会系统和自然生态系统互动关系的视角，认为生态贫困是指某一区域经济社会系统和自然生态系统的问题相互交织、相互胁迫，导致当地居民的物质需求或生态需求得不到满足或相对匮乏的状态。基于此，本书认为，生态贫困不仅发生在自然生态脆弱、生态资源匮乏与经济贫困问题共存的地区，也发生在自然生态条件较好、生态资源丰裕的贫困地区，还包括经济富裕但生态环境质量较差的地区。对于不同类型的生态贫困问题，处理好区域经济社会发展与自然生态保护的关系是生态贫困治理和生态扶贫的关键。

3. 生态扶贫

进入21世纪以来，我国在扶贫开发工作中提出，要坚持可持续发展，将扶贫开发与生态保护相结合，生态扶贫理念逐渐被提出和强调。到2010年，生态扶贫初步形成了包含生态产业、生态移民、生态补偿、生态建设等路径的制度体系。2015年11月，习近平总书记在中央扶贫开发工作会议上明确指出要实施“五个一批”工程，其中要“生态补偿脱贫一批”。自此，生态扶贫成为精准扶贫战略的重要组成部分，生态治理与贫困治理有机结合在一起，有利于实现生态文明建设与脱贫攻坚的协同共赢。2018年1月，国家发展改革委等六部门联合印发的《生态扶贫工作方案》把生态扶贫作为“精准扶贫、精准脱贫”的重大举措，以实现脱贫攻坚与生态文明建设双赢为目标，采取超常规举措，使贫困人口从生态保护与修复中得到更多实惠。2020年6月，生态环境部办公厅等三部门联合印发《关于以生态振兴巩固脱贫攻坚成果进一步推进乡村振兴的指导意见（2020—2022年）》，进一步提出“发挥生态环境保护和生态振兴在脱贫攻坚和乡村振兴中的重要作用”。

生态扶贫是一种绿色、可持续的扶贫策略，能够实现扶贫开发和生态环境保护双赢，具体表现为贫困地区经济发展的可持续、人的全面发展、生态环境的改善和绝对贫困的消除。现实中，生态系统与经济系统之间关系密切，只有生态系统与经济系统相互耦合，形成良性的经济—生态系统，才能取得良好的生态扶贫效果。反之，则可能会破坏生态环境，丧失脱贫的物质条件，甚至出现“生态返贫”现象。生态扶贫是将经济社会发展和自然生态系统保护相结合，在实现脱贫目标和经济社会发展的同时不破坏生态环境，将贫困地区生态资源优势转化为经济发展优势。在乡村振兴战略背景下，生态扶贫推动农村贫困地区扶贫开发与生态保护相协调，脱贫致富与可持续发展相促进，使贫困人口从生态保护与修复中得到更多实惠，农村贫困地区实现脱贫致富与生态环境保护双赢，实现可持续发展。

表 2-1 中国生态扶贫政策梳理

时间	政策内容
2000 年，首次提出将扶贫开发与生态保护相结合的生态扶贫理念。	2000 年，《中国农村扶贫开发纲要（2001—2010 年）》提出，要“坚持可持续发展，扶贫开发必须与资源保护、生态建设相结合，实现资源、人口和环境的良性循环，提高贫困地区可持续发展的能力”。
2010 年，生态扶贫初步形成了包含生态产业、生态移民、生态补偿、生态建设等路径的制度体系。	2010 年，《中国农村扶贫开发纲要（2011—2020 年）》提出，要“坚持扶贫开发与生态建设、环境保护相结合，充分发挥贫困地区资源优势，发展环境友好型产业”。
2015 年，生态扶贫理念更加清晰、路径更加多元、机制更加优化。生态扶贫成为精准扶贫方略的五大脱贫手段之一。	2015 年 11 月 27 日，习近平总书记在中央扶贫开发工作会议上明确指出要实施“五个一批”工程，其中要“生态补偿脱贫一批”。2015 年 11 月 29 日，《中共中央 国务院关于打赢脱贫攻坚战的决定》明确提出要“坚持扶贫开发与生态保护并重”“坚持保护生态，实现绿色发展。牢固树立绿水青山就是金山银山的理念，把生态保护放在优先位置，扶贫开发不能以牺牲生态为代价，探索生态脱贫新路子，让贫困人口从生态建设与修复中得到更多实惠”。
2018 年，生态扶贫制度体系全面建立并制定了三年行动目标，充分发挥生态保护在精准扶贫、精准脱贫中的作用。	2018 年 1 月 18 日，国家发展改革委等六部门联合印发《生态扶贫工作方案》，要求“牢固树立和践行绿水青山就是金山银山的发展理念，坚持扶贫开发与生态保护并重，切实加大对贫困地区、贫困人口的支持力度，推动贫困地区扶贫开发与生态保护相协调、脱贫致富与可持续发展相促进，实现脱贫攻坚与生态文明建设双赢”。该方案围绕农民增收、生态改善两大方面提出了具体的工作目标，在不同的生态扶贫路径上提出了量化目标。

续表

时间	政策内容
2020 年，生态扶贫融入乡村振兴战略，从生态扶贫迈向生态振兴。	2020 年 6 月，生态环境部办公厅、农业农村部办公厅、国务院扶贫办综合司联合印发了《关于以生态振兴巩固脱贫攻坚成果进一步推进乡村振兴的指导意见（2020—2022 年）》，进一步提出“发挥生态环境保护和生态振兴在脱贫攻坚和乡村振兴中的重要作用”。

资料来源：胡振通和王亚华（2021）。

2.1.2 乡村振兴和生态振兴

1. 乡村振兴

实施乡村振兴战略，是党的十九大作出的重大决策部署，是决胜全面建成小康社会、全面建设社会主义现代化国家的重大历史任务，是新时代“三农”工作的总抓手。2017 年 10 月，习近平总书记在党的十九大报告中首次提出“实施乡村振兴战略”。随后，2018 年中央一号文件提出关于实施乡村振兴战略的意见；同年 9 月，中共中央、国务院印发了《乡村振兴战略规划（2018—2022 年）》，按照“产业兴旺、生态宜居、乡风文明、治理有效、生活富裕”的总要求，对实施乡村振兴战略作出阶段性谋划。2021 年中央一号文件再次对乡村振兴作出重要部署，指出“民族要复兴，乡村必振兴”。同年 2 月，国务院直属机构“国家乡村振兴局”正式挂牌。同年 3 月，中共中央、国务院发布《关于实现巩固拓展脱贫攻坚成果同乡村振兴有效衔接的意见》，提出要进一步巩固拓展脱贫攻坚成果，接续推动脱贫地区发展和乡村全面振兴（见表 2–2）。

表 2–2 乡村振兴战略重要政策文件梳理

时间	重要政策文件
2017 年 10 月 18 日	习近平总书记在党的十九大报告中首次提出“实施乡村振兴战略”。
2018 年 1 月 2 日	2018 年中央一号文件《中共中央 国务院关于实施乡村振兴战略的意见》指出，“到 2020 年，乡村振兴取得重要进展，制度框架和政策体系基本形成；到 2035 年，乡村振兴取得决定性进展，农业农村现代化基本实现；到 2050 年，乡村全面振兴，农业强、农村美、农民富全面实现”。
2018 年 3 月 5 日	国务院总理李克强在《政府工作报告》中强调，“大力实施乡村振兴战略”。

续表

时间	重要政策文件
2018年9月	中共中央、国务院印发《乡村振兴战略规划（2018—2022年）》，按照“产业兴旺、生态宜居、乡风文明、治理有效、生活富裕”的总要求，对实施乡村振兴战略作出阶段性谋划。
2021年2月21日	2021年中央一号文件《中共中央 国务院关于全面推进乡村振兴加快农业农村现代化的意见》指出，“全面推进乡村振兴，加快农业农村现代化”。
2021年2月25日	国务院直属机构“国家乡村振兴局”正式挂牌。
2021年3月	中共中央、国务院发布《关于实现巩固拓展脱贫攻坚成果同乡村振兴有效衔接的意见》，提出：建立健全巩固拓展脱贫攻坚成果长效机制；聚力做好脱贫地区巩固拓展脱贫攻坚成果同乡村振兴有效衔接重点工作；健全农村低收入人口常态化帮扶机制；着力提升脱贫地区整体发展水平；加强脱贫攻坚与乡村振兴政策有效衔接；全面加强党的集中统一领导。

进入新时代，乡村振兴具有了更加丰富的内涵：不仅要实现农业的现代化，还包括实现农村的现代化；不仅包括产业的振兴，也包括文化的振兴、教育卫生事业的大力发展、乡村社会的有效治理、乡村生态宜居、环境优美等。[①]“产业兴旺、生态宜居、乡风文明、治理有效、生活富裕”系统概括了新时代乡村振兴的丰富内涵，这五个方面是相互联系、有机统一的整体，统一于乡村振兴的整个过程中。其中，产业兴旺是乡村振兴的有力支撑，生态宜居是乡村振兴的关键环节，乡风文明是乡村振兴的坚实基础，治理有效是乡村振兴的基本保证，生活富裕是乡村振兴的目的。[②] 2018年3月，习近平总书记参加十三届全国人大一次会议山东代表团的审议时提出了“五个振兴”的科学论断，即乡村产业振兴、乡村人才振兴、乡村文化振兴、乡村生态振兴、乡村组织振兴。实现乡村全面振兴，“五个振兴”必不可少，是实施乡村振兴战略的五个关键部分；“五个振兴”相互联系、相互促进，构成乡村全面振兴的整体。具体来看，产业振兴是乡村振兴的物质基础，乡村振兴的落脚点是农民生活富裕，而生活富裕的关键是农民增收，农民增收的关键在于产业振兴；人才振兴是乡村振兴的关键因素，有了人才，乡村的各项建设才能有序展开，农村的各项改革才能有效推进，乡村全面振兴的目标才有可能实现；文化振兴是乡村振兴的精神基

① 魏后凯．如何走好新时代乡村振兴之路［J］．人民论坛·学术前沿，2018（3）：14-18.

② 郭晓鸣，张克俊，虞洪，等．实施乡村振兴战略的系统认识与道路选择［J］．农村经济，2018（1）：11-20.

础，乡村的物质文明和精神文明要“两手抓、两手都要硬”；生态振兴是乡村振兴的重要支撑，让良好生态成为乡村振兴的支撑点；组织振兴是乡村振兴的保障条件，没有有效的乡村治理和坚强的农村基层党组织作为根本保障就不可能实现乡村全面振兴的目标。

2. 生态振兴

生态振兴是乡村实现全面振兴的重要组成部分，实现农村地区经济社会发展与生态环境保护双赢，是实施乡村振兴战略的重要支撑点。2018 年中央一号文件《中共中央　国务院关于实施乡村振兴战略的意见》指出，“乡村振兴，生态宜居是关键。良好生态环境是农村最大优势和宝贵财富”。2018 年 3 月 8 日，习近平总书记参加十三届全国人大一次会议山东代表团的审议时提出“推动乡村生态振兴，坚持绿色发展，打造农民安居乐业的美丽家园，让良好生态成为乡村振兴的支撑点”。2020 年 6 月，生态环境部办公厅等三部门联合印发了《关于以生态振兴巩固脱贫攻坚成果进一步推进乡村振兴的指导意见（2020—2022 年）》，进一步提出“发挥生态环境保护和生态振兴在脱贫攻坚和乡村振兴中的重要作用”。

山清水秀、生态宜居是乡村生态振兴的重要标志。中国 90% 以上的国土面积在乡村，维护好乡村生态环境，不仅对城乡乃至全国的生态建设都极其重要，而且对满足城乡居民对美好生活的向往有着重要影响。这就需要坚持以人民为中心的发展观，打造山清水秀的乡村田园风光，建设生态宜居的乡村人居环境。坚持生态优先和绿色发展，加强农村生态文明建设和生态环境治理，让良好生态成为乡村振兴的支撑点。同时，宜居的乡村生态环境不仅仅是针对乡村，而且也能满足城市居民对宜居环境的向往，即对城市居民开放、城乡互通的生态宜居。因此，必须加快生态领域体制机制改革创新，以实现乡村自然生态环境保护与开发利用的和谐统一，使生态宜居的乡村既成为城乡居民对美好生活向往的所在地，又成为“绿水青山就是金山银山”的所在地和富裕农民的重要源泉。①

2.1.3 生态扶贫与乡村振兴的关系

1. 生态扶贫为乡村生态振兴打好基础和提供经验

生态扶贫是我国精准扶贫方略的重要组成部分，在脱贫攻坚和精准扶贫阶段，生态扶贫采用了生态工程建设、公益性岗位设置、发展生态产业、

---

① 黄祖辉．准确把握中国乡村振兴战略［J］．中国农村经济，2018（4）：2-12.

生态保护补偿、易地扶贫搬迁等有效模式和途径，推动了我国农村地区生态治理和贫困治理双赢。例如，在生态工程建设扶贫中，吸纳贫困人口参与退耕还林还草、风沙治理、天然林保护等生态建设工程及管理维护工作，通过以工代赈的形式，在改善提升贫困地区自然生态系统的同时，帮助贫困人口提高经济收入。

生态扶贫在精准扶贫时期积累的有益经验，为接续开展乡村振兴提供了强大助力。在思想观念层面，在生态扶贫的实践探索过程中，贫困地区生态文明观念逐渐增强，在不牺牲生态环境的前提下实现减贫脱贫，把扶贫项目和生态环保结合起来推进，因地制宜地用好贫困地区的生态资源，实现贫困地区经济社会效益和生态效益的共赢，为后续实现乡村生态振兴打下良好基础。在体制建设层面，生态扶贫的体制机制不断健全。在生态扶贫的实践探索过程中，强化顶层设计，政府主导、企业及社会共同参与的体制机制不断完善，如完善生态扶贫的干部考核管理制度、严格生态扶贫资金管理使用制度，以及建立健全生态扶贫的跨部门、跨区域协调合作机制等。总体上看，生态扶贫是精准扶贫中的重要内容，是我国特色扶贫的重要经验，生态扶贫将生态文明理念融入贫困治理工作，推动贫困地区实现生态系统与经济系统的协调共进，生态扶贫的实践探索为乡村生态振兴打下了坚实基础，提供了宝贵经验。

2. 乡村生态振兴是生态扶贫的延续和提升

生态扶贫是脱贫攻坚和精准扶贫的重要组成部分，乡村振兴是在脱贫攻坚的基础上进一步的完善和拓展，是从绝对贫困治理到相对贫困治理。脱贫攻坚的完成为乡村振兴打下了坚实的基础，乡村振兴的有序开展也为稳定脱贫提供了有效保障。脱贫攻坚战和乡村振兴战略是我国实现农业农村现代化、农民实现脱贫致富的两大重要任务，具有一脉相承的内在联系。① 乡村振兴战略是对乡村全面可持续发展进行长期布局，强调系统性和可持续性；生态振兴是乡村振兴的重要组成部分，生态扶贫和生态振兴是一脉相承的，本质上都是通过可持续地开发利用当地自然生态资源，将“绿水青山”转化为“金山银山”的过程，也就是将生态效益转化为经济效益的过程。

脱贫攻坚阶段的生态扶贫更加侧重于缓解区域贫困和贫困人口的脱贫增收。这一时期，生态扶贫是达到“两不愁、三保障”的手段之一，对于

① 汪三贵，冯紫曦．脱贫攻坚与乡村振兴有机衔接：逻辑关系、内涵与重点内容［J］．南京农业大学学报（社会科学版），2019，19（5）：8-14+154.

生态环境改善没有提出明确的任务要求，生态扶贫更多的是将扶贫项目和生态改善相结合，通过吸纳贫困人口参与生态保护等工程来提升其收入水平，推动实现贫困地区生态与脱贫双赢。进入乡村振兴阶段，生态环境治理的重要性进一步凸显，在巩固脱贫攻坚成果的基础上，应该将工作重点有效衔接到乡村生态振兴上来，不能局限于贫困人口、贫困地区，而要面向广大的农村人口、农村地区，通过对当地自然生态资源的合理利用，推动生产生活方式转变，实现乡村生态宜居的发展目标。生态环境保护和治理是一项长期的系统工程，乡村振兴中的生态宜居对农业绿色发展、治理农业环境污染问题、改善人居环境等方面提出了明确的要求。同时，乡村生态振兴更加需要以习近平生态文明思想为指导，深入践行“两山”理念，因地制宜地将产业振兴与生态振兴融合起来，实现农村地区生态环境保护与经济社会的协同发展。

表 2-3 生态扶贫与乡村振兴战略的逻辑关系

阶段	脱贫攻坚、精准扶贫阶段 （生态扶贫）	乡村振兴阶段 （生态振兴）
时间	2013—2020 年	2018—2050 年
目标	到 2020 年，稳步实现农村贫困人口不愁吃、不愁穿，义务教育、基本医疗和住房安全有保障。确保我国现行标准下的农村贫困人口实现脱贫，贫困县全部摘帽，解决区域性整体贫困（其中，生态扶贫的主要目标是通过吸纳贫困人口参与生态保护等工程来提升其收入水平）	实现农业农村现代化。到 2020 年，乡村振兴取得重要进展，制度框架和政策体系基本形成。到 2035 年，乡村振兴取得决定性进展，农业农村现代化基本实现。到 2050 年，乡村全面振兴，农业强、农村美、农民富全面实现（其中，生态振兴的主要目标是通过坚持尊重自然、顺应自然、保护自然，推动生产生活方式转变）
重点/总要求	贫困人口稳定实现“两不愁、三保障”和稳定增收（生态扶贫是达到“两不愁、三保障”的手段之一，对于生态环境改善没有提出明确的任务要求）	产业兴旺、生态宜居、乡风文明、治理有效、生活富裕（生态宜居对农业绿色发展、治理农业环境污染问题、改善人居环境等方面提出了明确的要求）
对象/侧重点	建档立卡贫困人口、贫困地区/绝对贫困，侧重具体对待、微观施策	全部的农村人口、农村地区/相对贫困，侧重顶层设计、整体规划

2.2　相关理论溯源

2.2.1　从单纯经济增长到可持续的发展观

在全球化进程中，发达国家与发展中国家之间的差距不断拉大，直接影响了世界的稳定，加上伴随工业化进程的生态环境恶化，影响到子孙后代的生存空间。“代内问题”和“代际问题”的时代命题赋予了经济发展全新的内涵。从单纯经济增长的发展观到以人为本的全面可持续的发展观，逐步实现了经济与社会目标的统一，“可持续发展观”的提出是人类认知的飞跃，使人们认识到生态环境在经济社会发展中的重要作用，对自然生态系统的保护上升到了新的阶段。

1. 以经济增长为中心的发展观

20 世纪 70 年代以前，西方经济学传统理论认为，经济活动的根本目的是尽可能地增加国家财富，判断经济活动的标准是如何利用有限或稀缺的资源，并通过有效分配实现财富的最优或最大增长。罗斯托（1960）首先确立了“以经济增长为中心”的发展思想，他认为经济增长和社会发展是不可割裂的。这一观点与马克思主义的观点并不矛盾，即社会物质生产能力的革命性增长是社会发展的基本要求。以“李光耀命题”为代表的发展观也强调经济增长具有压倒一切的优先性，甚至可以牺牲公民的权利。其认为经济增长即使不能完全消除贫困，至少也能对减缓贫困起到重要作用，政府只需要致力于促进经济增长。① 以经济增长为中心的发展观认为，发展等于经济增长，经济总量成为衡量发展最重要或唯一的指标。在单纯经济增长的发展观背景下，人类进行了大规模的自然资源开发，发达国家把资本积累作为首要目标，进行高消费、高投入、大规模的工业化生产，以实现经济高速增长。

2. 综合的发展观

20 世纪 80 年代，佩鲁（Francois Perroux）在《新发展观》一书中提出了“经济社会的综合发展观”，认为发展应以人的价值、人的需要和人的潜力的发挥为中心，把人的全面发展作为评价发展的尺度和发展目的，开启

---

① 徐奉臻．发展观的嬗变与新中国新型现代化的理论建构［M］．北京：中国环境出版社，2014：64.

了发展观的新时代。佩鲁着眼于人，又以人为发展目标，深刻地分析了人与工具、人与市场的关系，区分了增长与发展的关系，认为发展等同于经济增长加上社会变革。发展要以人为中心，而不是以市场为中心，不能以市场机制取代行为者的活动和决策，“如果资源的分配和劳动的产品要有一个合法的基础的话，即便是在经济学方面，它也应依据以人为中心的战略”①。因此，人的全面发展被视为人类社会发展的最高理念和追求目标。但是，在这一时期，综合发展观仍然没有脱离传统经济发展观的理论，关于增长和发展的区别仍局限在发展中国家，对于社会发展的关注仍局限在贫困、失业和不平等问题上，对于经济社会发展与自然生态的协调发展缺乏关注。

3. 可持续的发展观

可持续发展（Sustainable Development）是发展观的重大突破，超越了传统经济发展理论所涵盖的内容，不仅包括原有意义上的社会变迁和社会平等，也涵盖了合理使用资源、保护生态环境、铸造新价值观念等内容。世界环境与发展委员会（WECD，1987）在《我们共同的未来》报告中提出了可持续发展的经典定义，即“既满足当代人的需要，又不对后代人满足需要的能力构成危害”。赫尔曼·戴利（Herman E. Daly，1996）进一步指出，可持续发展是超越增长的发展观，是对过去只重视经济增长观念的摒弃，倡导建立全面提高人类福利的发展观，坚持社会经济生态协调发展和代际协调发展。② 进入21世纪，学者们在此基础上对可持续发展进行了广泛而深入的研究，可持续发展观逐渐成为当今各国发展道路选择的理论共识。相较于传统经济思想，可持续发展观有两个方面的重要转变。一是经济人假设向社会生态经济人假设的转变。即从追求自身利益和效用最大化的行为个体，转向不仅追求经济利益同时也追求社会生态利益的行为个体。二是将生态因素内生化。传统经济学通常将生态因素视作外生变量，忽视了生态系统对经济系统的影响，而可持续发展经济学将生态因素内生化于经济模型，以此揭示可持续发展的内在机制。可见，可持续发展是以强调生态可持续性为基础的发展观，即人类社会经济的发展不应以牺牲生态环境为代价。可持续发展观认为生态环境的承载能力是有限的，自然资源总量也是有限的，经济社会发展不可能长期超过生态环境的承载能

① 佩鲁（Perroux，F.）. 新发展观［M］. 北京：华夏出版社，1987：92.

② 赫尔曼·E. 戴利（Herman E. Daly）. 超越增长可持续发展的经济学［M］. 上海：上海译文出版社，2006.

力。因此，可持续发展不是从局部和微观上，而是从整体和宏观上探讨如何使资源配置的机制从传统发展模式转移到可持续发展模式，在时间上兼顾当下与长远发展利益的权衡，在空间上维护全社会的整体利益，在物质基础上强调资源的可持续利用，在运行机制上强调可持续发展的政策法规、综合决策与协调管理。可持续发展理念将扶贫开发和贫困治理作为实现发展的前提条件，强调只有促进发展，包括经济增长和社会进步，才能从根本上消除贫困。

4. 生态经济学的兴起与理论发展

传统经济学的研究范式是建立在纯经济学观念基础上的，以经济与生态相脱离为特征，没有将经济系统与生态系统作为一个有机整体来阐释和揭示经济运行与发展的客观规律，把经济发展过程看成纯粹是由经济社会系统本身的规律孤立支配的，而不受那些支配自然生态系统进化和发展的规律所制约。这就决定了传统经济学在协调人与自然的关系、促使经济与生态协调发展上显得无能为力。

20世纪六七十年代美国经济学家肯尼思·博尔丁（Kenneth E. Boulding）提出的“宇宙飞船地球”“生态经济”“循环经济”等一系列生态经济观点，标志着现代生态经济学的兴起。博尔丁（1966）在论文《一门科学——生态经济学》中首次正式提出生态经济学的概念，认为经济系统与生态系统的相互作用构成了经济—生态系统。科斯坦萨（Robert Costanza，1989）认为，生态经济学是一门全面研究生态系统与经济系统之间关系的科学。王松霈（2000）认为，各种生态经济矛盾是人们为了经济发展的需要而采取错误的经济思想和经济行为，损害自然界的生态平衡造成的，实质是经济问题。他指出，生态与经济协调理论是生态经济学的核心理论，生态经济学为可持续发展提供了理论基础。① 近年来，生态经济学作为一门倡导“从最广泛意义上研究生态系统与经济系统之间复杂关系的学科”，被寄望能够更好地解决当代经济发展和生态保护的两难困局。②

生态经济学为可持续发展的研究设立了具体的研究对象，即经济—生态系统。生态经济学是从经济学视角研究生态系统和经济系统相互作用所形成的复合系统及其运动规律的科学。在经济—生态系统中，追求增长的经济系统对自然资源需求的无止境性与相对稳定的生态系统资源供应的有

① 王松霈．生态经济学［M］．西安：陕西人民教育出版社，2000.

② 刘琳，贾根良．生态经济学的演化特征与演化生态经济学［J］．黑龙江社会科学，2013（1）：56-62.

限性之间存在矛盾冲突，随着人类活动范围和强度的逐渐加大，经济与生态之间的矛盾不断加剧。如何实现生态系统与经济系统协调可持续发展是生态经济学的中心议题。生态经济学为解决生态与经济之间的矛盾，探寻人类发展和自然生态相互适应、演化及平衡提供对策和途径。可以说，生态经济学和可持续发展研究的问题是一致的，即生态环境和经济社会发展在时间和空间上的协调可持续问题。在新时代生态经济学的框架下，生态经济发展的价值取向与最终目的是满足人的生态、物质、精神的基本需要。生态系统和经济系统的运行与发展，必须坚持以促进人的全面发展为中心。中国生态经济协调发展理论与实践向可持续发展领域渗透与融合，逐步形成了一种将引起现代经济社会巨大变革的可持续发展经济理论。①

2.2.2 马克思主义生态文明思想的历史演进

1. 马克思主义生态文明思想溯源

伴随第二次工业革命在全球范围内展开，垄断资本主义时期宣告到来。马克思、恩格斯所处的时代恰好属于工业造成的环境问题逐渐显现的时期。马克思对资本主义对经济效益的诉求和环境保护之间的矛盾进行了审视，以历史唯物主义、资本主义本质为切入点，对人与自然的矛盾和冲突进行了研判。马克思、恩格斯从资本主义制度本质、人性本身入手，其研究自然生态的方法包含了人与自然和谐发展的思想萌芽。

与资本主义强调经济利益不同，马克思着重强调人与社会的全面发展。马克思、恩格斯将人的全面发展作为社会发展的最高目标，深度关注人类的前途。在理论研究中，马克思、恩格斯论述了资本主义的片面性和人的全面发展的重要性。马克思、恩格斯从进化角度出发，指出人类社会发展是从低级向高级进步，由片面强调某方面发展到全面提高的过程。社会进步中将依次出现人的依赖性社会（人类被自然支配）、物的依赖性社会（人类的不合理行为造成与自然冲突）、个人全面发展的社会（人与自然和谐）三种类型。人的依赖性社会出现在原始社会和封建社会，受能力限制，人类对自然界保持崇拜与敬畏之心。物的依赖性社会以资本主义社会为主，因为生产力水平有所提高，人类对自然界由友好、崇敬变为征服，一味强调人的力量与主观能动性。当生产力形成、人与自然界进行广泛的物

---

① 高红贵，李攀．新时代生态经济学的一个重大理论问题——生态经济融合发展论［J］．贵州社会科学，2019（6）：108-114.

质交换时，双方互动范围有所扩大，引起人与自然关系的变化。在资本主义私有制条件下，生态危机时有发生。在共产主义社会中，个人全面发展为主要特点。由于生产力极大发展，全面消除各种不正常关系，人与自然对立完全被消灭，人类实现完全的解放和全面发展。此阶段正如马克思所言，在人类社会中，自然界是人与人联系的纽带和人类的生活要素。同时，自然界是人存在和生活的基础。所以，社会帮助人与自然完成了本质的统一，是“人的实现了的自然主义和自然界的实现了的人道主义”①。人的发展与社会发展协调统一和人的全面发展是社会发展的最高目标。人类自身的进步构成社会进步，社会进步的目标是为人类服务。人的发展主要体现在素质的提高。马克思、恩格斯研究生产力、生产关系，本质上是推动实现人、经济、社会、自然的共同进步，最终达到人的全面发展的目标。马克思社会发展观与可持续发展存在内在关联与继承关系，可理解为可持续发展思想的理论来源之一。

马克思、恩格斯对生态文明的关切，一方面表明环境问题的本源是人地矛盾，本质是人与自然的关系。马克思从历史唯物主义的角度强调自然界是客观存在的，具有自身规律。人则是自然界的产物，自身处于自然界之中，行为受到自然规律的约束，并且是和这个环境一起发展起来的。然而，人类具有主观能动性，其行为会对自然界产生影响，能够通过生产活动影响和改造自然环境。人类活动实质是通过自身行为从自然界取得产品以满足自身需要。② 人类生产所需要的原料来自自然界，人与自然的和谐以物质交换为中介。同时，人类通过无差别的劳动实现物质交换。劳动实质是人类社会存在的必要条件，是为了满足需要而改造自然物，属于制造使用价值的行为。另一方面表明自然界与人类社会存在共生关联。只有人类社会存在，自然界才构成人类之间交流的枢纽，只有在社会中，自然界才是人存在的基础。③ 马克思、恩格斯从资本主义生产关系出发对环境问题进行了阐述，他们指出资本主义造成生产盲目扩大，引起对资源的无限制掠夺。资本主义生产将导致人类行为违背自然规律，只会带来灾难。马克思提出，人类本身、自然界和社会的最高目标在于人与自然的和谐以及人类自身的和解。人类社会存在缓解自然界破坏的重要使命。为了实现既定目

---

① 马克思 . 1844 年经济学哲学手稿［M］. 北京：人民出版社，2000：83.

② 马克思，恩格斯 . 马克思恩格斯全集（第 19 卷）［M］. 北京：人民出版社，2002：405.

③ 马克思，恩格斯 . 马克思恩格斯全集（第 3 卷）［M］. 北京：人民出版社，2002：301.

标，人类通过加快技术进步提高资源利用效率，发现了那些废物的有用性质。[①] 然而，在资本主义追逐利润的前提下，难以实现人与自然的和谐共生，唯有通过社会制度改革，才能选择三者共赢的生产关系。自然因素与劳动力同样会影响生产效率，其中，自然因素包含地表与地下的所有资源，对劳动生产力发挥重要作用。自然因素包含土地肥力、资源分布等要素，矿产资源的可开采储量、品质、开发成本、富集程度会影响其使用价值，资源分布情况将直接决定同种商品地区间的价值差异。马克思、恩格斯从历史的角度出发对破坏自然生态的行为提出了警告。恩格斯从人类早期文明衰落的历史入手指出古巴比伦，以及近代较早兴起的西班牙、意大利等国破坏森林等行为造成土壤沙漠化等自然灾害，最终影响了经济和社会进步。恩格斯告诫资本家不要过分迷信人定胜天和技术的力量。人类对自然界的每一次胜利都在暗中标好了价格，常常把最初的结果给消除了。在自然界面前，人类唯有掌握自然规律，分析和认识行为对自然产生的近期和远期影响，方可实现行为的合理性和人与自然的和谐。[②] 马克思强调了自然资源合理利用和资本主义制度的不足。他发现私有制，特别是生产资料的个人所有体系犹如奴隶制中的人身依附关系，是十分荒谬的。人类只是资源尤其是土地资源的占有者和利用者，并非所有者，每个人皆有义务将资源利用好和照看好，把土地改良后传给后代。[③] 马克思、恩格斯在指责资本主义制度的不足时，就发现了其不合理开发行为所造成的后果，体现了科学发展的思想萌芽。

2. 生态马克思主义的生态经济思想

20世纪70年代，生态马克思主义逐步兴起。生态马克思主义从资本主义经济滞胀、牺牲环境发展经济造成生态破坏的实际出发，采用马克思人本主义、人的全面发展等理论解释资本主义体系与生态危机的内在关联，并寻找解决生态问题的方法。在生态马克思主义继承人与自然辩证统一的关系，强调人与自然利益相通的同时，人类中心主义也未完全否决自然界生存的诉求。该学派在继承马克思主义政治经济学之时，从资本主义造成的生态问题角度出发解析了资本主义向社会主义过渡的必然。生态马克思主义的代表人物詹姆斯·奥康纳（James O'Connor）和本·阿格尔（Ben Agger）指出，资本主义造成了生态破坏和资源过度开发，经济危机由

---

① 马克思，恩格斯．马克思恩格斯文集（第7卷）［M］．北京：人民出版社，2009：115.
② 马克思，恩格斯．马克思恩格斯选集（第3卷）［M］．北京：人民出版社，2012：998.
③ 马克思，恩格斯．马克思恩格斯全集（第46卷）［M］．北京：人民出版社，2003：878.

传统的供给侧向消费领域过渡，生态危机已成为社会经济重大危机，应放置于核心地位。对于解决生态危机，生态马克思主义指出，唯有实现生态社会主义方可最终解决生态危机。与马克思基本理论相比，生态马克思主义要求以生态革命为手段取代资本主义，建立生态与经济诉求相统一的生态社会主义。它在继承马克思主义生态文明思想之时，尝试解决显现的问题，试图将缓解生态危机与社会主义运动相联系。由于它产生于西方资本主义社会，受到特殊社会环境的影响，在一定程度上与马克思基本理论与方法产生了割裂，造成两者对资本主义本质、经济危机的起源等方面的论述具有一定差异。虽然生态马克思主义与经典马克思主义思想存在差异，但是它是在新情况下产生的理论，为解决当代生态危机提供了借鉴，为马克思主义的当代发展注入了新的思想元素。

3. 马克思主义生态文明思想的中国化

中国自古以来就有“道法自然”“天人合一”等生态思想，只有遵循自然规律才能有效防止在开发利用自然上走弯路，才能推动形成人与自然和谐发展的现代化建设新格局。中国共产党坚持马克思主义生态文明思想与中国具体实际相结合，积极推动马克思主义生态文明思想中国化，在实践中逐步形成了与时俱进的中国特色社会主义生态文明建设思想。这既是对中国传统生态智慧的继承和发扬，也是马克思主义在中国实践中的结晶，有力推动了马克思主义发展观的传承与传播。

毛泽东生态文明思想是中国共产党第一代领导集体智慧的结晶，是在长期的革命和建设历程中形成的关于人与自然的正确看法和经验。毛泽东将自然资源作为强国和发展经济的重要因素，是建设社会主义所需要的重要因素。① 在经济基础相对薄弱之时，毛泽东强调开发新能源，通过水利等可再生能源满足经济需要。毛泽东将节约列入经济要求，强调节约是社会主义经济的基本原则之一。为了改善生态环境，减少经济发展对生态的冲击，毛泽东主张开展绿化行动，提高森林覆盖率，这对农业、对工业、对各方面都有利。② 毛泽东关于水利建设、植树造林、环境污染治理、水土保持等方面的论述，对当今生态文明建设依然具有启示意义。邓小平作为中国特色社会主义的开创者，对生态环境，从经济社会发展全局的高度给予了足够的重视。邓小平强调人口与资源、环境相协调，从可持续发展的角

① 毛泽东．毛泽东论林业［M］．北京：中央文献出版社，2003：42.

② 毛泽东．毛泽东文集（第6卷）［M］．北京：人民出版社，1999：475.

度坚持植树造林、绿化祖国、造福后代。① 为了保障生态事业发展，邓小平将建设生态文明纳入长期规划，在制度层面加强环境管理，从人治走向法治。② 伴随改革开放的深入，邓小平从“科学技术是第一生产力”的角度阐述应对生态问题同样需要科学，即解决农村能源、保护生态环境等都要靠科学。③ 以江泽民同志为核心的党的第三代中央领导集体对生态环境建设有了更加深刻的认识，继承和发展了生态文明和可持续发展思想，从不同领域之间的协调到维护国家的长期发展潜力，将实现可持续发展作为一个重大战略，明确提出环境意识和环境质量如何，是衡量一个国家和民族的文明程度的一个重要标志。④ 当中国国际地位逐渐提高时，江泽民适时从全球化的角度发现可持续发展具有世界性，需要主要国家相互合作，共同应对环境危机。21 世纪以来，中国经济发展取得了突出成就，取代美国成为世界第一大工业国，然而生态破坏、环境污染等问题愈加严重。如何实现可持续发展，搜寻环境与经济的契合点成为中国政府与人民的重大议题。以胡锦涛同志为核心的党中央首次将“生态文明”写入党的报告，提出“科学发展观”，强调以人为本的发展观，走全面、协调、可持续的发展道路，为中国可持续发展作出重要理论遵循。

2.2.3 习近平生态文明思想中的生态扶贫观

党的十八大以来，以习近平同志为核心的党中央基于我国具体国情，进一步总结和发展了马克思主义生态文明思想。习近平总书记对经济与生态关系的重要论述，从马克思恩格斯经典论述和我国传统生态智慧出发，经历了从理论到实践、从实践到理论的反复论证过程，形成了习近平生态文明思想，构建了系统的生态文明建设理论体系，生态文明建设成为“五位一体”的重要组成部分，“生态优先、绿色发展”逐步成为社会共识。习近平生态文明思想为解决我国经济发展过程中人与自然的紧张关系提供了理论指导，为新时代生态文明建设提供了根本遵循。

“两山”理念是习近平生态文明思想内涵的归纳总结和高度凝练，是对马克思主义生态文明思想、人与自然关系论述的丰富和发展，为我国新时

---

① 邓小平．邓小平文选（第 3 卷）［M］．北京：人民出版社，1993：21.

② 邓小平．邓小平论林业与生态建设［J］．内蒙古林业，2004（8）：1.

③ 中共中央文献研究室编．邓小平年谱（1975—1997）（下）［M］．北京：中央文献出版社，2004：882.

④ 江泽民．江泽民文选（第 1 卷）［M］．北京：人民出版社，2006：534.

代生态扶贫实践提供了重要的理论指导。2005年，时任浙江省委书记的习近平在安吉县考察时，首次提出“绿水青山就是金山银山”。2013年，习近平在哈萨克斯坦纳扎尔巴耶夫大学发表演讲时指出，“我们既要绿水青山，也要金山银山。宁要绿水青山，不要金山银山，而且绿水青山就是金山银山”，这成为“两山”理念最全面、最经典的论述。习近平多次指出，“要牢固树立绿水青山就是金山银山的理念，守住发展和生态两条底线，努力走出一条生态优先、绿色发展的新路子”“人不负青山，青山定不负人。绿水青山既是自然财富，又是经济财富”。“两山”理念深刻地揭示了生态就是资源和生产力、保护生态就是保护生产力的道理，形象地指出了自然生态与物质财富的辩证关系，是对发展观的变革，摒弃了粗放式的传统发展思维，强调对自然生态的维护和利用，形成绿色生产生活方式，满足了人民群众日益增长的优美生态环境需要，实现了经济社会发展与生态环境保护的协同共进。①

生态扶贫是以“两山”理念为精髓的习近平生态文明思想的生动实践。生态扶贫思想既是习近平生态文明思想中的重要观点，也是指导坚决打赢脱贫攻坚战的重要方略。习近平生态扶贫思想将生态与扶贫有机结合在一起，为协调处理好“绿水青山”和“金山银山”的关系提供了理论指导。生态扶贫强调以人民为中心的绿色发展理念，充分调动起贫困人口参与生态文明建设实践的主动性、积极性、创造性，通过贫困人口主动、自觉、积极地参与生态保护、生态修复工程建设和发展生态产业，促使其收入水平明显提升，使其生产生活条件明显改善。生态扶贫的内涵不断拓展，不仅重视生态资本在贫困地区的转化，而且高度重视生态价值在贫困地区的变现，无论是生态资源条件好还是生态资源匮乏的贫困地区，都要采取对生态资源合理开发利用的扶贫方式。生态扶贫思想有效地推动了我国贫困地区提升文明意识，加强生态文明建设，提高生态环境质量，增强生态产品和生态服务的供给能力，实现生态保护补偿水平与经济社会发展状况相适应，提升贫困地区可持续发展能力。② 在精准扶贫时期开展的生态扶贫实践，牢固树立“绿水青山就是金山银山”的发展理念，坚持扶贫开发与生态保护并重，有效改变了我国贫困地区生态环境恶化与经济贫困恶性循环的困境，推进了贫困地区“绿水青山”向“金山银山”的转化，实现了农

① 习近平．习近平谈治国理政（第二卷）[M]．北京：外文出版社，2017：394.

② 方世南．习近平生态文明思想中的生态扶贫观研究[J]．学习论坛，2019（10）：20-26.

村地区经济社会发展和生态环境保护的协同共进。

习近平生态扶贫思想为我国乡村推进生态文明建设和“三农”工作提供了理论指导。一方面，生态扶贫推动乡村产业绿色发展。生态扶贫因地制宜地利用当地资源，大力发展绿色产业，推动乡村生态农业、乡村生态旅游业快速发展，在不破坏乡村自然生态环境的基础上，推动乡村经济发展和农民脱贫致富。另一方面，生态扶贫通过开展乡村生态环境治理和激发村民的生态环保意识，推动乡村生态系统的修复和生态环境质量的提升。

2.3 生态扶贫长效机制的理论分析

2.3.1 生态与贫困的互动关系理论

1. 生态与贫困的恶性循环理论

关于贫困与生态关系的研究，起初由于受到“贫困陷阱”理论和环境库兹涅茨曲线假说的影响，对生态与贫困的协同治理表现出悲观的论调。“贫困陷阱”理论为贫困与生态关系的研究提供了理论支撑。发展经济学中的“贫困陷阱”是指由于经济的恶性循环，发展中国家难以摆脱贫困和落后。纳克斯（Ragnar Nurkse，1953）提出了“贫困恶性循环”理论，认为资本短缺是阻碍发展中国家发展的一个关键因素，贫穷和环境是相互依存和相互加强的螺旋下降过程。纳尔逊（Nelson R R，1956）提出了“低水平均衡陷阱”理论，认为发展中国家人口的过快增长是阻碍人均收入迅速提高的陷阱。“贫困陷阱”理论指出，发展中国家总是陷入低收入和贫困的恶性循环，这似乎是一种诅咒，尽管作出了巨大的努力，但发展中国家仍然受到贫穷和生态退化的恶性循环的困扰。“贫困陷阱”理论对贫困问题研究产生了巨大影响，旨在推动农村贫困人口脱贫的财政或技术投入虽然取得了诸多成功，但同时也导致了严重的生态和社会问题，进而可能加剧贫困（Lade 等，2017）。[①]

“PPE 怪圈”经典地阐述了贫困（Poverty）、人口（Population）与环境（Environment）之间恶性循环的形成原因（Grant J P，1994）。[②] 首先，经济

① Lade S J, Haider L J, Engström G, et al. Resilience Offers Escape from Trapped Thinking on Poverty Alleviation [J]. Science Advances, 2017, 3 (5).

② Grant J P. The State of the World's Children [M]. New York: UNICEF/ Oxford University Press, 1994: 65-68.

贫困导致人口增长和生态系统功能退化，主要表现在贫困地区生活生产方式落后，劳动生产率低下，为了增加劳动力，人口出生率居高不下。对贫困人口而言，眼前生存需要重于长远生态保护，为了解决生存问题往往对自然资源进行掠夺式开发，意识不到不合理行为对自然生态系统的损害，对当前行为后果无知，破坏了原本就比较脆弱的自然生态系统。其次，人口增长进一步加剧经济贫困，并使自然生态系统更趋脆弱。区域人口增长伴随着人均资源（特别是土地资源）拥有量的缩减，贫困人口只能靠扩大土地资源利用来满足生产生活需要，这使其赖以生存的土地质量下降、产出减少，加上乱砍滥伐、过度开垦等引起土地退化、土壤侵蚀和自然灾害增多，生态系统压力剧增、更趋脆弱。最后，生态系统脆弱进一步加剧经济贫困。自然生态系统脆弱，致使农业生产的自然条件较差，脆弱的生态环境还容易诱发自然灾害。较差的自然生产条件与自然灾害叠加，使贫困地区农业生产力下降，贫困人口疾病增加，从而进一步加剧了经济贫困（见图 2-1）。

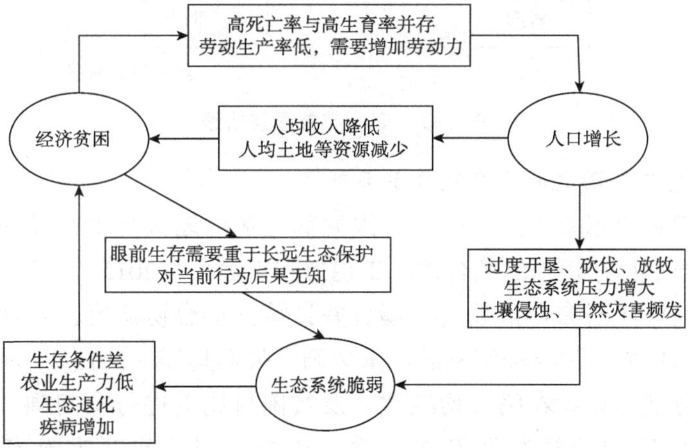

图 2-1　经济贫困—人口增长—生态系统脆弱的恶性循环①

2. 环境库兹涅茨曲线假说

在经济发展与生态环境的关系问题上，最具代表性的是库兹涅茨（Kuznets，1955）提出的环境库兹涅茨曲线（Environment Kuznets Curve，EKC）假说。根据 EKC 假说，生态退化被认为是消除贫困不可逾越的阶

① 佟玉权，龙花楼．脆弱生态环境耦合下的贫困地区可持续发展研究［J］．中国人口·资源与环境，2003（2）：50-54.

段，只有经济发展到更高的水平，才能抑制或扭转生态退化的趋势。这一理论基础极大地满足了政府发展经济的迫切愿望，得到了广泛的认同和实践。先污染后治理的发展道路，先是被发达工业化国家验证，并被渴望摆脱贫困的发展中国家效仿。虽然大多数政府提倡兼顾经济发展和生态环境保护的可持续发展模式，但在实践中受制于贫困治理的压力，不得不把生态环境保护放在相对次要的位置，导致区域发展往往以牺牲生态环境为代价。在环境库兹涅茨曲线假说的影响下，致力于经济增长成为发展中国家减贫的政策导向。这种经济主导型的发展战略，忽视了经济快速发展过程中可能引发的生态环境问题和代价（Gill 等，2018）。①

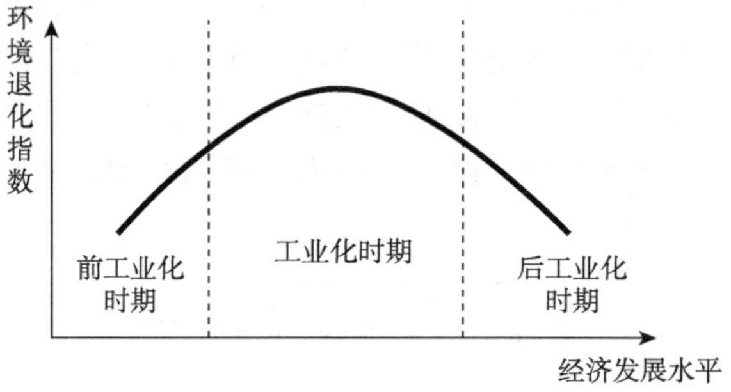

图 2-2 环境库兹涅茨曲线

3. 生态与贫困之间存在耦合关系

国内学者的相关研究表明，我国大部分贫困地区与生态脆弱地区在地理空间分布上存在很强的耦合性。王艳慧和李静怡（2015）② 将生态环境质量与县域经济贫困综合指数进行耦合并计算其耦合协调度，发现国家级贫困县的生态环境质量与经济发展严重失调。张家其等（2014）③ 将生态安全综合指数分别与县级农民人均纯收入及贫困村比重进行空间耦合，发现兼顾生态环境保护的扶贫开发在消除贫困的同时，能够改善当地生态环境，提升整体生态安全水平。曹诗颂等（2015）④ 分析了秦巴集中连片特困

① Gill A R, Viswanathan K K, Hassan S. The Environmental Kuznets Curve (EKC) and the Environmental Problem of the Day [J]. Renew-able and Sustainable Energy Reviews, 2018, 81 (2): 1636-1642.

② 王艳慧，李静怡 . 连片特困区生态环境质量与经济发展水平耦合协调性评价 [J]. 应用生态学报，2015，26（5）：1519-1530.

③ 张家其，吴宜进，葛咏，等 . 基于灰色关联模型的贫困地区生态安全综合评价——以恩施贫困地区为例 [J]. 地理研究，2014，33（8）：1457-1466.

④ 曹诗颂，赵文吉，段福洲 . 秦巴特困连片区生态资产与经济贫困的耦合关系 [J]. 地理研究，2015，34（7）：1295-1309.

地区的生态资产与经济贫困的耦合协调度，发现该地区的生态资产与经济贫困存在较高的耦合度，具体为生态资产越低的地区经济贫困程度越高，二者的协调程度以及发展的综合水平越低。从相关研究中可以发现，贫困与生态并不是两条平行线。相反，两者之间有很强的相关性，贫困地区往往面临生态退化的危险。

随着技术进步和相关政策调整，我国正逐步实现人与自然、经济与生态、不同利益群体之间的平衡，这为协同贫困和生态治理提供了良好契机，并在实践中取得了一定的效果。从整体上考虑和解决贫困与生态问题是可能的、紧迫的。贫困和生态退化受到多种复杂因素的影响，传统的将贫困与生态的关系定义为线性的观点过于简单和武断（Pagiola 等，2004）。[①] 生态保护与扶贫是相辅相成、辩证统一的关系，不是矛盾的对立（陈金明和吴炜，2015）。[②] 生态环境与贫困之间存在复杂的关联，关键影响因子包括环境恶化因素、资源因素和多维贫困因素（程欣等，2018）。[③] 当前研究倾向于采用更全面和客观的方法，将贫困与生态置于同一分析框架下探讨二者相互作用的过程，寻求经济与生态的协同，特别是在可持续发展理念下，已经在贫困治理与生态保护的协同模式和机制上取得了重要进展。

2.3.2 生态系统与经济系统的关系

在人类发展的整个历史中，经济社会系统和自然生态系统之间有着不可分割的联系，它们既相互依存又相互制约。这种相互作用既有积极的影响，也有消极的影响。自然生态系统为人类提供基本的生存条件和发展条件。人类通过生产劳动获取生存所需的物质资料，为了抵御自然灾害和威胁，人类努力利用和改造自然，过度消耗自然资源，推进工业化和城市化。其负面影响是资源的消耗和环境的恶化，对自然生态系统造成了不利影响，又反过来威胁人类的生存和发展。经济社会系统与自然生态系统之间的相互影响程度，是一个动态变化的过程。当生产力水平较低时，可供利

---

① Stefano Pagiola，Agustin Arcenas，Gunars Platais. Can Payments for Environmental Services Help Reduce Poverty? An Exploration of the Issues and the Evidence to Date from Latin America [J]. World Development，2004，33（2）.

② 陈金明，吴炜．武陵山片区生态保护与扶贫开发协同发展论纲［J］．学习月刊，2015，4（2）：28-29.

③ 程欣，帅传敏，王静，等．生态环境和灾害对贫困影响的研究综述［J］．资源科学，2018，40（4）：676-697.

用的资源很少，人类活动对自然环境的破坏程度也较小，而生态资源、生态环境对人类的制约作用突出，表现在人类对生态系统的依赖性较强。随着经济社会发展和科学技术进步，人类对生态资源和生态环境的利用和改造越来越广泛和深入，资源环境问题日趋严重，甚至成为生态危机。此时，人类对生态系统的负面作用在一定程度上超过了正面效应。

经济社会发展的长期性和周期性决定了经济—生态系统的发展过程呈现螺旋上升的阶段性趋势。经济社会系统与自然生态系统的相互作用过程，发展方向可以简化为以下三种类型：第一，经济—生态系统失调。随着经济社会的发展，自然生态系统出现了衰退的迹象，这是由于在经济社会系统发展过程中，不合理地掠夺生态资源，生态环境质量下降、生态供给能力退化，导致经济—生态系统失衡。经济—生态系统内部呈现不协调的形态，表现为经济社会系统与自然生态系统的逆向作用过程，陷入相互矛盾和制约的恶性循环。第二，经济—生态系统基本协调。经济社会系统的发展保持在生态供给能力所允许的范围内。虽然自然生态系统没有遭到破坏，生态供给能力相对稳定，但经济社会系统的发展却停滞不前。这种类型的经济—生态系统内部呈现出低效协调形态，系统内部受到干扰和约束，属于中性循环。第三，经济—生态系统协调发展。经济社会发展受到自然生态系统限制后，重新认识并遵循自然规律，采取措施，改变原来的经济社会发展模式，修复受损的生态系统，实现经济—生态系统协调发展的理想状态。这种类型的经济—生态系统内部呈现出耦合协调形态，表现为经济社会系统与自然生态系统的正向作用过程，属于协调与进化的良性循环。

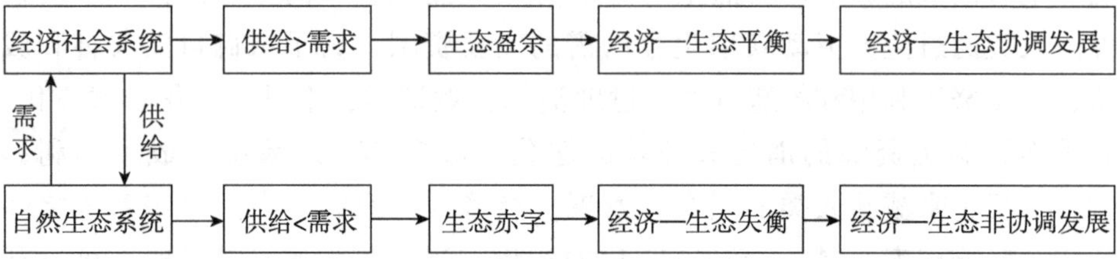

图 2-3 经济—生态系统互动作用机理

2.3.3 生态扶贫长效机制构建依据

可持续发展理论强调，生态环境的承载能力是有限的，自然资源总量也是有限的，经济社会发展不可能长期超过生态系统承载能力。可持续发展不是从局部和微观上，而是从整体和宏观上探讨如何使资源配置的机制从传统发展模式转移到可持续发展模式，在时间上兼顾当下与长远发展利益的权衡，在空间上维护全社会的整体利益，在物质基础上强调资源的可持续利用。从系统分析的角度研究经济社会系统与自然生态系统之间的耦合协调关系，强调经济社会系统与自然生态系统的协调可持续发展，在实现经济社会发展的同时要保持生态环境的均衡发展，不能以牺牲环境为代价换取经济发展。在经济社会系统与自然生态系统组成的复杂系统中，自然生态系统是基础，经济社会系统是主体，二者之间存在复杂的相互作用。只有系统各要素之间相互作用并产生协调效应，才能推动经济—生态系统向协调可持续的方向发展。经济—生态系统协调发展的实质是要充分利用经济与生态之间相互促进的作用关系，实现二者的协同发展。

通过经济社会系统和自然生态系统相互作用，协调各子系统之间的关系，在保持系统稳定的前提下，使系统整体效益实现最大化。这里强调的系统整体效益是相对于以往的单纯经济效益而言的，从时间和空间两个维度对整个系统的损耗和收益进行动态研究与评估，从而作出有利于可持续发展的价值判断。经济—生态系统由不可持续发展状态向协调可持续发展状态转变有三种模式：第一，先经济后生态模式。即先通过经济发展实现区域经济财富积累，再投入资金改善区域生态环境，以实现经济—生态系统的良性循环。第二，先生态后经济模式。即从生态建设和生态治理入手，先改善区域生态环境，提高自然生态系统生产力，为经济发展提供良好条件，最终实现区域经济—生态系统的良性循环。第三，生态与经济协同治理模式。紧紧围绕发展与环境这两条主线，发展经济与保护生态并重，一方面，在发展中保持对生态环境的保护，确保不破坏、不伤害；另一方面，在保护中充分利用特色生态资源，实施环境友好型的扶贫开发项目，切实有效地推动区域经济社会发展，以实现贫困治理与生态治理的共赢，达到经济—生态系统协同可持续发展的目标。本书将探讨在生态资源和生态环境的约束下，如何实现区域经济社会系统与自然生态系统的协调可持续发展。经济—生态系统协调（协调也被称为协同或平衡）可理解为经济—生态系统所呈现的经济社会结构功能、生态环境结构功能相统一，相对稳定的动态平衡状态，是经济社会系统与自然生态系统各要素禀赋通过协调作用所达到的结构有序、功能有效的状态。

我们应基于对经济社会系统和自然生态系统的认识，从人与自然的关系中考察人的生存状态，并且从这种关系及其演变中认识生态贫困的形成机制。从经济社会系统来看，生态贫困是人的贫困，贫困的主体是人，而且是群体性的人。人类从自然界进化发展而来，是自然界的产物。人依赖于自然生态系统获取必需的生存资源和资料，自然界的可依存度和支持力是决定人类生存状况的根本前提和基础。从自然生态系统来看，生态贫困的产生源于生态资源禀赋不足或是生态环境恶化等生态因素，从而导致人所处的环境出现了问题。

根据可持续发展理论和经济—生态系统互动关系理论，生态扶贫的目标是实现区域自然生态系统与经济社会系统的协调可持续发展。生态扶贫工作非朝夕之功，必须充分认识到生态扶贫工作的长期性，从体制机制上进行系统、全面、长远的规划，确保生态贫困群众稳定脱贫。同时，生态扶贫从属于国家治理的框架，并不是一个独立的单元。从可持续发展观来理解生态扶贫长效机制问题，就是要从综合和全面的角度着眼，既要考虑区域经济发展对贫困人口的带动，也要考虑社会发展对贫困人口素质提高和人力资源的作用，同时还要考虑区域生态资源与生态环境的保护及治理，通过引导和促进当地发展，实现物质财富、精神财富、生态财富的协同提升。

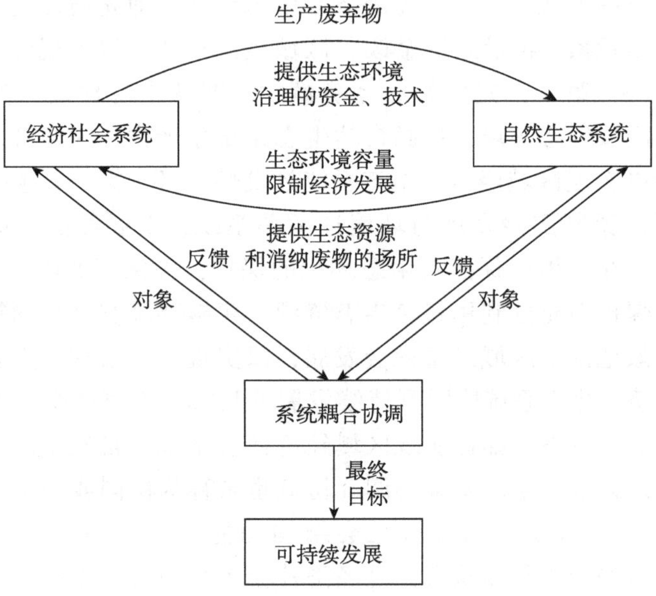

图 2-4 经济—生态系统耦合协调关系

本书从系统分析和全局角度出发，依据不同地区经济社会发展水平和生态资源禀赋及生态环境状况，在经济与生态互动关系的各要素层面上对症下药，杜绝“头痛医头、脚痛医脚”，各管一摊、相互掣肘的状况。围绕生态环境与贫困的交互影响，通过发挥各系统要素的优势，同时补全或避免某些层面的劣势，兼顾生态与经济发展的扶贫开发，在系统层面实现经济社会与生态环境的协调可持续发展。在乡村振兴战略背景下，推动农村地区向绿色发展转型，将生态扶贫对接到乡村振兴、生态文明建设等国家治理的目标要求中去，构建生态扶贫长效机制，在生态贫困治理过程中加强部门联动，建立合作机制和长效机制，形成生态贫困治理制度和体系的合力，推进区域经济社会系统与自然生态系统的良性互动，迈向乡村生态振兴，实现区域的可持续发展。

第3章　贵州贫困治理历程及生态贫困状况考察

贵州省是中国贫困人口最多、贫困程度最深的欠发达省份之一，贫困地区覆盖范围广、贫困人口返贫比例高、对资源环境的依存度高，是全国连片特困的代表性区域。贵州在发展过程中长期面临着脱贫致富与生态保护的双重任务和双重压力，贫困治理与生态治理既相互促进又相互制约。本章在对贵州自然生态环境与经济社会发展情况进行分析的基础上，对贵州省贫困治理历程及取得的成就进行了回顾，并对贵州生态贫困状况进行了考察，探讨了贵州生态贫困的特征及其形成原因。

3.1　自然生态环境与经济社会发展概况

3.1.1　自然生态环境

1. 自然地理区位特征

贵州地处云贵高原，是中国西南地区的一个内陆省份，位于东经103°36′~109°35′、北纬24°37′~29°13′之间。全省总面积为176167平方千米，占全国国土面积的1.8%。处在长江和珠江两大水系上游交错地带，是两江上游的重要生态安全屏障。贵州地理环境独特，地形以高原、山地、丘陵和盆地为主，其中山地、丘陵占总面积的92.5%，是全国唯一一个没有平原支撑的省份。境内地势西高东低，平均海拔1100米左右。地处西南岩溶地区中心腹地，喀斯特出露面积为109084平方千米，占全省总面积的61.9%。[①] 具有山地、丘陵、河流相间分布的特点，地貌落差大，全省大部分地区位于喀斯特地貌分布区内，境内岩溶分布范围广泛，形态类型齐全，地域差异明显，构成一种特殊的岩溶生态系统。

自然地理环境的制约曾经是贵州发展较慢的重要因素。为了补齐交通

① 贵州省档案局．贵州年鉴2018［M］．《贵州年鉴》编辑部，2018：39.

不畅的短板，贵州在国家的支持下大力发展交通基础设施建设。特别是自2012年以来发展迅速，铁路、公路、水运、航空综合建设日趋完善，以超常规速度建立和完善了贵州省交通基础设施体系，先后在西南地区率先实现“县县通高速”“村村通沥青（水泥）路”和“组组通硬化路”。2020年末，贵州省公路总里程达到20.67万千米，其中，高速公路通车里程为7607千米。基础设施的快速推进，使贵州从“西南地理枢纽”转变为“西南重要陆路交通枢纽”。同时，作为西部陆海新通道的必经主通道，贵州在西南地区具有承东启西、连接南北的重要地位。

2. 自然生态资源禀赋

自然资源是指在一定时间和一定条件下，能产生经济效益以提高人类当前和未来福利的自然因素与条件（联合国环境规划署，1972）。根据《中共中央关于全面深化改革若干重大问题的决定》，自然资源的范畴不仅包括传统意义上投入经济活动的自然资源（如矿藏、森林、草原等），也包括作为生态系统和聚居环境的环境资源（如空气、水体、湿地等生态空间）。① 现代生态意义上对自然资源的理解已从传统狭义的经济价值进一步拓展到广义的生态价值，从人与自然关系和生命支持系统的视角，认为自然资源是人类赖以生存的自然生态系统。因此，生态资源被视为内涵更丰富的自然资源。生态资源的概念和范畴不是一成不变的，随着人类社会生产力和技术水平的提升，对生态资源的认识也在不断深化。一般来说，生态资源是指为人类提供生态产品和生态服务的各类自然资源，以及各种生态要素之间相互作用形成的自然生态系统，不仅能够提供各种有形的物质性产品或生产要素，也能够提供如调节气候、保持水土、维持生物多样性等生态调节性服务功能。可见，生态资源是人类社会赖以生存和发展的基本条件，其丰富程度和保护开发状况是一个国家或地区经济发展的根基，是人类生存与发展的物质基础和社会物质财富的源泉，也是保障和改善人类生活质量的重要保证。② 贵州自然地理条件复杂，各种地貌相互交织，组成了复杂多样的自然生态环境，生成了种类繁多的生态资源。丰富而各具特色的生态资源，奠定了贵州经济社会发展的自然基础，并在很大程度上注定了矿产、能源、水能、生物、旅游资源等作为优势资源的重要地位，共同构建了贵州经济社会可持续发展的资源支撑系统的主体（见图

① 中共中央关于全面深化改革若干重大问题的决定［M］. 北京：人民出版社，2013.

② 林鑫. 生态文明建设的自然与社会意义研究［D］. 成都：成都理工大学，2015.

3-1）。

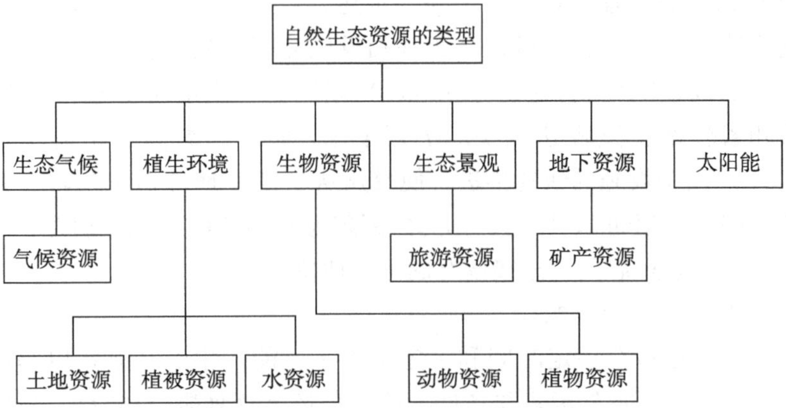

图 3-1 贵州省自然生态资源的类型

（1）气候资源

贵州气候舒适宜人，属于亚热带高原季风气候，全年温和，降水充裕。最低气温（1 月）为 3~6 摄氏度，高于东中部大部分地区；最高气温（7 月）为 22~25 摄氏度，与中部、东部地区相比低 10 摄氏度左右。年均降水 1100~1300 毫米，但季节差异较大，降水多集中于夏季，秋冬季节较少。由于海拔较高，日照时数低于同纬度地区，为 1200~1600 个小时。在海拔与纬度的共同作用下，贵州呈现立体气候现象，伴随海拔变化，气候呈现立体性差异。由于地理与海拔特点，贵州凝冻、冰雹等气候灾害较多，对农业生产危害较大。

（2）土地资源

贵州全省总面积为 17.62 万平方千米，占全国国土面积的 1.8%。土地资源以山地（占全省土地总面积的 61.7%）、丘陵（占全省土地总面积的 30.8%）为主，平坝地较少。山间平坝区面积仅占全省土地总面积的 7.5%，耕地资源十分稀缺。土地资源呈现立体分布，自然坡度较大，在一定程度上限制了农业规模化发展。贵州优质的土壤资源不足，可用于农业、林业、牧业的土壤仅占全省总面积的 83.65%。根据《2017 年贵州省国土资源公报》发布的土地利用变更调查数据，贵州省农用地为 1473.11 万公顷，占全省总面积的 83.65%；耕地为 452.22 万公顷，占全省总面积的 25.68%；建设用地为 72.23 万公顷，占全省总面积的 4.10%；未利用地为 215.65 万公顷，占全省总面积的 12.25%（见表 3-1）。

表3-1　2017年贵州省土地资源利用状况

一级地类		面积（万公顷）	百分比（%）
农用地	耕地	452.22	25.68
	园地	16.24	0.92
	林地	892.71	50.69
	牧草地	7.23	0.41
	其他农用地	104.72	5.95
建设用地		72.23	4.10
未利用地		215.65	12.25

资料来源：根据《2017年贵州省国土资源公报》整理。其中，建设用地包括城镇村及工矿、交通运输、水利设施；未利用地包括其他草地、水域、其他土地。

（3）水资源（水能资源）

贵州省位于长江、珠江水系上游交错地带，全省总面积的65.7%属于长江流域、34.3%属于珠江流域，是两江上游的重要生态安全屏障。境内河流分布广泛，长度大于10千米的河流有984条。由于环境的原因，一方面，河网密度大；另一方面，由于属于山区，河流的坡度陡。这两方面的原因形成了天然落差大、产水模数高的特点，造就了贵州丰富的水能资源。根据水能资源蕴藏量进行全国排名，贵州省水能资源蕴藏量为1874.5万千瓦，居于全国第6位，占全国的2.8%。如果按照单位国土面积的水资源储量计算的话，贵州省位列全国第3名，单位面积水资源储量达106kW/km^2，为全国平均水平的1.5倍。根据现有的技术水平以及现存的机器设备和技术人员等进行推算，贵州水力资源潜能为1683万千瓦，占全国的4.4%。

表3-2　2010—2019年贵州省水资源及用水情况

指标	2010年	2015年	2016年	2017年	2018年	2019年
水资源总量（亿立方米）	956.54	1153.72	1066.1	1051.51	978.68	1136
人均水资源量（立方米）	2284	3269	2999	2937	2718.57	3137
用水总量（亿立方米）	101.45	97.49	100.31	103.51	106.79	108.06

资料来源：根据《贵州统计年鉴2011》《贵州统计年鉴2020》整理。

（4）生物资源（动物资源和植物资源）

贵州特殊的地理环境和区位造就了丰富多样的生物资源，部分为特有物种，生物多样性极其丰富，属于珍稀濒危物种集中分布省，为中国生物物种重点集中区，有27个县级行政单元位于国家生物多样性保护优先区，其中25个县区为国家重点生态功能区。① 根据2021年版《国家重点保护野生动物名录》，贵州列入国家重点保护的野生动物增加为181种。贵州生物多样性丰富度位居全国前列，目前已知生物物种24547种，物种数量在全国排名第4位（仅次于广西、四川和云南），单位面积上的生物种类居全国之首。贵州自然生态系统具有完整的群落结构，拥有除海洋生态系统类型外的多种生态系统类型，对维持生物多样性发挥了极其重要的作用。贵州森林生态系统类型最为显著，2020年，贵州省森林面积为1056.13万公顷，森林覆盖率达60.0%（见表3-3）；自然保护地体系类型丰富多样，建立了318个自然保护地，总面积为229.26万公顷，占贵州全省总面积的13.01%。②

表3-3 2000—2019年贵州省森林资源变化情况

指标	2000年	2005年	2010年	2015年	2019年
森林覆盖率（%）	23.83	34.9	40.52	50	60.0
森林蓄积量（亿立方米）	1.78	2.11	3.33	4.13	5.97
森林面积（万公顷）	420	613	713.8	880.7	1056.13

资料来源：2000年的数据来源于全国森林资源清查数据；2005—2019年的数据来源于历年《贵州统计年鉴》。

（5）地下资源（矿产资源）

贵州省资源种类较多，储量巨大，且多为富矿，开采成本较低，属于矿产资源大省。全省50余种矿产资源储量位居全国前列，其中重晶石、汞矿、锰矿储量居全国第1位，硫铁矿储量居全国第2位。具有国防重要意义的稀土矿储量居全国第3位。煤矿、金矿等对国民经济具有较大作用的矿产储量分别居全国第5位、第7位（见表3-4）。曾经支援抗日战争后方建设的锑矿储量居全国第4位。部分矿产储量占全国比例较大，磷矿储量虽然居全国第3位，但占全国比重达40%。重晶石储量超过全国的30%。金矿虽然排名略低，但已成为中国黄金重要产区。贵州素有“西南煤海”之称，火力发电供应珠三角等发达地区。六盘水、毕节、兴义等地煤炭储备潜力位居全国第一梯队。在“西电东送”等国家级战略中，贵州扮演着重要角色。在提供初级产品时，贵州积极发展煤化工等产业，提高产品附加

① 金世超．生物多样性保护与减贫视角下的贵州生态扶贫策略研究［D］．北京．中国科学院研究生院，2016．

② 贵州物种数量全国排第4［N］．贵阳晚报，2021-05-21．

值。加上贵州地势西高东低，具有水量充足和落差大的特点，有利于水电事业发展。因此，贵州电力呈现火力为主、水利相随、水火共济的特点。水力发电能有效减少环境污染和资源压力，为可持续发展提供了动力。

表 3-4　贵州省主要优势矿产资源储量及开发利用情况

矿产名称	2019 年保有资源储量	2018 年居全国位次	开发利用情况
饰面用灰岩	22.55 亿立方米	1	分布广泛，找矿潜力大，是全省最主要的石材原料
锰矿	83555.53 万吨	1	我国三大锰矿集中产区之一，具有资源丰富、分布集中、规模大、外部开发条件好的特点
重晶石	12790.76 万吨	1	我国重晶石生产的重要基地之一，重要的钡盐生产的原材料基地
磷矿	46.44 亿吨	3	我国重要的磷肥及磷化工生产的原材料基地，开阳、瓮福磷矿是全国大型的开采基地
锑矿	38.06 万吨	4	全国锑资源相对丰富的省区之一
铝土矿	11.27 亿吨	3	我国重要的铝工业及磨料、磨具生产的原材料基地之一
煤炭	766.42 亿吨	5	江南各省区之冠，资源总量比江南 12 省区之和还多，是我国重要的能源基地
金矿（岩金）	493.78 吨	7	我国黄金生产基地之一

资料来源：根据《贵州统计年鉴 2020》《2017 年贵州省国土资源公报》整理。

（6）生态旅游资源

贵州省特殊的地理条件与人文环境，形成了自然与文化有机结合，景色各异、特点明晰的生态旅游区。喀斯特地貌铸造独特的自然生态，构建贵州区域特色相对突出的自然旅游景点。贵州拥有全国大部分地区缺乏的气候、环境优势，优良的气候条件和生态资源为贵州旅游提供了独特优势。与东部省份相比，多民族特点和红军长征留下的革命遗址遗迹为贵州注入了独特的人文旅游资源。截至 2019 年底，贵州拥有荔波喀斯特、赤水丹霞、施秉云台山、铜仁梵净山 4 处世界自然遗产地，居全国第 1 位；黄果树大瀑布、龙宫、马岭河大峡谷、黎平侗乡等 18 个国家级风景名胜区；赤水桫椤、梵净山、威宁草海、茂兰等 9 个国家级自然保护区；竹海、百里杜鹃、九龙山等 28 个国家森林公园（见表 3-5）。此外，贵州还拥有遵义会议会址、阳明洞和阳明祠、茅台酒酿酒工业遗产群、安顺文庙、郎德上寨古建筑群、茶马古道等 81 个全国重点文物保护单位，以及众多省级风景名胜区和一批特色鲜明的民族文化旅游村寨。

表 3-5 贵州省国家级以上部分生态旅游资源

种类	生态旅游资源
世界自然遗产地（4 处）	荔波喀斯特、赤水丹霞、施秉云台山、铜仁梵净山
国家级风景名胜区（18 个）	红枫湖、黄果树、龙宫、织金洞、九洞天、马岭河大峡谷、㵲阳河、黎平侗乡、荔波樟江、都匀斗篷山—剑江、赤水、九龙洞、紫云格凸河、平塘、瓮安江界河、榕江苗山侗水、石阡温泉群、沿河乌江山峡
国家级自然保护区（9 个）	赤水桫椤、宽阔水、习水中亚热带常绿阔叶林、梵净山、长江上游珍稀鱼类、雷公山、威宁草海、麻阳河、茂兰
国家森林公园（28 个）	竹海、百里杜鹃、九龙山、燕子岩、凤凰山、三都县尧人山、长坡岭、玉舍、雷公山、习水、黎平、朱家山、紫林山、舞阳湖、赫章夜郎、青云湖、大板水、毕节、安龙县仙鹤坪、龙架山、正安九道水、台江、油杉河大峡谷、黄果树瀑布源、甘溪、仰阿莎湖、金沙冷水河、福泉

资料来源：根据《贵州统计年鉴 2020》整理。

3. 生态环境状况

贵州省坚持“生态优先、绿色发展”，围绕生态环境质量改善，深入打好污染防治攻坚战，开展生态环境保护督察问题整改，在经济快速发展的同时，实现了生态环境质量持续改善的良好局面。《2019 年贵州省生态环境状况公报》显示，贵州生态环境质量评价总体良好，生态质量保持稳定，水环境质量总体保持优良。强化长江保护修复，开展“水源地保护攻坚”等水污染防治行动，加强城市生活污水处理设施建设，逐步解决农业面源污染和农村生活污染对饮用水源的不利影响，有效控制了水源地保护区的污染问题。实施严格的环境保护目标责任制，有效控制了工业废水及水污染物排放量的增长速度。为了解决农村生活污水排放和处理问题，对 20 户以上集中居住的村组建设小型污水处理场，对生活污水进行集中处理，在分散居住的村民家中建设标准统一的化粪池，大大减少了农村生活污水对环境的污染。贵州在实现经济快速发展的同时，废水排放量也得到了一定的控制，废水排放总量从 2015 年的 11.28 亿吨增长至 2019 年的 14.595 亿吨；废水中化学需氧排放量从 2015 年的 31.83 万吨下降至 2019 年的 27.88 万吨，其中，工业化学需氧排放量下降，生活排放呈增长趋势；城市污水处理率从 2015 年的 89.99%提升到 2019 年的 94.6%。空气环境质量总体优良，通过全面推进“蓝天保卫战”，大气污染物排放量呈下降趋势，城市空气质量持续改善。二氧化硫排放量从 2015 年的 85. 30 万吨下降到 2019 年的 41. 90 万吨，烟尘排放量从 2015 年的 28. 68 万吨下降到 2019 年的 14. 76 万吨（见表 3-6）。

表 3-6　2015—2019 年贵州省废水废气排放情况

年份	2015	2016	2017	2018	2019
废水排放总量（亿吨）	11. 28	10. 07	11. 8016	12. 84	14. 595
工业	2. 92	1. 64	1. 738	1. 8	1. 84
生活	8. 36	8. 42	10. 0556	11. 03	12. 744
废水中化学需氧排放量（万吨）	31. 83	25. 60	27. 25	27. 47	27. 88
工业	6. 20	1. 63	1. 32	1. 18	1. 04
生活	19. 44	23. 34	25. 73	26. 10	26. 74
城市污水处理率（%）	89. 99	90. 54	90. 78	93. 8	94. 6
二氧化硫排放总量（万吨）	85. 30	64. 71	68. 75	55. 61	41. 90
烟（粉）尘排放总量（万吨）	28. 68	20. 43	19. 68	18. 02	14. 76

资料来源：根据《贵州统计年鉴 2020》整理。

土壤污染防治不断加强。2017 年，为了保护和改善贵州土壤环境质量，保障农产品质量和人居环境安全，贵州省政府印发《贵州省土壤污染防治工作方案》。通过加大绿色防控力度、着力推广绿色生产方式，加强农用地保护，使农用化肥施用量、农药使用量不断降低（见表 3-7）。《贵州省生态环境状况公报》的数据显示，2019 年，播州区等 19 个县（市、区）开展了耕地土壤环境质量类别划分试点工作。全省建立了 111 个“特色作物绿色防控与统防统治融合、农药减量增效控害技术示范基地”，实施示范面积 415 万亩。息烽等 9 个县实施耕地质量提升与化肥减量增效示范面积 18 万亩。此外，加大对工业固废资源的综合利用力度，大力提高资源的综合利用水平。出台了生活垃圾分类考核办法等政策措施，城市生活垃圾无害化处理率从 2015 年的 84. 7%提升到 2019 年的 93. 1%。

表 3-7　2015—2019 年贵州省农业主要物质消耗情况

年份	2015	2016	2017	2018	2019
农用化肥施用量（折纯）（万吨）	103. 69	103. 67	95. 65	89. 59	83. 18
农药使用量（吨）	13722	13677	13399	11312	9210
农用塑料薄膜使用量（吨）	49403	51053	51138	54830	44121

资料来源：根据《贵州统计年鉴 2020》整理。

污染治理能力不断提升。2015 年，贵州出台《贵州省环境污染治理设施建设三年行动计划（2015—2017 年）》，投入 300 亿元用于环保基础设施建设，集中力量解决污染问题，改善环境质量。扎实推进环保基础设施建设，地表水环境质量自动监测系统、县城空气质量自动监测站建设完工并投入使用，切实抓好污染治理和环境监管，强化源头严防、过程严管、工作严查、损害严惩，完成主要污染物减排的年度目标。通过加大环保资金投入，推进环境综合整治行动，将环境治理与自然生态保护有机结合，持续实施退耕还林还草、治理水土流失与石漠化治理项目，扩大自然保护区面积等措施，自然生态环境恶化趋势得到控制，有效地改善了农村与城市生态环境。据统计，贵州省环保资金投入从 2010 年的 89. 52 亿元提升至 2019 年的 165. 12 亿元，但近五年增长幅度有限；从环保资金占地区生产总值的比重来看，近年来占比反而有所下降，2019 年环保资金占地区生产总值的比重仅有 1%，环保资金投入仍显不足（见图 3-2）。

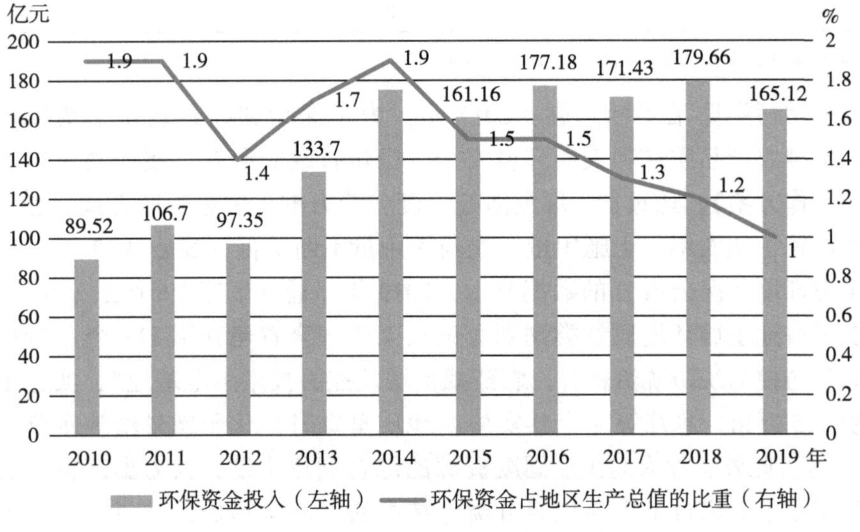

图 3-2 贵州省环保资金投入及其占地区生产总值的比重

3. 1. 2 经济社会发展

1. 人口概况

贵州是一个多民族共居的省份，拥有 53 个少数民族，其中苗族、仡佬族、水族、侗族等 17 个少数民族为世居民族。全省拥有 3 个少数民族自治州、11 个少数民族自治县。第六次全国人口普查显示，贵州少数民族人口达到 1255 万人，比重为 36.12%，居全国第 5 位。[①] 贵州人口总量变化方面，经历了新中国成立初期的人口快速增长阶段，短暂的困难时期人口负增长阶段，到改革开放后计划调控的人口稳定增长阶段，再到 2000 年后人口低生育水平发展阶段，第六次全国人口普查显示，贵州常住人口数量为 3474.86 万人。2011 年以来，贵州人口保持低速平稳增长，随着全面两孩政策的实施，常住人口总量持续增加。截至 2019 年末，贵州全省常住人口为 3622.95 万人，比上年末增加 22.95 万人，其中，城镇常住人口为 1775.97 万人，乡村常住人口为 1846.98 万人。在全省 9 个市州中，毕节、遵义、贵阳三市常住人口占全省的 49.6%，常住人口分别为 671.43 万人、630.2 万人和 497.14 万人。可以看出，贵州城镇化水平稳步提高，2010—2019 年，全省常住人口城镇化率从 33.8%提高到 49.0%（见表 3-8），然而与 2019 年全国常住人口城镇化率超过 60%相比，仍有一定差距。

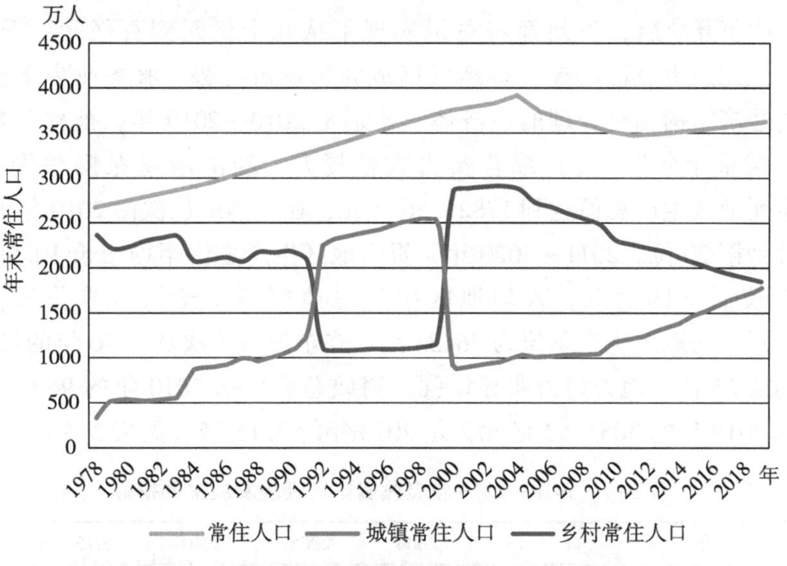

图 3-3 1978—2019 年贵州省常住人口变化

表 3-8 贵州省主要年份常住人口

年份	1978	2000	2005	2010	2015	2019
年末常住人口（万人）	2686.4	3755.72	3730	3479	3529.5	3622.95

① 贵州省地方志编纂委员会．贵州省志（1978—2010）（卷四）．人口和计划生育［M］．贵阳：贵州人民出版社，2017：113.

续表

年份	1978	2000	2005	2010	2015	2019
城镇常住人口（万人）	323.97	896.49	1002.25	1176.25	1482.74	1775.97
乡村常住人口（万人）	2362.43	2859.23	2727.75	2302.75	2046.76	1846.98
城镇化率（%）	12.1	23.9	26.9	33.8	42.0	49.0

资料来源：根据《贵州统计年鉴2020》整理。

2. 经济发展

新中国成立以来，贵州实现了从一穷二白到后发赶超、从极度贫困到迈向小康、从西南腹地到交通枢纽的改变，经济增速长期居于全国前两名，经济社会建设取得了历史性的突破。1949年，贵州省交通设施落后，经济文化相对闭塞，全省经济总产值仅6.23亿元，工业总产值为2.06亿元①。1979年，贵州省经济结构中农业占据主导地位，工业、服务业比较滞后。改革开放后，贵州经济总量实现了从几十亿元到百亿元、千亿元、再到万亿元的历史性跨越，逐渐发展成为工业占优势、服务业为重要组成部分的经济结构相对合理的经济体。特别是2010—2019年，被称为贵州发展的"黄金十年"，贵州综合实力大幅提升，经济增速保持领先。2020年，贵州地区生产总值达到17826.56亿元，在全国的位次由2010年的第26位提升到第20位。2011—2020年，贵州地区生产总值年均增长10.5%，连续十年位居全国前三。人均地区生产总值摆脱了全国挂末位置，2019年，贵州人均地区生产总值为46433元，在全国的位次从2010年的第31位提升到第25位。地方财力明显增强，财政总收入从2010年的969.57亿元提升到2019年的3051.52亿元，是2010年的3.15倍（见表3-9）。

表3-9 1978—2019年贵州省国民经济发展主要指标

年份	1978	2000	2005	2010	2015	2019
地区生产总值（亿元）	46.62	1029.92	2005.42	4602.79	10541	16769.34
第一产业增加值	19.42	271.2	368.94	625.66	1641.99	2280.56
第二产业增加值	18.73	391.2	821.16	1800.06	4175.24	6058.45
第三产业增加值	8.47	367.52	815.32	2177.07	4723.77	8430.33
人均地区生产总值（元）	175	2759	5394	13119	29953	46433
财政总收入（亿元）	14.2	153.04	366.16	969.57	2291.82	3051.52

① 资料来源："壮丽70年·奋斗新时代"贵州省庆祝新中国成立70周年系列新闻发布会。

续表

年份	1978	2000	2005	2010	2015	2019
旅游接待总人数（万人次）	—	1980	3127.08	12913.02	37630.01	113526.60
旅游总收入（亿元）	—	57.95	251.14	1061.23	3512.82	12318.86

资料来源：根据《贵州统计年鉴 2011、2018、2019、2020》整理。其中，2000 年旅游接待总人数和旅游总收入数据来源于《贵州年鉴 2001》。

从三次产业来看，贵州产业结构逐渐合理，第三产业比例有所提高，第二产业作用日益显现。1978 年，第一产业增加值居于首位，总量为第三产业的 2 倍。2000 年，第一产业增加值虽然增长了 10 余倍，总量却位居末尾，工业成为经济主导。2000 年后，第三产业比例有所提升，2010 年，超过工业，成为区域经济发展的重要动力。虽然农业呈现加速增长的趋势，但是其末尾地位始终没有改变，客观说明贵州经济快速发展。2019 年，第三产业增加值为 8430.33 亿元，超过第一、第二产业之和，表明贵州经济结构优化速度加快，区域经济步入协调、快速增长阶段。具体来看，第一产业方面，贵州充分发挥生态环境良好、特色农业资源丰富的优势，大力发展优势农业产业和特色生态产业，推动一二三产业融合互动发展，产业发展取得了明显成效。2019 年，贵州省粮食产量为 1051.24 万吨，肉类总产量为 205.87 万吨。第二产业方面，自 2010 年贵州实施“工业强省”战略以来，工业经济以“赶”为第一任务，以高于全国、高于西部地区的速度持续快速发展，总量不断积累，酒、煤、电、烟四大传统行业稳定增长。2019 年，贵州十大工业产业总产值累计达到 1.27 万亿元，工业增加值达 4545.97 亿元，是 2010 年（1516.87 亿元）的 3 倍，2010—2019 年也成为贵州工业化进程最快的时期。第三产业方面，旅游业发展势头强劲，为促进贵州产业结构转型和经济社会发展发挥了重要作用。1983 年，贵州省旅游总收入仅 0.07 亿元，首次将其纳入经济统计范畴。2000 年、2005 年，贵州省旅游总收入分别达到 57.95 亿元和 251.14 亿元，但占全国比例较低。近年来，贵州旅游业持续井喷，入黔旅游总人数从 2015 年的 37630.01 万人次增长至 2019 年的 113526.60 万人次，年均复合增长率为 24.7%；全省旅游总收入从 2015 年的 3512.82 亿元增长至 2019 年的 12318.86 亿元，年均复合增长率为 28.5%。旅游产业已成为贵州经济的支柱产业。

从区域来看，贵州经济核心区集中在贵阳、遵义，两城经济总量超过全省的 50%，其余市州比例偏低，甚至出现了少于 1000 亿元的地区。剩余城市中经济产值主要汇集于六盘水、兴义、毕节等矿区和凯里、都匀等县级市。贵阳、遵义工业基础雄厚，服务业相对发达。贵阳拥有省会优势，第三产业比例较高，经济结构相对合理。遵义以工业建城，以茅台为代表的轻工业占据重要地位。安顺为军民融合重点城，技术积累相对深厚。这三座城市的工业化、城市化水平位居全省前列。毕节、兴义、六盘水为核心的贵州西部煤矿集中区，都匀、凯里、铜仁为主导的旅游、金属矿富裕地区，特色产业具有较大潜力。贵州省经济分布引起城乡二元化与区域经济失调，各城市之间公共服务、生产能力差距较大，进而造成人口与经济布局失衡。在部分地区出现了城乡差距扩大、经济长期落后、农村经济发展缓慢等问题，导致城乡之间、区域之间居民收入与生活质量差距有所加大。

3. 社会发展

贵州的贫困地区多集中于深山、高海拔、高寒地区，文化教育水平整体偏低，医疗卫生条件落后。改革开放以来，群众生产积极性得到解放，贵州经济取得较快发展，社会事业也获得快速发展，人民生活水平、返贫率有所好转，基础设施逐步完善，农村建设事业取得较大成就。在大扶贫战略下，贵州将教育、住房、医疗等作为扶贫基本保障和考核脱贫的重要因素。城乡居民生活水平实现大幅改善。1978 年，城市人均收入 261 元。2008 年突破 1 万元大关，达到 11758 元，实现历史性突破。2015 年、2018 年相继打破 20000 元、30000 元大关，超过甘肃等省区。农村人均收入虽然总体低于城市，但依然实现了近 100 倍的增加，由 1978 年的 109 元增至万余元。在收入提高的保障下，民众实际生活质量持续改善。从恩格尔系数解析，改革开放初期全省处于温饱状态，其中农村居民指数接近 70。在经济增长的带动下，恩格尔系数降低，其中城镇为 32.2，达到小康要求。农村居民指数虽然稍高，但纵向相比也获得了较大改善。城乡居民居住条件逐步提升，农村居民人均住房面积从 2000 年的 19.8 平方米提升到 2019 年的 35.31 平方米（见表 3-10）。

表 3-10　1978—2019 年贵州省城乡居民生活水平

年份	1978	2000	2005	2010	2015	2019
城镇常住居民人均可支配收入（元）	261	5121	8147	14143	24580	34404
农村常住居民人均可支配收入（元）	109	1374	1877	3472	7387	10756
城镇居民家庭恩格尔系数（%）	60.9	43.2	39.9	39.9	34	32.2

续表

年份	1978	2000	2005	2010	2015	2019
农村居民家庭恩格尔系数（%）	69.1	62.7	52.8	46.3	39.8	36.7
城镇居民人均住宅建筑面积（平方米）	—	17.6	26.4	27.42	36.37	38.19
农村居民人均住房面积（平方米）	—	19.8	23.5	27.26	32.33	35.31

资料来源：根据《新中国六十年统计资料汇编》《贵州统计年鉴 2019、2020》整理。

教育事业稳步发展，受教育程度逐步提高。党的十一届三中全会后，贵州教育事业发展步入新阶段。随着贵州全省范围内进行教育体制改革，在管理体制、教育经费、毕业生就业等方面均取得了较大突破。基础教育实现国家宏观指导为主，各级政府共同负责的管理模式。政府为主、社会资本共同参与的多方面办学体系初步形成，农村教育、民族边远地区教育取得较快发展。20 世纪 90 年代后，在“扶贫先扶智”和教育优先战略的带动下，教育扶贫成为扶贫新举措。贵州以普及九年义务教育和减少文盲率为主要方法，在全省实行教育扶贫政策。根据贫困区教育基础薄弱的现实，教育机构加强“两基”建设，扩大师范类高校招生规模，积极引进外省师范人才，为改善农村教师素质奠定基础。针对贫困人口过多、教育负担重的省情，贵州省实行教育补贴政策，对贫困学生予以政策倾斜。根据“两免一补”政策，贫困学生将获得免除基础教育阶段学费、杂费和补贴食宿费用的优惠，有效减轻教育负担。在各级政府的努力下，贵州各级教育体系逐渐完善，贫困人口受教育权得到有效保障，文化素质有了较大程度提高。在经济基础相对薄弱的情况下，贵州减少行政支出的 6%作为教育扶贫专款，深入实施“1+N”计划，在全国首批率先实施免费中职教育，扎实推动教育惠民举措。

医疗卫生事业发展加快，社会保障覆盖面持续扩大。2003 年，贵州开始实施新型农村合作医疗试点，2007 年实现全省覆盖。在精准扶贫政策的带动下，贵州省逐步完善了以基本医疗保险、大病保险和医疗救助扶助为核心的医疗保障体系，采取必要手段减轻贫困户医疗负担，坚决防止因病返贫，全面开展医疗扶贫。重点解决农村贫困人口看病贵、看病难等突出问题，有效防止贫困群众因病返贫。扶贫办等部门对建档立卡户、最低生活保障家庭、特困群体等易于返贫的重点人群，实施专项扶贫医疗政策，在全国较早创设以基本医疗保险、大病保险、医疗救助和医疗扶助为基础的“四重医疗保障”体系，有效降低返贫率，对重大疾病贫困户、特困人员、80 岁以上贫困老人等重点人群实现社保兜底，在制度层面对医疗救助进行补充，有效保障贫困居民的医疗权利。建立医疗扶助制度，客观说明政府扶贫体系日趋完善，为精准扶贫提供了有力支持，四重医疗保障、农村最低生活保障等社会福利体系逐步获得成效。

表 3-11 1978—2019 年贵州省主要年份教育及医疗卫生发展情况

年份	1978	2000	2005	2010	2015	2019
专任教师数（万人）	21.29	26.32	32.08	36.14	40.39	44.66
在校学生数（万人）	562.1	664.96	749.4	742.58	692.26	743.36
小学学龄儿童入学率（%）	89.5	98.5	98.3	97.9	99.5	99.7
医院/卫生院（个）	4510	1878	1843	2005	2631	2708
执业（助理）医师（万人）	2.12	4.57	3.55	4.22	6.34	8.98
医院/卫生院床位数（万张）	3.75	5.51	5.84	9.75	18.73	25.07
参加城镇职工基本养老保险人数（万人）	—	165.42	183.67	257.31	392.09	677.50
参加失业保险人数（万人）	—	131.33	129.3	152.48	205.31	276.07

资料来源：根据《贵州统计年鉴 2018、2019、2020》整理。

基础设施建设不断加强，发展环境不断优化。贵州由于受到历史、地理条件的限制，农村基础设施建设十分落后，交通和工程性缺水长期以来是贵州发展的两大瓶颈。由于贵州交通设施落后和工程性缺水，广大农村尤其是贫困山区基本农田脆弱、人畜饮水困难、农田灌溉缺乏保障、行路难、用电用水困难、运费过高，贫困户生活艰难，茅草房、杈杈房比较普遍，农民终年辛劳但难求温饱，农村经济社会发展缓慢。党的十一届三中全会后，贵州省把交通建设作为重点工作之一，中央和贵州省政府拨出专项资金建设基础设施。通过以物易物、以工代赈等政策，世纪之交贵州共修公路 7577 千米，110 个乡镇通公路，交通设施得到初步改善。2015 年，贵州省基本实现“高速公路为骨架、国省干线为支撑、县乡公路为脉络、农村公路为基础”的目标，交通基础设施落后的面貌得到根本性改变，尤其是农村道路成为“贫困地区实现全面小康，带动农民创业致富，消灭贫困的基础”。公路建设方兴未艾之时，贵州航运事业发展也取得了较大成就。贵州全力推进水运通道省级改造，完成“两江一河”、三板溪库区航运建设工程等重大工程。贵州水运建设出现了多个“西部第一”，例如，都柳江从江、大融两个航电枢纽工程第一台机组实现发电，航电一体化初具规模；乌江构皮滩水电站翻坝运输系统工程竣工，实现乌江闸坝航运新突破。同时，为了解决工程性缺水问题，贵州省农委积极调动农民生产积极性，与各级政府相关部门共同实施水利扶贫。在财力有限的情况下，各级党委、政府依然加快贫困地区水利设施建设，确保水利扶贫资金的刚性。同时，发挥金融杠杆作用，以贷款、专项资金等方式多渠道融资，在民族地区、贫困地区兴建灌溉、饮水等工程，帮助贫困乡村实现脱贫致富。贵州坚持构建以水利扶贫工程为依托，以县级政府为管理机构的水利扶贫体系。2015 年，全省通公路的乡村全部实现供水入户，自来水供应率超过 70%，农村饮用水安全工程基本实现全覆盖。此外，贵州加快农村信息通信建设，以资费优惠、免费提供设备等方式推行“村村通电话”工程，乡村通信得到本质改善，贫困地区居民的思想观念得到改变，经济信息通过通信系统迅速传递到乡村。随着电商的兴起，邮政基础设施对脱贫致富起到决定性作用。贵州邮政部门为了切实解决农村商品流通困难问题，畅通物流渠道，积极支持农村邮政发展。在“四在农家·美丽乡村”建设中，将邮政空白乡镇列入重点项目，帮助乡村建立邮政所，实现乡乡设所、村村通邮的目标。大数据时代来临，贵州成为大数据重点建设省份，大数据产业快速发展，新技术为全面建设小康社会服务，助推贵州经济实现跨越式发展。

表 3-12　1978—2019 年贵州主要年份交通运输业和邮电通信业发展情况

年份	1978	2000	2005	2010	2015	2019
铁路营业里程（千米）	1365	1641	1986	2002	2810	3753
公路线路里程（千米）	25954	34643	46893	151644	186407	204723
客运量（万人）	3294	53032	64450	97793	87541	93756
货运量（万吨）	3467	15615	21771	40310	84540	106802
邮路网路总长度（千米）	—	63538	64926	96174	187688	150032
年末固定电话用户（万户）	3.8	153.7	466.49	432.61	312.5	229.71
移动电话用户（万户）	—	79.7	509.42	1964.4	3172.3	4386.24
互联网宽带接入端口（万个）	—	—	51.21	231.69	916.68	1759.85

资料来源：根据《贵州统计年鉴 2018、2019、2020》整理。

3.2　贵州贫困治理历程及成就

3.2.1　贫困治理历程

贵州省是中国贫困人口最多、贫困程度最深的欠发达省份之一，贫困地区覆盖范围广、贫困人口返贫比例高、对资源环境的依存度高，是全国连片特困的代表性区域，是全国脱贫攻坚的主战场。受地理环境等因素制约，贵州经济长期落后，贫困面较大。贵州山地、丘陵面积过大，平原面积狭小，可用于农业开发的面积较少，造成基础设施建设成本过高，贵州经济发展长期滞后。改革开放以来，随着贵州经济社会的快速发展，受益于中央和发达地区的帮扶政策，在全省各族人民的努力下，贵州贫困治理取得了巨大成就。贵州贫困人口从 1978 年的 1840 余万人减少到 2019 年的 30. 83 万人，2020 年历史性地解决了延续千百年的绝对贫困问题。贵州省贫困治理历程可以分为以下四个阶段。

1. 体制改革推动扶贫阶段：区域瞄准（1978—1985 年）

改革开放以来，贵州以经济建设为切入点，全力提高贫困地区经济发展水平。改革开放初期，贵州全省贫困人口约为 1840 万人，超过 65%的人口处于贫困线以下。与东中部相比，贵州贫困原因为生产关系与生产力脱节，民众生产积极性未能得到充分发挥。伴随“包产到户”政策落实，蕴藏于人民中的潜力获得释放，贫困人口大幅减少。经过七年的努力，到 1985 年，贵州省经济总量和农民人均收入较 1978 年增长 100%，贫困人口降至 1500 万人，贫困发生率由 70%下降到 57. 5%，初步缓解了常年存在的普遍贫困问题。但是区域不平衡现象突出，部分地区贫困发生率居高不下，例如，毕节地区 1987 年的人均收入为 322 元，仅为贵阳的 21%，贫困人口为 345 万人，占毕节地区人口总数的 60%，贫困问题依然严峻。

2. 大规模开发式扶贫阶段：县域瞄准（1986—2000 年）

1986 年，国务院贫困地区经济开发领导小组宣布成立，标志着中央政府开始在全国范围内进行开发式扶贫。贵州省立刻成立省扶贫办，以政府的力量推进大规模扶贫开发，开始在全省范围内开展扶贫工程。贵州省委、省政府选择 31 个国家级贫困县为主要突破口，在当地实行产业扶贫，帮助农民实现脱贫致富。经过九年建设，全省贫困人口第一次降至 1000 万人以下，贫困发生率陡降为 34. 4%，贫困地区人均收入提升到 335 元，扶贫开发取得了初步的成效。

1994 年，国务院颁布《国家八七扶贫攻坚计划》，宣布到 20 世纪末解决 8000 万贫困人口的温饱问题，标志着中国扶贫进入攻坚阶段。伴随《国家八七扶贫攻坚计划》公布，贵州扶贫力度有所增大，取得了丰硕成果。1994 年，中央政府选择 592 个县为重点扶贫区，其中 48 个属于贵州。贵州省初步实现了由救济式扶贫向开发式扶贫的转变，贫困地区经济社会发生了根本性变化。2000 年，农村贫困人口由 1993 年的 1000 万人降至 313 万人，贫困发生率首次降至10%以下，约为9.4%。农民人均纯收入提高到1260元，居民生活水平获得实质性提高。

3. 综合扶贫开发阶段：村域瞄准（2001—2010年）

2001年，国务院颁布《中国农村扶贫开发纲要（2001—2010年）》，初步确立精准扶贫精神，将扶贫区域精确到乡村，由传统的提高收入转为社会经济全面发展，教育、医疗、社保等工作不断推进，有效提高贫困人口文化素质，加速乡村基础设施建设，改变传统粗放式发展。国家从经济发展水平出发，适当提高贫困线。在开发式扶贫的基础上，这一时期逐步建立农村社会保障体系，扶贫开发逐步从过去单一的经济开发向综合扶贫开发转型。此外，2000年西部地区受益于第一轮“西部大开发”的政策红利，区域经济社会得以加速发展。

随着综合扶贫开发的推进，贵州贫困地区社会公共事业稳步发展，教育“两基”目标全面实现，新农村合作医疗全面覆盖，农村低保制度不断完善，综合扶贫开发取得较好成效。2000年至2008年贵州贫困人口减少116万人，低收入人口减少201万人；2009年开始将低收入人口纳入贫困人口监测，贵州贫困人口上升为535万人，到2010年下降至418万人。① 但是，在国家扶贫资金增加并向西部地区倾斜的同时，随着贫困人口的减少，扶贫边际效率也随之降低，贫困人口减少的速度趋缓。根据新阶段扶贫要求，贵州省贫困人口超过500万人，部分脱贫人口再次变为扶贫对象，50个县成为重点县，扶贫形势有所变化。② 随着贫困线的提高，剩余的贫困人口和低收入人群返贫风险高，脱贫成效不稳定，区域收入不平衡造成的贫困问题突出，扶贫难度较大。

4. 脱贫攻坚决战阶段：精准到户（2011—2020年）

2011年，国务院颁布《中国农村扶贫开发纲要（2011—2020年）》，将扶贫开发与民众享受改革成果相结合。该纲要把贫困线定为每年人均可支配收入2300元，14个连片特困地区为新时期重点扶贫区域。面对零星、散状的贫困户分布特点，中央提出精准扶贫计划，要求2020年实现全面小康社会。为了改变传统以经济为指标的扶贫政策，政策导向要求将扶贫开发与生态建设、社会发展相结合。这一阶段，贵州省有65个县、区、市被划入集中连片特困地区，更为突出的问题在于，剩余贫困人口集中于

---

① 杨颖，胡娟．贵州扶贫开发成效、历程及挑战思考［J］．开发研究，2013（2）：89-92.

② 龚晓宽．贵州经济社会发展60年研究（1949—2009）［M］．北京：中央文献出版社，2009：126.

连片贫困区，如石漠化区、边远乡镇等扶贫攻坚地区，扶贫难度相对较大。①

2013 年，我国正式进入精准扶贫阶段。同年 11 月，习近平总书记作出“实事求是、因地制宜、分类指导、精准扶贫”的重要指示，为新时期贵州扶贫工作指明了方向。2015 年 6 月，习近平总书记在贵州视察工作时指出，“扶贫开发贵在精准，重在精准，成败之举在于精准”。贵州坚持贯彻习近平“精准扶贫”思想，并结合贵州省实际实施大扶贫战略，搭建“三位一体”扶贫格局。习近平总书记提出“精准扶贫”思想后不久，2015 年 10 月，贵州省出台了《关于坚决打赢扶贫攻坚战确保同步全面建成小康社会的决定》及 10 个配套文件，提出分两步建成全面小康社会和十大具体步骤。第一步，全力贯彻“六个到村到户”和“六个小康建设”。第二步，采取易地搬迁、社保兜底等方法，因地制宜、因人而异完成剩余人口全部脱贫，全面消除贫困。2016 年 9 月，贵州省正式出台《贵州省大扶贫条例》，以贵州省情为基础，对精准扶贫目标予以细化：扶贫对象精准、项目安排精准、资金使用精准、措施到户精准、因村派人精准、脱贫成效精准。规章制度的完善与颁布，为精准扶贫理念在贵州的落实奠定了坚实基础、提供了法制保障。2017 年至 2018 年，贵州省又相继颁布实施了《贵州省深度贫困地区脱贫攻坚行动方案》《贵州省生态扶贫实施方案（2017—2020 年）》《关于深入推进深度贫困地区和特殊困难群体民政兜底脱贫工作的实施意见》《贵州省精准扶贫标准体系》等政策文件。精准扶贫和生态扶贫是这一阶段贵州脱贫攻坚的最大特征之一。

3.2.2 贫困治理成就

贵州以脱贫攻坚统揽经济社会发展全局，牢牢守好发展和生态两条底线，深入实施大扶贫、大数据、大生态三大战略行动，在中央的支持下，经过全省人民和对口支援单位的努力，基础设施变化很大、发展动力活力变强、生态建设与脱贫攻坚成效突出，贫困人口总数与贫困发生率持续下降，取得了令人瞩目的成就。

1. 农村贫困人口持续减少，贫困发生率不断降低

贵州农村贫困人口持续减少，贫困发生率不断降低，成为我国脱贫人

---

① 魏后凯，檀学文．扶贫攻坚示范区建设的贵州实践［M］．北京：社会科学文献出版社，2018.

数最多的省份，脱贫攻坚“贵州样本”获得世界银行等国际组织盛赞。2011 年，贵州全省有贫困人口 1149 万人，全省 88 个县中有国家扶贫开发工作重点县 50 个，有 934 个贫困乡和 9000 个贫困村。截至 2019 年底，贵州还有 9 个未摘帽的深度贫困县、312 个贫困村，全省贫困人口减少到 4. 3 万人，有建档立卡贫困人口 30. 83 万人，农村贫困发生率降至 0. 85%，全面完成 188 万人易地扶贫搬迁任务。2011—2019 年，贵州农村贫困人口累计减少 1118 万人，平均每年减少贫困人口 120 万人以上（见图 3-4 和表 3-13）。2020 年，贵州向绝对贫困发起最后总攻，坚决啃下最后“硬骨头”，历史性地解决了延续千百年的绝对贫困问题。2020 年 11 月，贵州省政府宣布，紫云、纳雍、威宁、赫章、沿河、榕江、从江、晴隆、望谟 9 个贫困县符合国家级贫困县退出标准，标志着贵州 66 个贫困县全部实现退出，也标志着我国贫困县全部实现脱贫摘帽。

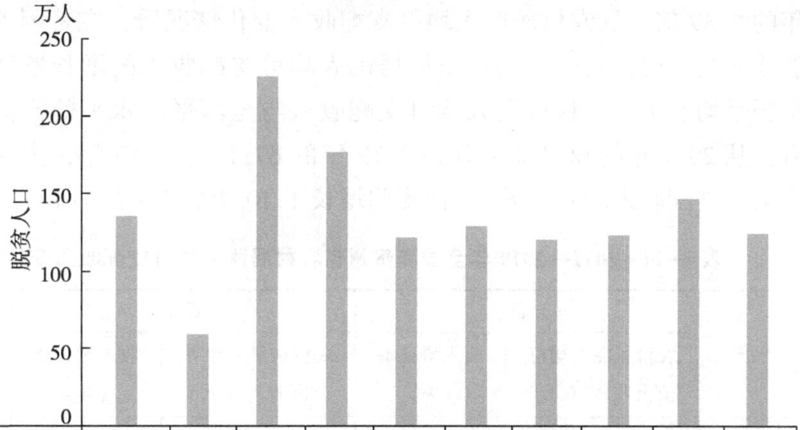

年份	2010	2011	2012	2013	2014	2015	2016	2017	2018	2019
■ 脱贫人口（万人）	137	60	226	178	122	130	120.8	123.69	148.14	124.45

图 3-4　2010—2019 年贵州省脱贫人口统计①

表 3-13　2011—2019 年全国和贵州省农村贫困人口及贫困发生率

年份	2011	2012	2013	2014	2015	2016	2017	2018	2019
全国贫困人口（万人）	12238	9899	8249	7017	5575	4335	3046	1660	551

① 资料来源：贵州省扶贫办。2010 年贫困人口标准为人均纯收入 1274 元（2010 年不变价）及以下，2012 年起贫困人口标准为人均纯收入 2300 元（2010 年不变价）及以下。

续表

年份	2011	2012	2013	2014	2015	2016	2017	2018	2019
全国贫困发生率（%）	12.7	10.2	8.5	7.2	5.7	4.5	3.1	1.7	0.6
贵州贫困人口（万人）	1149	923	745	623	507	402	295	155	30.83
贵州贫困发生率（%）	33.4	26.8	21.3	18.0	14.7	11.6	8.5	4.3	0.85

资料来源：根据《中国农村贫困监测报告2020》《中国统计摘要2019》整理。

2. 农村居民收入持续增长，人民生活水平明显提高

贵州省扶贫开发与农村经济社会发展协同推进。2019年，贵州农村居民人均可支配收入突破万元大关，达到10756.3元，增长10.7%，是2011年的2.39倍。从农村居民人均可支配收入变化情况看，在贫困治理取得显著成效的同时，贵州省同期农村居民人均可支配收入的增长速度都超过了全国平均水平，农村居民人均可支配收入与全国平均水平的比值也逐年上升，从2011年的60.9%上升到2019年的67.1%。2019年，全国农村居民人均可支配收入增长9.6%，而贵州增长了10.7%（见表3-14）。

表3-14 2011—2019年全国和贵州省农村居民人均可支配收入变化情况

年份	全国		贵州		贵州与全国的比值（%）
	农村居民人均可支配收入（元）	收入增长率（%）	农村居民人均可支配收入（元）	收入增长率（%）	
2011	7393.9	17.9	4499.2	19.4	60.9
2012	8389.3	13.5	5158.6	14.7	61.5
2013	9429.6	12.4	5897.8	14.3	62.5
2014	10488.9	11.2	6671.2	13.1	63.6
2015	11421.7	8.9	7386.9	10.7	64.7
2016	12363.4	8.2	8090.3	9.5	65.4
2017	13432.4	8.6	8869.1	9.6	66.0
2018	14617.0	8.8	9716.1	9.6	66.5
2019	16020.7	9.6	10756.3	10.7	67.1

资料来源：根据《中国住户调查年鉴2020》《中国统计摘要2020》整理。

贵州贫困地区农村居民收入呈现较快增长态势，得益于贵州大力推进

就业扶贫，引进对口帮扶城市的资源投入贫困地区，持续纵深推进农村产业革命，推进消费扶贫、电商扶贫等。根据《中国农村贫困监测报告 2020》的统计数据，2019 年，贵州贫困地区农村居民人均可支配收入突破万元大关，达到 10580 元。自 2013 年以来，贵州贫困地区农村居民人均可支配收入增速已连续 7 年高于全省农村平均水平，2019 年同比增长 11.0%，高于全省农村居民收入增长速度 0.3 个百分点。其中，工资性收入、经营净收入、财产净收入和转移净收入都呈现增长态势，工资性收入的增长贡献率为 50.2%，经营性收入的增长贡献率为 24.9%，转移性收入的增长贡献率为 23.1%（见表 3-15）。从消费支出来看，贵州贫困地区农村居民生活质量不断提高。2019 年，贵州贫困地区农村居民人均消费支出为 9509 元，同比增长 6.9%。其中，交通通信和教育文化娱乐支出是促进贵州贫困地区农村居民消费增长的主要因素，它们的增长贡献率合计接近 50%。此外，衣着和医疗保健支出较快增长，主要生活耐用消费品拥有量增加，居住条件和家庭设施水平显著提升。

表 3-15　贵州省贫困地区农村居民人均可支配收入情况

指标	2018 年（元）	2019 年（元）	增幅（%）	比重（%）	增长贡献率（%）
人均可支配收入	9529	10580	11.0	—	—
1. 工资性收入	4000	4528	13.2	42.8	50.2
2. 经营净收入	3457	3719	7.6	35.1	24.9
3. 财产净收入	85	103	21.2	1.0	1.8
4. 转移净收入	1987	2230	12.2	21.1	23.1

资料来源：根据《中国农村贫困监测报告 2020》整理。

3. 农村基础设施不断完善

贵州加快农村交通基础设施建设，开展“四在农家·美丽乡村”“小康路行动计划”“农村公路建设三年大会战”“农村‘组组通’硬化路三年大决战”等行动，农村交通建设取得了重大突破。脱贫攻坚中，贵州将公路交通基础设施建设向贫困地区倾斜。2019 年，贵州实现农村“组组通”硬化路，解决了沿线 1200 万农民群众出行不便的难题，“彻底破解了长期制约贵州农村发展的交通瓶颈问题”。根据《中国农村贫困监测报告 2020》的统计数据，2019 年，贵州贫困地区所在自然村通公路的农户比重和所在自然村通电话的农户比重基本接近 100%，能接收有线电视信号的农户比重为 99.6%，能便利乘坐公共汽车的农户比重为 70.3%，通宽带的农户比重为

97.6%，垃圾能集中处理的农户比重为 81.0%，有卫生站的农户比重为 98.0%，上幼儿园便利的农户比重为 91.2%，农村贫困地区基础设施整体水平大幅提升。

3.3 贵州生态贫困的状况考察

3.3.1 生态贫困呈现相对集中、连片分布的区域性特点

贵州是全国贫困人口最多、贫困地区最大、贫困程度最深的省区之一，贫困治理的难度大、任务重、返贫率高、对资源环境的依存度高，是全国连片特困的代表性区域。贵州生态贫困人口大多数分布在大石山区、石漠化区和高寒山区等生态环境脆弱的地区，这些地区处于山区深处，耕地较少、土壤瘠薄，生态系统脆弱性与集中连片贫困地区在空间上高度重合，资源禀赋差，脱贫难度大，是典型的贫中之贫、坚中之坚。按照区域自然生态禀赋条件、经济社会发展水平，贵州生态贫困人口分布呈现相对集中、连片分布的区域性特点。2011 年以来，我国脱贫攻坚的主战场转至集中连片特困地区，在国家划定的 14 个集中连片特困地区中有 3 个（武陵山区、乌蒙山区和滇桂黔石漠化区）位于贵州境内或与贵州交界，三大片区覆盖贵州全省 88 个县级行政区域的 70 个县（市、区），占全省县（市、区）总数的 79.5%，覆盖全省所有的少数民族自治州和自治县，占全省总面积的 90%以上，成为贵州经济发展与扶贫开发的重点区域（见表 3-16）。

表 3-16 贵州三大连片特困地区规划范围

连片特困地区（县、市、区个数）	市州名	县级行政单元名称
武陵山区（16）	遵义市	正安县、道真仡佬族苗族自治县、务川仡佬族苗族自治县、凤冈县、湄潭县、余庆县
	铜仁市	碧江区、江口县、玉屏侗族自治县、石阡县、思南县、印江土家族苗族自治县、德江县、沿河土家族自治县、松桃苗族自治县、万山特区
乌蒙山区（10）	遵义市	桐梓县、习水县、赤水市
	毕节市	七星关区、大方县、黔西县、织金县、纳雍县、威宁彝族回族苗族自治县、赫章县

续表

连片特困地区（县、市、区个数）	市州名	县级行政单元名称
滇桂黔石漠化区（44）	六盘水市	六枝特区、水城县、钟山区
	安顺市	西秀区、平坝县、普定县、镇宁布依族苗族自治县、关岭布依族苗族自治县、紫云苗族布依族自治县
	黔西南州	兴仁县、普安县、晴隆县、贞丰县、望谟县、册亨县、安龙县、兴义市
	黔东南州	黄平县、施秉县、三穗县、镇远县、岑巩县、天柱县、锦屏县、剑河县、台江县、黎平县、榕江县、从江县、雷山县、麻江县、丹寨县、凯里市
	黔南州	荔波县、贵定县、独山县、平塘县、罗甸县、长顺县、龙里县、惠水县、三都水族自治县、瓮安县、都匀市

注：在《中国农村扶贫开发纲要（2011—2020 年）》中，贵州省贫困县共计 65 个，分别纳入武陵山区（15 个）、乌蒙山区（10 个）和滇桂黔石漠化区（40 个），占全国 680 个贫困县的近十分之一。武陵山区、乌蒙山区、滇桂黔石漠化区《区域发展与扶贫攻坚规划（2011—2020 年）》启动后，涉及贵州省的范围增加了 5 个县（市、区），涵盖了全省 70 个县（市、区、特区）。其中，武陵山区增加余庆县，滇桂黔石漠化区增加了钟山区、兴义市、凯里市和都匀市。

生态与贫困问题交织的贵州，绝大部分贫困人口集中分布在乌蒙山区、武陵山区、滇桂黔石漠化区。乌蒙山区、武陵山区属于高原山地，山脉绵延，坡陡谷深，基础设施落后，不适宜居住和农业生产；滇桂黔石漠化区地形复杂，生态环境脆弱，山石裸露，土层瘠薄，单产偏低。这三大片区由于长期粗放式发展，生态环境遭到破坏，水土流失等生态问题层出不穷，面临经济发展与生态保护的双重任务，是贵州生态贫困的集中分布区域。2010 年，贵州全省 150 万贫困人口聚集于石漠化、高寒地区，基本处于乌蒙山区、滇桂黔石漠化区、武陵山区。贫困人口居住分散，交通不便、基础设施建设落后，生活质量较差。以乌蒙山区为例，2010 年，片区人均地区生产总值和农村居民人均纯收入分别为 7195 元和 3248 元，分别相当于全国平均水平的 24. 0%和 54. 9%；片区平均城镇化率为 24%，远低于全国 49. 7%的城镇化率（见表 3-17）。

表 3-17　2010 年贵州所处连片特困地区经济社会基本情况

片区名称	总面积（万平方千米）	总人口（万人）	乡村人口（万人）	国家级贫困县占比（%）	人均地区生产总值（元）	农村居民人均纯收入（元）	城镇化率（%）	贫困发生率（%）
乌蒙山区	10. 7	2292	2005. 1	84. 2	7195	3248	24	12. 9
武陵山区	17. 2	3645	2792	59. 2	9163	3499	23. 4	11. 2
滇桂黔石漠化区	22. 8	3427	2928. 8	73. 6	9708	3481	24. 7	11. 1
全国	960. 0	134091	67113	20. 8	29992	5919	49. 7	2. 8

资料来源：根据国务院批复的《乌蒙山片区区域发展与扶贫攻坚规划（2011—2020 年）》《武陵山片区区域发展与扶贫攻坚规划（2011—2020 年）》《滇桂黔石漠化片区区域发展与扶贫攻坚规划（2011—2020 年）》整理。

总体上看，贵州乌蒙山、武陵山和滇桂黔石漠化集中连片特困地区普遍存在经济发展滞后、社会发展程度低的问题。经济系统长期处于低投入、低产出状态。农业发展滞后，人地矛盾突出，农业提供的产品多是初级原料，商品交换也处于低水平，几乎没有工业。贫困人口人均收入低，购买力不足，商品市场狭小。加上区域地理封闭性强，远离经济发达地区，交通成本高，商品交换开展成本高，经济结构以农业经济为主。贫困地区吸引外资能力弱。人均财政收入低，基础设施投资不足，更无力对生态环境建设进行投资。社会发展程度低，体现在教育文化、医疗卫生、住房通信等基本公共服务落后，集中连片特困地区的人均教育、卫生支出远低于全国平均水平，贫困人口自我发展能力不足，可持续发展能力严重缺失。经济发展所需要的内生性要素并不能完全依靠经济系统自身的力量来解决，尤其是人的问题。因为受教育程度低，贫困人口只能从事“广种薄收”的农业，技术水平和劳动力生态效率难以提高，经济总量维持在很低的水平上。加上人口生育观念落后，出生缺陷率高，造成贫困家庭负担加重，使得原本落后的教育事业不堪重负。与此同时，连片贫困地区人口资源环境矛盾突出，生态环境脆弱，自然灾害频发，水土流失严重，人均耕地少，适农适牧土地产出低。部分地区水土流失、石漠化现象严重。经济发展与生态保护矛盾尖锐，产业发展滞后，市场体系不完善，资源优势没有转化为经济优势。

3. 3. 2　贫困地区与生态脆弱区、生态功能区分布高度重合

生态脆弱区往往也是经济社会发展相对滞后、生态问题突出和人民生活贫困的地区。由于先天自然条件脆弱和后天人为因素的多重胁迫，生态

脆弱区具有系统抗干扰能力弱、对全球气候变化敏感、时空波动性强、边缘效应显著、环境异质性高等基本特征。生态系统脆弱导致生态资源开发利用受到限制，贫困群众处于生态资源匮乏的状态。不同类型的生态脆弱区呈现不同的自然生态特征，主要表现有草地退化、土地沙化、土壤侵蚀强度大、水土流失、水资源短缺、资源环境矛盾突出、自然灾害频发、地区贫困不断加剧等。生态环境脆弱是影响区域农业发展、经济发展的主要因素，经济增长方式普遍粗放、人地矛盾突出、生态监测与监管能力不足，面临的生态形势严峻，加剧了区域经济社会发展滞后。加强生态脆弱区的贫困治理和生态治理，有利于提高区域贫困群体的生活质量、生态环境质量和缩小区域发展差距。因此，如何平衡重要生态功能区、生态脆弱区的生态保护与经济发展，成为生态贫困治理的关键内容。

国家重点生态功能区是为了优化国土资源空间格局，推进生态文明制度建设而划定的重点区域，具体分为水源涵养、水土保持、防风固沙和生物多样性维护等主要类型。从生态系统脆弱的视角来看，贫困地区与生态脆弱区在分布上高度重合。我国 14 个集中连片特困地区与 25 个国家重点生态功能区在地理分布上高度重叠。国家重点生态功能区覆盖 436 个县级行政单元，其中有 308 个（其中，集中连片特困区县 261 个，国家扶贫开发工作重点县 236 个，二者重合的有 189 个）属于国家层面划定的贫困县，国家级贫困县数量占比高达 70.64%，远高于全国贫困县比例。贫困地区各类主体功能区中重点生态功能区分布最广，占贫困地区总面积的 76.52%（周侃等，2016）。[①] 此外，我国设立的各种类型、不同级别的自然生态保护区也属于重点生态功能区。

贵州省重点生态功能区是以喀斯特环境为主的生态系统，生态脆弱性高，生态系统出现了退化现象，环境承载能力较低，经济水平差距较大，区位优势度较差，经济社会发展整体滞后。全国 326 个国家级自然保护区所在地有 42.9%位于国家扶贫开发工作重点县，其中，贵州省 8 个国家级自然保护区有 7 个位于国家扶贫开发工作重点县，占比为 87.5%（邹波等，2012）。[②] 这些地处重点生态功能区的贫困地带，属于国家限制开发区或禁止开发区，生态功能重要和生态系统脆弱并存。由于国家政策的限

---

① 周侃，王传胜．中国贫困地区时空格局与差别化脱贫政策研究［J］．中国科学院院刊，2016，31（1）：101-111.

② 邹波，刘学敏，王沁．关注绿色贫困：贫困问题研究新视角［J］．中国发展，2012，12（4）：7-11.

制，区域生态资源开发利用受限，处于资源供给匮乏的状态，经济社会发展面临生态资源、生态红线等约束，不能通过大规模推进工业化和城市化的传统发展道路实现区域脱贫致富。

表 3-18 2010 年贵州省重点生态功能区（限制开发区域）情况

主体功能区域类型	县级行政单元数（个）	面积（平方千米）	占全省总面积的比重（%）	2010 年末总人口（万人）	占全省总人口的比重（%）
国家重点生态功能区	9	26441.00	15.01	449.43	10.73
省级重点生态功能区	12	22556.70	12.80	359.72	8.59
重点生态功能区	21	48997.70	27.81	809.15	19.32

资料来源：《贵州省主体功能区规划》（黔府发〔2013〕12 号）。贵州省重点（国家级和省级）生态功能区的类型和发展方向详见附表 C。

2016 年 7 月，贵州省赫章、威宁、平塘、罗甸、望谟、册亨、关岭、镇宁、紫云共 9 个县被纳入国家重点生态功能区，实行产业准入负面清单制度；同年 9 月，贵州省又新增赤水、习水、江口、石阡、印江、沿河、黄平、施秉、锦屏、剑河、台江、榕江、从江、雷山、荔波、三都共 16 个县（市）为国家重点生态功能区。至此，贵州省总计有 25 个县（市）被纳入国家重点生态功能区，占全省 88 个县域总数的 28.4%。同时，这 25 个县（市）全部为国家级贫困县或集中连片特殊困难区县，一方面，县域经济实力较弱、社会发展滞后；另一方面，地处长江、珠江上游生态安全屏障，生态区位重要。因此，要坚持走生态优先、绿色发展的道路，在维护好自然生态系统的同时加快县域经济发展和脱贫致富。例如，贵州紫云苗族布依族自治县作为第一批纳入国家重点生态功能区的 9 个县之一，结合当地石漠化治理和脱贫攻坚实际，通过加强石漠化防治和水土流失治理、实行易地移民搬迁、改变传统农耕模式等途径，推动当地贫困减缓和生态治理的协同共进。又如，赤水地处乌蒙山区集中连片特困区，根据相关政策，赤水被调整为国家重点生态功能区，限制不合理、高强度的工业化和城镇化开发。该地通过加强生态环境管护，增强水源涵养、减少水土流失，在发展的同时保护好流域生态。

3.4　贵州生态贫困的成因分析

3.4.1　先天脆弱的自然生态系统

1. 生态环境容量低

贵州是世界上最大的喀斯特地貌集中分布区，占全省总面积 73%的生态环境整体承载能力较弱。喀斯特地貌生态敏感度高，恢复较慢，稳定性弱。同时，以石灰岩为主的地理特征造成成土速度慢，坡地较大，水溶性地区偏多。地面渗透性较强，土层偏薄，土壤生产力常因外力干扰而被削弱。当植被遭到破坏后较易造成水土流失，发生石漠化。生态脆弱成为贵州生态贫困的重要原因。虽然降水总量与农业用水相对充裕，但是由于长期滥伐造成石漠化，水资源难以储备且水土流失，造成冬季、春季农业用水不足，为了满足人畜饮水需求，农户需要额外进行取水等劳务活动，从而降低了家庭收入水平。水、土壤、大气等是生存的必要条件和生态要素。喀斯特地貌水、土相对匮乏，土地要素整体贫弱，可耕地比例偏低，耕地资源质量差，极大地限制了农林牧业的发展。生态环境脆弱性较强，导致土地生产率低。根据贵州省第二次土地调查数据，截至 2009 年底，贵州耕地面积为 456.25 万公顷，主要分布在贵州高原区（61%）、川鄂湘黔浅山区（31%），滇黔高原山地区也有少量分布（8%）；从耕地质量来看，全省有 70.48 万公顷耕地（不含梯田）是 25 度以上陡坡耕地，其中相当一部分还需根据退耕还林还草安排进行逐步调整。从人均耕地面积看，全省人均耕地面积为 0.1115 公顷，略高于全国平均水平（0.101 公顷），但耕地质量明显低于全国平均水平。总体上看，贵州耕地总体呈现出坡耕地多、坝区耕地少、中低产耕地多、优质耕地少的特点。人均耕地少、耕地质量总体不高的基本省情没有改变。[①] 相关研究发现，2000—2015 年，贵州生态环境脆弱性总体呈下降趋势，且具有西高东低的空间分布特征，其中东北部、南部、西部和西北部地区生态环境脆弱性下降明显，主要表现在盘县、威宁、水城、习水和赤水等地区，而贵州北部、中部地区生态脆弱性具有上升的

---

① 资料来源：贵州省第二次土地调查主要数据成果公报，2014-09-22。

趋势，主要表现在贵阳、遵义等地区（许幼霞，2018）。①

2. 自然灾害造成因灾返贫

贵州以山地为主，属于地质、水文复杂地区，滑坡、冰冻、旱灾、霜冻、暴雨等自然灾害频发，客观上冲击了农业生产，生态恶化趋势难以得到遏制，贫困户抵御自然灾害的能力较弱，可靠收入基本源于农业，造成因灾返贫率居高不下。在汛期暴雨的情况下，容易诱发山体滑坡等地质灾害，引发交通中断、道路房屋损毁等问题，给山区贫困群众造成严重的经济损失。据统计，2005—2010 年，贵州几乎所有县区都遭受过自然灾害。2010 年，贵州全省受灾人口达 2633.4 万人次，占总人口的 75.79%。农作物受灾面积为 195.64 万公顷，超过播种面积的 40%，其中绝收 55.72 万公顷。自然灾害造成经济损失 179.77 亿元，占农业产值的比例大于 30%。2015—2019 年，贵州 88 个县级行政单元中遭受自然灾害县数量一直居高不下，2019 年，受灾人口为 288.60 万人次，农作物受灾面积为 14.62 万公顷，因自然灾害造成直接经济损失 47.94 亿元（见表 3-19）。2020 年，贵州遭遇 60 年不遇的雨情、水情、汛情，省内多地遭受不同程度的洪涝和地质、风雹、低温冷冻等自然灾害，共造成 88 个县（市、区）1292 个乡（镇）475.65 万人次不同程度受灾，农作物受灾面积达 23.34 万公顷，倒塌房屋 1568 户 5531 间，不同程度损坏房屋 7.07 万户 15.75 万间，造成直接经济损失 90.53 亿元。②

表 3-19 2015—2019 年贵州省遭受自然灾害情况

指标	2015 年	2016 年	2017 年	2018 年	2019 年
遭受自然灾害县个数（个）	86	82	88	87	85
受灾人口（万人次）	581.03	663.30	532.43	581.92	288.60
农作物受灾面积（万公顷）	21.71	32.90	25.73	33.47	14.62
因自然灾害造成直接经济损失（亿元）	73.76	173.70	60.25	45.81	47.94

资料来源：根据《贵州统计年鉴 2020》整理。

① 许幼霞．贵州省生态脆弱性演变及土地生态安全格局构建研究［D］．贵阳：贵州师范大学，2018：87-88.

② 资料来源：贵州省应急厅发布 2020 年全省自然灾害基本情况，2021-01-14。

3.4.2 人类活动对所处环境的影响

1. 农业活动对自然生态系统的影响

历史上，由于过度强调“以粮为纲”、毁林开荒，“向荒山要粮”一度成为时代口号，贵州省的森林资源也曾遭到严重破坏，并导致区域生态环境退化，石漠化、水土流失等问题相继出现。调查表明，贵州省森林覆盖率从新中国成立初期的30%，急剧下降到“四五”森林资源清查时的14.5%，长时间掠夺式开发最终引起贫困地区石漠化，例如，贵州毕节等地区因森林砍伐、土地不合理利用而导致石漠化的发生。贫困地区受制于经济水平和教育水平低等因素，一味采用以破坏森林为主的农业开发方法，植被破坏严重，并且一旦地表裸露，极易向石漠化方向发展，蓄水能力下降。生态环境恶化会形成脱贫的阻力，造成返贫率提高，激化经济与生态之间的矛盾。日益恶化的生态环境加剧了贫困，自然生态系统陷入“越穷越垦—越垦越穷”的恶性循环中，严重制约区域经济社会可持续发展。此外，在石漠化等现象的冲击下，地表水渗透加剧，保有水量持续下降，在枯水期难以保障农业用水，少数地区饮用水也难以保证。石漠化引起森林覆盖率降低，薪柴供应不足。为了满足生活需要，农户以燃煤为主要燃料，这又造成空气质量下降，引起鼻炎、支气管炎等呼吸道疾病，治疗疾病又加剧了贫困人口的经济负担。同时，受健康程度下降影响，劳动能力也随之降低，削弱了创造财富能力，使得很多家庭因病致贫，进一步加剧了生态贫困。

2. 工业化、城镇化进程对自然生态系统的影响

工业化、城镇化引起的工业污染加剧了生态问题，主要体现为掠夺式开发对生态环境的影响。贵州以开矿为主的经济结构加速了环境污染，工业发达地区的生态破坏、城市污染甚至成为社会矛盾焦点。长时期的经济发展压力，迫使部分城市以牺牲生态环境为代价来满足经济发展要求，造成生态与经济处于矛盾之中。工业化、城镇化要求更多的水、更多的土地资源，客观上加剧了两者的冲突。在工业化、城镇化快速推进的背景下，工业和城镇用地大幅增加，农业、工业和城镇生活用水持续增加，但土地和水资源开发利用潜力有限。贵州用地供需失衡，建设用地严重不足，新兴的黔北、黔中经济区生态空间遭到不合理开发利用。矿业城市过度开矿引起生态功能下降，造成矿产富裕与生态脆弱并存，环境污染、生态失衡对区域经济和环境安全造成严重威胁。以煤矿为例，贵州省的煤矿

主要集中于珠江上游水源区，以毕节市、六盘水市、兴义市为主的能源供应带恰为石漠化区域。资源丰富与环境脆弱形成生态风险红色区。[①] 加上生产技术落后，使得矿业开发中的资源利用率较低。贵州省在全国的产业链及产业转移过程中，要么充当能源和原材料的基地，要么充当初级产品生产及粗加工的角色。在这种产业分工和布局中，贵州省的许多企业，特别是工业企业，在为市场提供大量初级产品的同时，过量消耗了人们赖以生存的生态资源，造成环境污染。尤其是改革开放初期，为了摆脱贫困，实现较快的发展，进而促进地区经济实力迅速增强，贵州省实行了低门槛的环保政策，导致对企业环保措施管控不力，出现了对生态资源的掠夺式开发。在城市化不断推进的过程中，城市发展在一定程度上改变了城市以及周边地区的地理环境，经济结构的调整和人口的大量流动也改变了地区传统农作模式，最终改变了土地利用的方式以及对自然资源的利用方式。

3. 人口增长过快对自然生态系统的压力

贵州贫困地区的人口自然增长率高，在技术落后的情况下，居民被迫采取粗放式发展，造成植被破坏与水土流失日趋加重，形成生态与经济的对立冲突，脆弱的生态资源基础与人口增长过快的矛盾表现得更加突出，不仅高数量的人口对生态资源造成巨大压力，而且低素质人口的低层次开发，也造成生态资源巨大浪费。贫困地区因基础设施落后，信息闭塞、交流不畅，经济发展更多地依托对生态资源的低层次开发，部分地区甚至存在刀耕火种、游牧生活。在低层次掠夺式开发方式下，森林资源减少，石漠化、水土流失等生态问题相继出现，农田肥力降低，自然环境不断衰退。低水平的单产又迫使群众扩大耕地面积，在更大范围内破坏森林，进一步造成生态系统恶化。如此恶性的循环往复最终导致资源浪费和非持续性开采。加上贫困群体生态意识缺乏和法律意识淡薄，迫于生计压力而缺乏远见，没有认识到生态资源的价值，同时，法制不健全，执法力度不够，对生态环境造成较大负面影响。

3.4.3 陷入生态与贫困的恶性循环

贵州长期面临经济发展与生态保护的双重任务。一方面，贵州属于经济相对落后的省份，长期以来以资源开发为特征的产业模式形成了结构性

① 李天威. 西部大开发重点区域和行业发展战略环境评价［M］. 北京：中国环境出版社，2016：37.

污染，“三废”等污染排放给生态环境带来了巨大压力；农村呈现人口增长、粮食短缺、生态恶化的贫困恶性循环。尽快摆脱贵州经济发展落后的状况，消除农村人口的绝对贫困已成为需要优先解决的现实问题。另一方面，贵州是长江、珠江上游的重要生态安全屏障，全省 69 个县（市、区）属于长江上游防护林保护区，16 个县为国家重点生态功能区。加上地处西南岩溶山地石漠化生态脆弱区，喀斯特地貌生态承载能力较弱，石漠化、水土流失成为制约经济发展的重要问题，加剧了贵州经济贫困。由于经济和技术落后，历史上以掠夺式开发为主的发展方式，引起生态退化以及贫困地区经济系统与生态系统之间的恶性循环，造成毁林开荒、破坏环境的现象层出不穷。原本脆弱的自然生态系统难以承担巨大的压力，水土流失现象严重，土地石漠化问题恶化，难以满足当地居民的生活需要，使得生态脆弱地区成为贵州贫困地区中脱贫难度较大、生态环境破坏严重的地区。

以毕节地区为例。毕节地处贵州西北部，喀斯特地形分布广泛，自然生态环境脆弱。由于先天的岩溶地质条件加上过度开发，其成为贵州全省石漠化最严重的地区之一，不仅影响了当地居民的生产生活，制约了经济社会可持续发展，而且对区域生态安全造成了威胁。1988 年，在时任贵州省委书记胡锦涛的推动下，国务院批准建立了以“开发扶贫、生态建设”为主题的毕节试验区，探索岩溶山区极度贫困和生态恶化问题的治理途径。历史上，毕节地区生态贫困的形成原因主要有以下几点：首先，经济贫困导致毕节人口增长过快和生态系统功能退化。贫困地区生产生活方式落后，劳动生产率低下，为了增加劳动力，人口出生率居高不下。对贫困人口而言，眼前生存需要重于长远生态保护，为了解决生存问题往往对自然资源进行掠夺式开发，意识不到不合理行为对自然生态系统的损害，对当前行为后果无知，破坏了原本就比较脆弱的自然生态系统。其次，人口增长进一步加剧经济贫困，并使自然生态系统更趋脆弱。伴随着土地资源拥有量的缩减，贫困人口只能靠扩大土地资源利用来满足生产生活需要，这使其赖以生存的土地质量下降、产出减少，加上乱砍滥伐、过度开垦等引起土地退化、土壤侵蚀和自然灾害增多，生态系统压力剧增、更趋脆弱；同时，不合理的矿产资源开采在一定程度上破坏了水资源、土地资源，加剧了滑坡、地面塌陷、崩塌等地质灾害的发生，降低了贫困人口生产生活质量，成为生态返贫的原因之一。最后，生态系统脆弱进一步加剧经济贫困。毕节地区平均海拔高，自然生态系统脆弱，水土流失严重，承载能力有限，致使农业生产的自然条件较差，脆弱的生态环境还容易诱发自然灾害。经济发展与生态保护矛盾尖锐，较差的农业生产条件与自然灾害叠加，产业结构调整受生态环境制约大，严重制约了当地农民的生产发展，从而进一步加剧了经济贫困，陷入“经济贫困—人口增长—生态系统脆弱”的恶性循环。

第4章　贵州生态扶贫的实践探索与经验启示

改革开放以来，随着经济社会的快速发展，贵州贫困治理取得了巨大成就，与此同时，退耕还林、石漠化治理等生态工程的实施，使得自然生态环境不断改善。特别是党的十八大以来，贵州协同推进大扶贫与大生态战略，在贫困治理中不断加强生态建设和环境保护，生态扶贫工作取得了显著成效。本章将对贵州生态扶贫的历程及政策进行梳理，总结贵州生态扶贫的实践探索与取得的成效，可以说，贵州生态扶贫的实践探索为实现区域经济社会和自然生态的协调发展发挥了重要作用，也为全国其他地区的生态扶贫提供了经验启示。

4.1　贵州生态扶贫的历程

从20世纪80年代中期开始，贵州就艰苦地探索人口经济与环境协调发展之路。经过惨痛教训，贵州人逐步认识到人与自然相互依存的关系，探索恢复重建自然生态系统，寻求经济与生态的平衡点。特别是党的十八大以来，贵州坚持生态优先、绿色发展，坚持“绿水青山就是金山银山”，将生态扶贫纳入首要工作，把扶贫与生态维护相结合，以大生态、大扶贫两项战略协调为目标，以改善生态促进贫困人口增收，实现了居民收入提高与生态环境逐步改善的统一。贵州生态扶贫历程可以分为以下三个阶段。

4.1.1　生态扶贫的萌芽阶段（1986—2000年）

1986年，贵州省制定了“人口、粮食、生态系统性发展”战略。为了解决极端贫困人口的温饱问题，贵州在一些贫困问题突出、自然生态环境恶劣的地区，开展了生态移民和易地扶贫搬迁的实践与探索。1988年，在时任贵州省委书记胡锦涛的倡导下，国务院批准建立了以“开发扶贫、生态建设”为主题的毕节试验区，尝试寻找两者的结合点。毕节试验区设立以来，将扶贫开发、生态建设、人口控制作为有机整体，将生态建设融入经济开发，推动贫困地区走出经济贫困—人口增长—生态破坏的恶性循环，实现了区域经济、社会、生态效益的同步提升。这一时期是生态扶贫的萌芽阶段，由于宏观环境变化等多重因素影响，生态扶贫效果有限。总体上，2000 年以前，我国生态扶贫政策侧重于对自然生态资源的生产性利用从而推动地区经济发展，还未形成生态产业扶贫、生态保护扶贫等较为成熟的政策。

4.1.2 生态扶贫的探索发展阶段（2001—2015 年）

进入 21 世纪，生态文明建设的重要性进一步提升，以胡锦涛同志为核心的党中央首次将“生态文明”写入党的报告，提出“科学发展观”，强调以人为本的发展观。党的十八大以来，以习近平同志为核心的党中央基于我国的具体国情，进一步总结和发展了中国特色生态文明思想，多次强调“绿水青山就是金山银山”的理念，生态文明建设成为“五位一体”的重要组成部分。国家政策层面，2000 年编制的《中国农村扶贫开发纲要（2001—2010 年）》提出，要“坚持可持续发展，扶贫开发必须与资源保护、生态建设相结合，实现资源、人口和环境的良性循环，提高贫困地区可持续发展的能力”；2010 年编制的《中国农村扶贫开发纲要（2011—2020 年）》提出，要“坚持扶贫开发与生态建设、环境保护相结合，充分发挥贫困地区资源优势，发展环境友好型产业”。在国家政策的导向下，2005 年，贵州宣布实施“坚持生态立省和可持续发展战略”。2014 年，贵州省人大颁布《贵州省生态文明建设促进条例》，这是内地第一部省级生态文明法令。2015 年，贵州省明确提出《生态文明体制改革实施方案》，并取消对 10 个贫困县的 GDP 考核。同时，贵州省委、省政府加大对上述县区石漠化、森林覆盖率的考核强度，力求实现生态环境与经济发展的平衡。

4.1.3 生态扶贫的全面推进阶段（2016—2020 年）

2015 年 11 月 27 日，习近平总书记在中央扶贫开发工作会议上明确指出要实施“五个一批”工程，其中要“生态补偿脱贫一批”，标志着生态扶贫成为精准扶贫方略的五大脱贫手段之一。同年，《中共中央　国务院关于打赢脱贫攻坚战的决定》明确提出要“坚持扶贫开发与生态保护并重”“坚持保护生态，实现绿色发展。牢固树立绿水青山就是金山银山的理念，把生态保护放在优先位置，扶贫开发不能以牺牲生态为代价，探索生态脱贫新路子，让贫困人口从生态建设与修复中得到更多实惠”。在国家政策的支持下，生态扶贫理念更加清晰、路径更加多元、机制更加优化。

2015 年 6 月 18 日，习近平总书记在贵州视察工作时指出，要守住发展和生态两条底线，不以生态赤字为代价，要在“金山银山”和“绿水青山”之间画上等号，追求绿色发展。得益于中央对贵州生态文明建设的高度重视和政策支持，2016 年 8 月，贵州被纳入首批国家生态文明试验区。2017 年 10 月，《国家生态文明试验区（贵州）实施方案》正式印发，明确贵州作为“生态脱贫攻坚示范区”的战略定位，进一步提出“完善生态保护区域财力支持机制、森林生态保护补偿机制和面向建档立卡贫困人口购买护林服务机制，深化资源变资产、资金变股金、农民变股东‘三变’改革，推进生态产业化、产业生态化发展，加快构建大生态与大扶贫深度融合、百姓富与生态美有机统一的制度体系”。2017 年 4 月 15 日，贵州省第十二次党代会将“大生态”列入全省战略行动，全力实施大扶贫、大数据、大生态三大战略行动，强调在推动经济增长时，坚持生态文明建设与经济社会发展协同共进。

2018 年 1 月，为了充分发挥生态保护在精准扶贫、精准脱贫中的作用，国家发展改革委等六部门共同制定印发了《生态扶贫工作方案》，要求“牢固树立和践行绿水青山就是金山银山的发展理念，坚持扶贫开发与生态保护并重，切实加大对贫困地区、贫困人口的支持力度，推动贫困地区扶贫开发与生态保护相协调、脱贫致富与可持续发展相促进，实现脱贫攻坚与生态文明建设双赢”。这一方案的出台，标志着我国生态扶贫制度体系全面建立。在国家行动方案的指导下，同年，贵州省政府办公厅印发了《贵州省生态扶贫实施方案（2017—2020 年）》，提出“通过实施生态扶贫十大工程，进一步加大生态建设保护和修复力度，促进贫困人口在生态建设保护修复中增收脱贫、稳定致富，在摆脱贫困中不断增强保护生态、爱护环境的自觉性和主动性，实现百姓富和生态美的有机统一。到 2020 年，通过生态扶贫助力贵州全省 30 万以上贫困户、100 万以上建档立卡贫困人口实现增收”（见表 4-1）。

表 4-1 贵州省生态扶贫十大工程

十大工程	具体任务
(一) 实施退耕还林建设扶贫工程	全力争取国家将贵州省25度以上坡耕地、严重石漠化耕地、重要水源地、15~25度坡耕地、陡坡梯田和严重污染耕地纳入新一轮退耕还林范围，2017—2020年全省争取实施退耕还林1000万亩左右。退耕还林任务继续向三个集中连片特困地区和14个深度贫困县倾斜，对符合退耕政策的贫困村、贫困农户实现工程全覆盖，确保69万户贫困户每亩退耕地有1200元的政策性收入。以退耕还林工程为平台，支持贫困县加大财政涉农资金整合力度，集中资源调整种植结构，下大力调减玉米种植面积，因地制宜大力发展刺梨、核桃、板栗、樱桃、猕猴桃等特色产业，建成一批高标准、高质量的经果林基地，带动建档立卡贫困户41万户、164万人人均增收2000元左右。创新石漠化治理投资体制，积极开展石漠化治理政府与社会资本合作，2018—2020年每年争取利用1亿元中央预算内投资资金与社会资本开展合作，在石漠化区域积极发展特色生态种养殖业，并以合同约定中央投资固定收益补贴贫困农户和村集体，促进石漠化治理与脱贫攻坚有机结合。
(二) 实施森林生态效益补偿扶贫工程	认真落实我省4928万亩国家公益林每亩15元的补偿标准。巩固完善森林生态效益补偿机制，主动向财政部、国家林业局等部委汇报、沟通，尽快制订出台提高地方公益林补偿标准方案，健全补偿资金投入机制，逐步提高纳入森林生态效益补偿的3750万亩地方公益林补偿标准，实现与国家公益林补偿标准并轨，带动建档立卡贫困户66万户、258万人人均增收70元左右。
(三) 实施生态护林员精准扶贫工程	按照中央、省、县三级分担的原则，整合中央补助资金、森林管护资金及切块到县的财政专项扶贫资金，并新增省级财政资金，加大对生态护林员的资金投入，按照“应聘尽聘”原则，贫困县根据实际需要优先从建档立卡贫困人口中选聘生态护林员，在现有生态护林员4.47万人基础上再新增生态护林员5.2万人；建立统一规范的森林管护队伍体系和管理制度，切实解决护林队伍类型、方式、补助标准不统一等问题，并进一步扩大生态护林员医疗保险覆盖范围，防止生态护林员脱贫后因病返贫。到2020年，全省生态护林员森林资源管护队伍总规模达9.67万人，人均管护森林面积稳定在1500亩以内；带动建档立卡贫困户5.2万户、20万人人均增收2300元左右。
(四) 实施重点生态区位人工商品林赎买改革试点工程	根据《国家级公益林管理办法》相关规定，对现有重点生态区位内Ⅰ级保护林地以及禁止采伐的非国有林并已划定为国家一级公益林的人工商品林，通过租赁、赎买和改造提升等多种方式，促进重点生态区位集中连片生态公益林质量提高、森林生态服务功能增强和林农收入稳步增长，实现社会得绿、林农得利。2018年至2020年，通过全额赎买试点、部分赎买试点、改造提升试点等多种方式，完成赎买改革试点面积18万亩，带动建档立卡贫困户4000户、1.7万人人均增收2万元左右。

续表

十大工程	具体任务
（五）实施自然保护区生态移民工程	将省级及以上自然保护区核心区、缓冲区和试验区内自愿搬迁贫困人口优先纳入新增易地扶贫搬迁工作计划，从根本上减少对自然生态的破坏，并按照标准对移民对象进行生态补偿，促进脱贫。2017年至2019年，力争完成省级及以上自然保护区搬迁建档立卡贫困人口16877户、57379人，其中核心区建档立卡贫困人口2458户、8396人，缓冲区建档立卡贫困人口2885户、9915人，试验区建档立卡贫困人口11534户、39068人。
（六）实施以工代赈资产收益扶贫试点工程	瞄准贫困村和建档立卡贫困人口，探索“以工代赈资产变股权、贫困户变股民”的资产收益扶贫新模式，将以工代赈投入贫困村道路、水利设施等不宜分割的资产，折股量化到农村集体经济组织，或参股到当地发展前景较好的特色产业发展等项目中，并在农村集体经济组织的收益分配时对建档立卡贫困户予以倾斜支持。从2018年开始每年从中央资金中安排4000万元以上，重点支持全省14个深度贫困县开展试点，进一步明确入股资金比例、入股主体、受益主体，规范集体股权设置办法，健全收益分配制度，明确项目覆盖的贫困户能享有按照国家入股资金年度存款基准利率的最低保障，切实使贫困户收益来源多元化，多方位推动贫困户提高收入水平，确保项目覆盖的贫困户人均增收1900元左右。
（七）实施农村小水电建设扶贫工程	对贫困县新建或在建小型水电站按每千瓦4000元给予中央资金补助，项目法人每年将中央投资收益（年收益高于6%的据实缴存，低于6%的由项目法人补足6%）存入县级人民政府指定账户，专项用于扶持建档立卡贫困户脱贫和贫困村基础设施等公益事业建设。开展水电矿产资源资产收益扶贫改革试点，探索建立集体股权参与水电矿产资源项目分红的资产收益扶贫长效机制，促进资源开发与脱贫攻坚有机结合，实现贫困人口共享资源开发成果。2018年安排省预算内补助资金1800万元，推进普定县、贵定县、黄平县3个水电资源开发资产收益扶贫改革试点项目实施，带动项目覆盖的建档立卡贫困户人均增收700元左右。
（八）实施光伏发电项目扶贫工程	对威宁、盘州、普安等光照资源相对丰富、电网接入条件允许的贫困地区优先配置光伏发电指标，按照光伏发电与农林、养殖、旅游相结合的原则，建设农光互补、林光互补等项目。组织威宁、赫章、盘州、普安等地区编制光伏扶贫规划和实施方案，力争进入国家光伏扶贫试点地区名录。2017年至2020年，全省贫困县每年扩大光伏发电规模20万千瓦以上，累计完成总投资52亿元以上，利用荒山荒坡5000亩以上，带动项目覆盖的建档立卡贫困户人均增收3000元左右。

续表

十大工程	具体任务
（九）实施森林资源利用扶贫工程	大力发展林下经济，利用省脱贫攻坚投资基金扶贫产业子基金、林业项目贷款贴息等政策，大力发展林菌、林药等林下种植业和林下养鸡、养蜂等林下养殖业，加大林地空间利用力度，发展立体林业，到2020年林下经济建设利用林地面积3300万亩，其中林下种植551万亩、林下养殖1551万亩、林下产品采集加工725万亩、森林景观利用473万亩；发展林菌种植50万亩、养鸡1500万羽、食用菌2亿棒；全省林下经济产值突破1000亿元，带动建档立卡贫困户1万户、3.2万人人均增收1200元左右。加快森林旅游业与康养服务业发展，完善国家级森林公园基础设施，创建一批国家级、省级森林康养示范基地；开展森林康养示范创建活动，每年评选一批森林康养示范市、县（区）、镇、村。到2020年，全省森林、林木（花卉）公园达100处、各级重要湿地达236个、森林康养基地达100个，森林旅游业与康养服务业力争实现产值2500亿元，助推贫困群众20万户、60万人增收脱贫。
（十）实施碳汇交易试点扶贫工程	以14个深度贫困县、20个极贫乡镇、2760个深度贫困村的森林碳汇资源开发为重点，利用全国碳市场和现有9个碳交易试点体系，引导具有碳交易配额履约任务的企业购买林业碳汇减排量，完成履约目标；鼓励对口帮扶贫困地区的单位，购买对口贫困地区的林业碳汇，完成对口帮扶任务、践行降碳社会责任；推广大型公共活动、会议购买碳汇减排量、消除碳足迹、实现会议“碳中和”的做法，引领绿色低碳办会。2018年全省深度贫困地区完成碳汇扶贫项目5~10个，实现新增碳汇量50万吨以上；2019年全省深度贫困地区碳汇资源开发覆盖度达50%以上，实现新增碳汇量70万吨以上；2020年全省深度贫困地区碳汇资源开发覆盖度达80%以上，实现新增碳汇量100万吨以上。

资料来源：根据《贵州省生态扶贫实施方案（2017—2020年）》整理。

4.2 贵州生态扶贫的实践探索

作为全国脱贫攻坚的主战场，贵州坚守“发展和生态两条底线”，立足各地实际情况，协调贫困地区经济社会与生态环境统筹发展，在生态扶贫方面开展了大量工作。贵州省生态扶贫的实践与探索，始终走在全国同类地区前列，特别是近年来，结合国家生态文明试验区建设，贵州在生态工程建设扶贫、生态公益性岗位扶贫、生态产业及生态资源扶贫、生态保护补偿扶贫、生态移民搬迁扶贫等方面都取得了令人瞩目的成绩，不仅筑牢了贵州的生态本底，也带动了贫困人口增收脱贫，让广大农户从中受益，实现了区域经济社会与生态环境的协同可持续发展。

4.2.1　生态工程建设扶贫

1. 退耕还林工程

1990 年，贵州省制订“十年绿化贵州”计划，陆续启动退耕还林工程、水土流失防治、天然林保护工程、石漠化治理工程、长江珠江防护林工程等生态项目。特别是 2000 年以来，随着在全国范围内大规模开展退耕还林还草工程，贵州通过大力推进退耕还林建设和石漠化及水土治理，森林面积逐渐增加，森林覆盖率从 1975 年的 14. 50%提高到 2019 年的 60%（见图 4-1）。

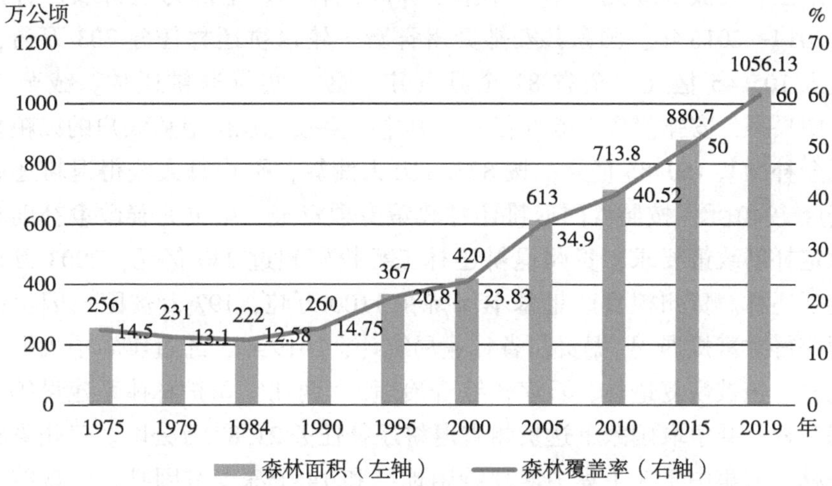

图 4-1　1975—2019 年贵州省森林资源变化情况

（资料来源：根据全国森林资源清查数据和历年《贵州统计年鉴》整理）

陡坡开垦是历史上导致贵州水土流失和石漠化的主要原因，贵州省 80%以上的水土流失都与坡地开荒有关。1996 年土地资源调查结果显示，贵州省 7355 万亩耕地中，25 度以上坡耕地为 1297 万亩，占比接近 20%。其中，15~25 度坡耕地 1600 余万亩，坡耕地土壤肥力较弱，单产低于全国平均水平。贵州省从 2000 年开始开展退耕还林试点工作，2002 年正式推行退耕还林，大多数陡坡耕地的产量低于国家退耕还林的补助标准，国家实施退耕还林，每亩给予 150 千克粮食（折现 210 元）和 20 元生活补助，直接增加了退耕农户的经济收入，仅 2004 年就有 13 亿元直接兑现给近 190 万户退耕农户，平均每户约 680 元。自 2002 年起对 12 个监测重点县 117 户退耕农户进行连续跟踪监测，以及对全省退耕农户的面上调查结果表明，退耕还林前的 2001 年人均收入为 1272 元，实施退耕还林后，农户人均收入得到明显增加，2012 年，人均收入增加 5791 元，达到 7063 元。此外，随着贵州农村剩余劳动力向省外、第三产业转移，进一步实现了农户收入来源和总量增加。据统计，64%的农户加入务工行列，34%从事第三产业、矿业、建筑业等工作，人均收入有所增加，逐渐摆脱掠夺式开发的困境。加上各级政府长期坚持政策补贴，缓解农户因灾返贫等问题，贫困地区农户的生活质量不断得到改善。

2014 年，中央开展新一轮退耕还林，按照每亩 1500 元进行补贴，5 年分 3 次兑现。第一年支付 800 元，其中种苗造林费 300 元，直接补助 500 元。第三年发放 300 元，第五年给予 400 元补贴。全部为退耕农户补助资金。2014—2016 年，国家共安排贵州省新一轮退耕还林任务 703 万亩，中央投入 105.45 亿元，全省 87 个县（市、区）实行退耕还林。截至 2015 年，中央累计安排投资 226.5 亿元，其中，直接兑现给退耕农户的以粮折现及现金补助共 159.85 亿元，按 823.8 万人测算，平均每人获得退耕还林直补资金 1940 元。按照巩固退耕还林政策专项资金、中央完善政策补助和中央原定补助政策要求，贵州退耕还林工程投资超过 240 亿元，2003 万亩坡地实现还林。贵州粮食产量基本保持在 1100 万吨，197 万贫困户因生态扶贫而获得致富机遇。[①] 据贵州省林业局统计，2019 年，通过实施中央财政补贴造林、植被恢复造林、石漠化综合治理、“两江”防护林体系建设等重点生态工程，共争取国家下达贵州省退耕还林任务 21.87 万公顷。贵州省将退耕还林区域集中于 3 个集中连片特困地区和 14 个深度贫困县，实现符合政策的贫困户与贫困区全覆盖，确保近 70 万贫困户收到退耕还林政策性补贴。通过开展生态工程建设扶贫，实现了生态系统保护、修复和扶贫增收的双赢。

2. 石漠化与水土流失治理

贵州是世界上最大的喀斯特地貌集中分布区，属于中国石漠化聚集地区。因为长时间的不合理开发，贵州成为石漠化分布最广、危害最大、治理成本与难度最突出的省份。石漠化已经成为贵州经济发展的制约因素，同样危害生态环境和生态安全。2008 年以前，石漠化土地面积年均增速达到 2%以上，对生态环境构成较大压力，石漠化、水土流失已经威胁经

① 贵州省地方志编纂委员会．贵州省减贫志［M］．北京：方志出版社，2016：112-113.

济社会发展潜力，引起区域贫困和生产力落后。遏制土地石漠化、实施大规模工程治理、防治水土流失成为贵州最为迫切的生态建设任务。

2011 年，贵州有 78 个县（市、区）进入全国石漠化综合治理重点县，成为全国 8 省区中唯一实现石漠化治理全覆盖的省份，标志着贵州石漠化综合治理进入了新的阶段。贵州省分别在 2005 年、2011 年和 2016 年先后三次进行石漠化监测（见表 4-2）。根据《贵州省岩溶地区第三次石漠化监测成果公报》，2016 年贵州全省石漠化土地面积达到 247.01 万公顷，比 2011 年减少 55.37 万公顷，减少了 18.31%（见表 4-2）。其中，毕节市石漠化土地面积最大，占全省的比例为 20.11%；安顺市占比最高，为 35.99%；遵义市石漠化发生率最低，为 13.24%。2005—2011 年，石漠化土地面积减少近 30 万公顷。2011—2016 年，石漠化土地面积减少了 55.37 万公顷，减少了 18.31%。从贵州省连片特困地区来看，武陵山贵州片区石漠化土地面积减少 9.15 万公顷；乌蒙山贵州片区石漠化土地面积减少 11.16 万公顷，减少了 17.44%；滇桂黔贵州片区石漠化土地面积减少 35.06 万公顷，减少了 18.36%。

表 4-2　贵州省石漠化土地面积三次监测结果

年份	石漠化土地面积（万公顷）
2005（第一次石漠化监测）	331.61
2011（第二次石漠化监测）	302.38
2016（第三次石漠化监测）	247.01

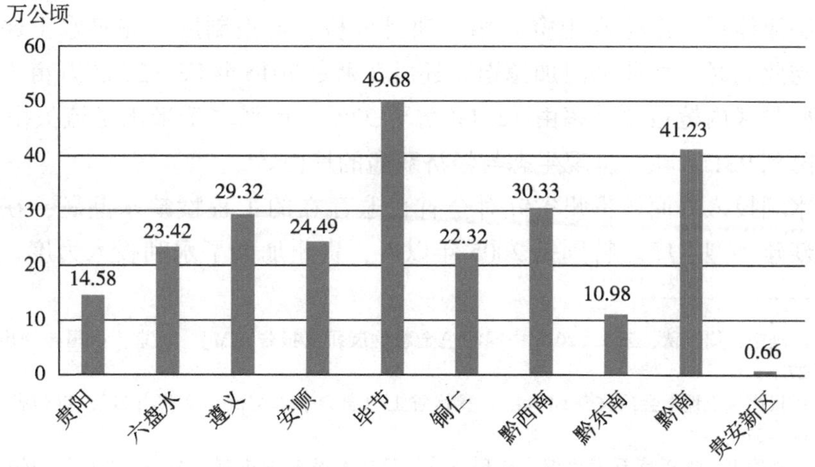

图 4-2　2016 年贵州省各市州石漠化土地面积

贵州省石漠化土地面积减少数量和幅度均居全国岩溶地区首位。贵州省石漠化土地面积持续减少，生态环境改善的原因相对复杂。石漠化土地面积减少的原因中植被恢复贡献率达到67.75%；劳务输出、移民搬迁、能源结构调整、生物能源利用加速植被自然恢复贡献率为19.52%。同时，贵州在治理石漠化的过程中，将调整农业产业结构和贫困户增收相结合，因地制宜，选择适合当地情况的特色作物作为切入点，大力发展特色经济作物，探索综合治理方式，形成生态经济产业区，使贫困户收入得到切实提升，也调动了农民参与恢复重建自然生态系统的积极性，实现了区域经济—生态系统的良性循环。

水土流失防治方面。2015年，贵州全省水土流失接近5万平方千米，占国土面积的27.8%。毕节、遵义、黔南州、铜仁市水土流失面积分别占区域面积的34.4%、20.1%、14.4%和13.8%。① 水土流失比较严重的六盘水市和毕节市（县级市）水土流失面积分别占区域面积的45.7%和57.6%。② 水土流失会削弱地区可持续发展能力，加剧生态恶化与地区贫困。流失的土壤中不仅包含有机质，也含有化肥、农药等物质，加重了长江、珠江流域的水污染。据统计，贵州每年流失的成土母质总量相当于60年的生成量。③ 面对日益严峻的生态形势，贵州省决定加大环境保护投入，实现生态可持续发展。2005年以后，贵州水土流失治理投资持续增加，有效整治面积由3000平方千米增至7000平方千米以上，有力缓解了省内水土流失状况。直至2018年，全省累计完成水土流失治理2.84万平方千米，水土流失得到了一定程度的控制，生态环境逐渐改善。有关部门通过完善法律体系，强化水土资源相关项目审核、申报制度，完善水土保持机制。与此同时，林业部门加速退耕还林工程，2015年底，2003万亩土地还林，监测区内植被覆盖率由12.4%增至92%，每平方千米水土流失由3325吨下降到931.4吨，呈现生态与经济双赢的局面。

水利投入方面。贵州省针对全省普遍存在的工程性缺水问题，在干旱地区新建小型水库。特别是2005年以后，贵州加大了水利投入力度。截至

---

① 马中，周月秋，王文．2018中国绿色金融发展研究报告［M］．北京：中国金融出版社，2018：27.

② 贵州省土地学会论文集编辑组．贵州省土地学会学术交流论文集［M］．贵州省土地学会，2004：37.

③ 刘肇军．喀斯特石漠化综合治理绩效评价体系及管理机制研究——以贵州为例［M］．2016：39.

2010 年，全省共建成小型水库 251 座，其中近 90%分布于贫困乡村，可用库容为 6.66 亿立方米，可灌溉农田 133.56 万亩。2010 年以后，贵州省新修小型水库 74 座，有效满足了贫困地区储水需要，同期 29 座中型水库投入运行。2010 年，贵州中型水库建设快速推进，24 座中型水库相继开工，库容增加 1.31 亿立方米，53 座中型水库中 88.9%位于贫困地区。① 2015 年，全省范围内共建成中型水库 117 座。为了有效发挥水库的功能，贵州省大力推进灌溉工程建设。2001 年后，贵州省将灌溉工程独立于农田建设，作为重点转型工程。在中央的支持下，贵州省有 8 个灌区列入中国第一批大型灌区建设名单。2012 年，中央政府投入资金 8102 万元，省内配套 1776 万元，重点在贫困地区新修、续建配套节水改造项目，有效满足贵州 10 个大型灌区建设资金需求。2015 年，贵州省内建成中型灌区 9 个。贫困地区的灌溉需求得到部分满足，有效提升了粮食产量。“十三五”期间，贵州省水利投入力度进一步加大，并向贫困地区大幅倾斜。在中央和水利部门的大力支持下，贵州贫困地区水利基础设施不断改善，有效解决了贫困人口饮水安全问题和生产生活用水问题。

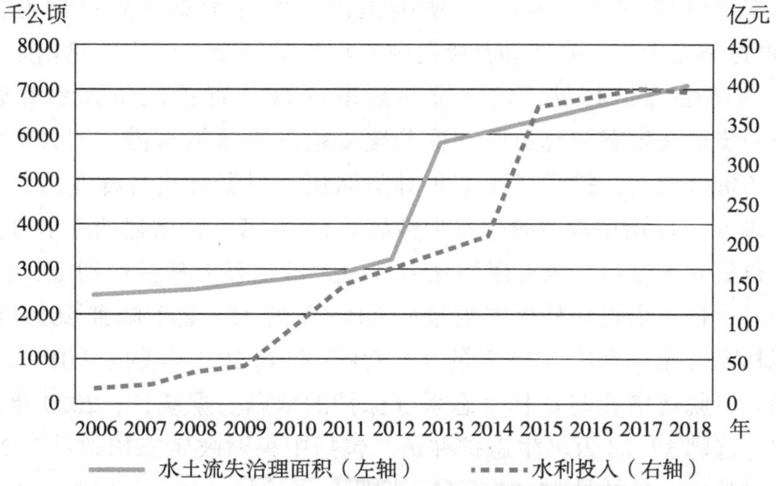

图 4-3　2006—2018 年贵州省水利投入及水土流失治理面积变化情况

4.2.2　生态公益性岗位扶贫

生态公益性岗位扶贫是生态扶贫中的重要政策和实践创新。按照中央

① 贵州省地方志编纂委员会．贵州省减贫志［M］．北京：方志出版社，2016：89.

设立生态公益性岗位的目标要求，贵州在生态公益性岗位扶贫方面进行了一系列实践创新。例如，通过开发生态护林员、乡村保洁员、护路员、巡河员等生态公益性岗位，在保障困难家庭稳定就业和增收脱贫的同时，不断强化农村人居环境整治和生态环境治理，实现贫困人口脱贫和生态管护的双赢。

1. 生态护林员岗位扶贫

贵州省剩余贫困人口大部分分布在森林资源丰富的林区和山区，通过设立生态护林员岗位，强化贫困人口技能培训，以森林管护等为主，让贫困人口参与生态管理，实现了贫困人口在当地脱贫。将建档立卡贫困人口选聘为生态护林员，是贵州“生态补偿脱贫一批”的重要抓手。贵州通过实施选聘贫困人口为生态护林员的政策，有效解决了过去护林员队伍人员不足、无法实现森林资源有效管护的难题，实现了对森林资源的有效保护。

2016年，贵州正式启动建档立卡贫困人口生态护林员聘用工作，相继出台《贵州省建档立卡贫困人口生态护林员选聘细则》《贵州省建档立卡贫困人口生态护林员工作实施方案》。2018年，贵州省印发《贵州省生态扶贫实施方案（2017—2020年）》，明确提出“实施生态护林员精准扶贫工程”。通过整合中央、省级和县级财政专项扶贫资金，优先从建档立卡贫困人口中选聘生态护林员，建立统一规范的森林管护队伍体系和管理制度，进一步扩大生态护林员医疗保险覆盖范围等政策举措，加大了对生态护林员的资金投入，扩大了生态护林员队伍。根据贵州省林业局的统计数据，2019年，新增中央财政生态护林员2.55万名，新增建档立卡贫困人口生态护林员8.7万名，全省建档立卡贫困人口生态护林员达到17.25万名。与此同时，贵州全省森林火灾数量从2015年的153起下降到2019年的10起，森林火灾受灾率从2015年的0.070‰下降到2019年的0.0019‰，实现了贫困人口脱贫增收与森林生态系统保护的双赢。据统计，2020年，贵州全省累计选聘18.28万名生态护林员，包括中央财政生态护林员7.23万名和省级财政生态护林员11.05万名。按照生态护林员每人每年收入1万元的标准计算，每个生态护林员能带动3个贫困人口实现脱贫，贵州全省生态护林员政策已带动50余万贫困人口摆脱贫困。

2. 河道保洁员岗位扶贫

贵州省根据易地扶贫搬迁安置点和乡村环境卫生保洁需要，加大环境卫生保洁员岗位开发力度，开设河道保洁员等扶贫公益专岗，在解决贫困人口劳动力就业问题的同时增加了贫困家庭收入。例如，从江县积极开发水利公益性岗位，从建档立卡贫困户中选聘河道保洁员，工资参照生态护林员的标准每人每月补助1000元，确保流域内河湖脏、乱、差问题得到有效改善；务川县采用“河长制+精准扶贫”治水新模式，在落实河长制的基础上，把解决贫困群众就业问题与聘请河道保洁员相结合，就近聘请贫困群众作为河道保洁员，既解决了贫困户就业问题，又美化了河道环境。

4.2.3　生态产业扶贫

贵州具有较好的生态资源优势，气候环境相对优良，污染较少，为满足东部地区较高端生态产品需求创造了物质基础。贵州大力推进生态产业扶贫，依托生态资源禀赋，因地制宜地打造生态绿色产品品牌，结合农业供给侧结构性改革，大力发展生态农业，积极推动旅游扶贫、茶叶种植、劳务输出等生态扶贫特色产业，推进农村生态优势转化为经济优势，实现贫困户脱贫。

1. 生态农业扶贫

贵州具有特殊的自然地理和气候条件，山地农业特征明显，农业生产具有较强的地域性和区域性，适宜发展特色山地农业和进行农业整体综合开发。根据不同地区的自然生态资源禀赋，贵州选择适宜的经济作物，打造立体化、多层次、多样化的生态经济体系。结合石漠化治理，种植经济作物，大力发展生态农业、生态畜牧业、沼气开发，实施生态综合治理。针对土地资源特点进行开发利用，提高了植被覆盖率，遏制了石漠化现象，有效推动了当地经济—生态系统的良性循环。在各方支持下，贵州以经济作物、生态林业、生态畜牧业等为核心的特色生态扶贫产业得到较快发展。

（1）生态种植业扶贫

长期以来，贵州粮食作物种植处于粗放式发展阶段。农民在坡地上种植玉米等粮食作物，造成广种薄收与水土流失。2005年以后，贵州省实施粮食增产工程、粮食超高产示范工程等重大项目，将粮食安全与退耕还林相结合，在适宜种植地区以技术手段提高产量。2009年，省农委大力推进杂交水稻、杂交玉米等高技术农作物种植；“十二五”期间，进一步推广水稻旱育稀植、地膜覆盖技术，保证了粮食产量进一步稳定。2015年，全省粮食产量达到1112.3万吨，贫困地区种植技术得到提高，粮食保障能力进一步加强。以山地为主的地形虽然对部分农业生产造成了影响，但却为特殊品种提供了天然条件。以贵州重要农产品马铃薯为例，全省88个县区中有42个为马铃薯种植优势区，因此，贵州大力推进马铃薯优育工程，通过对重点县开展培训等方式提高栽培技术，提高产品质量与产量，其中50个重点贫困县获得脱毒马铃薯种植技术，并实现规模生产。2010年，生产脱毒马铃薯1500余万个，成为长江以南脱毒马铃薯的重要生产基地。“十二五”期间，贵州投入马铃薯生产、培育资金6.29亿元，受益贫困人口达700万人。2018年，贵州提出开展“农村产业革命”，大力发展十二大农业特色优势产业（茶叶、食用菌、蔬菜、生态畜牧业、石斛、水果、竹、中药材、刺梨、生态渔业、油茶、辣椒）。以生态茶产业为例，2007年以来，贵州茶叶产量年均增长速度在30%以上，茶产业规模化水平不断提升。据统计，贵州省茶园面积从2015年的402.53千公顷提高至2019年的464.42千公顷，茶叶产量从2015年的11.80万吨提高到2019年的19.78万吨。茶叶直接出口保持持续增长。同时，创新方式引导农户在村里发展生态茶产业，采取“公司+专业合作社+基地+农户”的模式，促使生态茶产业与贫困群众结成利益共同体。目前，贵州大部分产茶区均有茶园旅游基地，茶园旅游正成为贵州重要的旅游业态和农户增收渠道。

（2）生态林业扶贫

贵州的贫困人口主要分布在山区，多数是林农，林业在脱贫攻坚中承担着特殊使命。贵州森林资源丰富，2019年，全省森林覆盖率达到60%，森林面积达1.58亿亩，为耕地面积的两倍以上，森林、林地资源丰富，适宜发展林下经济的林地面积达3722万亩。依托丰富的林业资源，贵州因地制宜地发展林下种植业、养殖业、采集业和森林旅游业等特色林业产业和林业复合经营。经过多年的培育和发展，贵州特色林业产业逐渐成为集生态、经济、社会甚至旅游效益于一身，融合一二三产业的生态富民产业，探索了一批典型的林下经济发展模式，打造了一批有地理标志的林下经济产品。根据贵州省林业局的数据，贵州省林下经济利用林地面积由2016年的1151万亩增加到2019年的2048万亩，总产值超220亿元。同时，林下经济经营主体不断壮大，2019年，贵州省参与经营林下经济的企业、专业合作社等经济主体达1.4万余个，项目覆盖贫困人口48.9万人，带动人均增收近千元。2019年，全省以竹、油茶、花椒、皂角为主的特色林业产业基地面积达944.39万亩，总产值达118.35亿元，提供稳定就业岗位23.24万个，带动280.67万人实现增收，其中贫困人口23.57万人。目前，以林下食用菌、中药材、森林蔬菜、竹笋为重点的林下种植，以林下养鸡、养蜂为重点的林下养殖，各地已经探索总结出一批成功模式，为贵州省林下经济大发展奠定了良好基础。

（3）生态畜牧业扶贫

生态畜牧业是贵州传统农业支柱产业之一。由于喀斯特山区的自然生态禀赋，贵州农户历史上就有放养牛羊的习惯，畜牧业是农村家庭的重要收入来源。但过去传统的放牧、养殖方式容易引发草地退化，造成水土流失、石漠化现象，不适宜现代农业的发展，因此对贵州传统畜牧业进行生态化改造非常必要。发展生态畜牧业不仅能够满足种草发展畜牧业、保护生态环境的需求，在石漠化治理中还能充分发挥以草带林的积极作用，是贵州喀斯特山区充分利用自然生态禀赋、实现生态治理与农民脱贫增收良性循环的理想选择。贵州地方畜禽品种资源丰富，经过长期的自然选择和人工培育，形成了从江香猪、关岭牛、黔北麻羊、三穗鸭等一批性状特异、极具开发价值的地方畜禽优良品种，为贵州畜牧业发展奠定了基础。2003 年，贵州省提出建设“生态畜牧业大省”的目标。2014 年、2015 年先后出台产业发展指导性文件，推动生态畜牧业稳定发展。2019 年，生态畜牧业被列入贵州十二大农业特色优势产业之一。

在生态扶贫的实践中，出现了“晴隆模式”等生态畜牧业典型案例。晴隆县地处滇桂黔石漠化集中连片特困区，是国家扶贫开发工作重点县。由于山高、坡陡、谷深的自然地理条件，喀斯特面积占全县面积的 53%，人均耕地仅有 0.77 亩，其中坡耕地占 65%，传统农业生产生活方式进一步加剧了水土流失。2000 年，晴隆县人均收入仅有 1156 元，人均粮食占有量仅有 335 千克，多项指标居全国 592 个贫困县倒数第一。2000 年以来，晴隆县为了改善生态环境、治理石漠化，帮助贫困人口脱贫致富，通过调整农业产业结构，大力发展生态草地畜牧业，有效遏制了石漠化的蔓延，实现了经济效益和生态效益的平衡发展，打破了石漠化地区贫困恶性循环的怪圈，成功创造了“晴隆模式”。2006 年，国务院扶贫办将贵州省生态畜牧业扶贫先进县——晴隆县作为南方地区生态扶贫典型，要求南方 8 省，每个省选择 1~2 个县推广晴隆经验。

（4）生态渔业扶贫

20 世纪 80 年代，贵州为了解决库区移民的生计问题，大量发展网箱养殖，虽然取得了较好的经济效益，但是养殖区的生态环境受到了污染，是不可持续的发展方式。2017 年，贵州建立起从省到村的五级河长制，加大河湖水环境治理保护力度。2018 年，贵州深入推进河湖长制工作，全面取缔网箱养殖 3 万余亩，省内淡水鱼供应出现了 10 万吨以上的缺口。按照

“拆得了、稳得住、有退路、过得好”的工作思路，贵州作出拆网箱不拆产业，发展生态渔业的重大战略决策。

2019年，生态渔业被列为全省重点推进的十二大农业特色优势产业之一。贵州省水投集团成立生态渔业公司，采取“人放天养”方式，构建“公司+合作社（集体经济组织）+渔民（贫困群众）”等利益联结机制，共享生态渔业发展红利。贵州全省统一打造“贵水黔鱼”品牌，并带动其他贵州生态鱼品牌走出贵州。2019年，水产品总量达24.36万吨，总产值为57.7亿元，实现恢复性增长。全省湖库大水面生态渔业面积为27.4万亩，鲟鱼健康养殖面积为57.68万平方米，带动14.83万贫困人口增收，渔民人均纯收入为12282元，同比增长8.77%。[①] 此外，贵州全省大力推广“稻+N”综合种养。2019年，贵州全省稻鱼综合种养面积为268.97万亩，产量6.4万吨，同比分别增长50.26%、40.35%，带动75.59万户农户增收，其中，涉及贫困户4.37万户、14.11万人。

2. 生态旅游扶贫

旅游业对贫困地区的生态环境影响较小，且有利于对外交流与文化发展。贵州自然风光秀丽多姿，民族风情绚丽多彩，构成丰富多样、独具特色的旅游景观。贵州景点多分布于欠发达地区，依托污染较少的生态旅游业带动落后地区经济发展，为贵州全省决战脱贫攻坚、决胜同步小康发挥了重要作用。1991年，贵州在全国率先提出旅游扶贫计划，明确指出将旅游扶贫集中于乡村旅游，通过旅游业带动经济发展。伴随精准扶贫政策的推出，贵州省在“5个100工程”中专列100个旅游景区建设，旅游扶贫进入新阶段。这一时期，贵州省总计投资231.19亿元用于1091个旅游景点建设，并将乌蒙山区等连片贫困区申报为“国家旅游扶贫试验区”。[②] 近年来，贵州大力发展山地特色旅游，2016—2019年，接待外省入黔游客人次、旅游总收入年均增长30%以上。2019年，贵州旅游总收入跃居全国第3位，旅游产业增加值占全省GDP的比重增至11.6%，旅游业持续实现“井喷式”增长。

特别是2017年以来，贵州省积极实施“发展旅游业助推脱贫攻坚三年行动”，大力推进旅游项目建设、景区带动、乡村旅游等九项旅游扶贫工

① 梁诗吉，邓萍．一图看懂贵州生态渔业发展［J］．当代贵州，2020（26）：12-13.

② 贵州省地方志编纂委员会．贵州省减贫志［M］．北京：方志出版社，2016：182-202.

程，“旅游+”多产业融合发展步伐加快，实现旅游业带动就业98.64万人，89.7万贫困人口受益增收脱贫。同时，发挥乡村旅游在精准扶贫脱贫中的作用，目前有3500多个村寨发展乡村旅游，打造了12个全国乡村旅游重点村、131个省级乡村旅游扶贫示范点。[①]旅游扶贫成为贵州产业扶贫的重要组成部分，遵义花茂村、安顺“塘约经验”等案例入选“世界旅游联盟旅游减贫案例”。遵义花茂村通过“四在农家·美丽乡村”建设，完善基础设施，为乡村旅游打造良好基础；成立乡村旅游协会、农村专业合作社等，采用“公司+农户+合作社+协会”等模式；把第一产业与第三产业融合变成旅游新业态，积极探索美丽乡村建设的模式和机制，打造乡村振兴新范本。地处乌蒙山区的毕节市黔西县新仁苗族乡化屋村，坐落于山势雄奇、水域宽广的美景之中，乌江主要支流三岔河、六冲河在此交汇，却曾因群山阻隔而陷入深度贫困。化屋村苗族人口占到了98%，当地村民善于刺绣手艺，在实施易地扶贫搬迁的同时，大力发展苗绣、种植、旅游等产业，特别是在乡村旅游的带动下，打响了“苗族歌舞之乡”的文化名片。2017年，化屋村实现脱贫摘帽，撕掉了绝对贫困的标签。

4.2.4　生态保护补偿扶贫

借助国家生态保护补偿机制，从服务区域生态大局的高度出发，加大对贫困地区发展政策与资金的支持力度，主动限制本地区经济发展，最大限度地保护本地生态资源，依靠生态补偿转移支付保障地区人口收入和生活水平。完善贫困地区森林资源保护、矿产资源开发、流域水环境保护等重点领域的生态保护补偿制度。

实践中，我国政府通过生态补偿促进贫困人口脱贫，生态补偿脱贫是新时期精准扶贫“五个一批”的重要内容。补偿形式可以是通过加大贫困地区生态保护修复力度，增加重点生态功能区的转移支付，让贫困人口就地转化为生态保护人员等。如果贫困地区具有重要的生态功能，不适宜或无法进行大规模经济发展及环境改造，以国家财政补贴的形式支付地区限制发展的机会成本和“生态贡献”，以国家转移支付的形式为当地居民提供合理的收入。生态保护区内的居民为了生态保护而损失了正常的生产收入，可以通过提供公益性岗位等方式，调动贫困人口的生产积极性，提高贫困人口的发展能力，在一定程度上补偿保护区内贫困人口的损失。

---

① 资料来源：《贵州旅游扶贫主要做法及成效》，2019-11-06，贵州省文化和旅游厅。

2016年，国家发展改革委、水利部等部门联合发布了《关于加快建立流域上下游横向生态保护补偿机制的指导意见》。长江流域多地启动“流域横向”生态保护补偿机制，例如，四川与云南、贵州签订了赤水河流域横向生态保护补偿协议，解决了一些长期存在的跨行政区域的生态环境问题，不仅流域水质得以改善，上游地区大批贫困人口也从中受益。2019年，国家发展改革委印发的《生态综合补偿试点方案》提出，在贵州、福建、江西等国家生态文明试验区及其他省份，选择50个县（市、区）开展生态综合补偿试点工作，贵州获批5个试点县名额。2020年，财政部印发《关于下达深度贫困地区2020年中央对地方重点生态功能区转移支付预算的通知》，贵州省获得51.68亿元转移支付。

贵州省不断完善转移支付制度，探索建立多元化生态保护补偿机制，逐步提升贫困地区和贫困人口的生态补偿受益水平。贵州省印发的《生态优先绿色发展森林扩面提质增效三年行动计划（2018—2020年）》提出，到2020年森林覆盖率达到60%，林业增加值年均增长10%以上，助推生态补偿脱贫78万人；推进森林生态效益补偿脱贫，到2020年将地方公益林补偿标准提高到15元，带动30万建档立卡贫困户、100万贫困人口增收。《贵州省生态扶贫实施方案（2017—2020年）》提出“实施森林生态效益补偿扶贫工程”，通过实施重点生态区位人工商品林赎买改革试点工程，促进重点生态区位集中连片生态公益林质量提高、森林生态服务功能增强和林农收入稳步增长，带动建档立卡贫困户增收。

4.2.5 生态移民和易地扶贫搬迁

生态移民是促进区域经济社会发展和生态环境优化的重要举措，也是生态资源匮乏型贫困地区摆脱生态贫困陷阱的重要途径。生态移民搬迁既要实现迁出地自然生态系统的保护和修复，也要实现迁入地生态资源开发利用的可持续性。一方面，加速推进退耕还林还草、宅基地复垦等生态建设工程，保障迁出地自然生态系统恢复机制建立运行。另一方面，合理开发利用迁入地资源，落实节能环保循环可持续机制。促进移民思想观念、生活方式深层次转变，大力发展当地生态经济、循环经济，引导移民多元化就业增收，实现其传统生产方式的转变，确保迁入地经济社会与生态环境的协同可持续发展。同时，搬迁部门与接收地区通过建设完善生活设施，为移民准备基本生活条件。在居住、饮水等方面建设合理、适用的基础设施，保障移民生活和创业条件。接收地区需要从实际出发，优化移民搬迁群众的生活环境，确保移民的生活质量高于原居住区。

易地扶贫搬迁也称为生态移民，是贵州实施的一项重大民生工程。贵州省扣准“一方水土养不起一方人”，锁定搬迁对象，将扶贫与生态紧密结合，形成系统性工程，结合退耕还林、天然林保护、易地搬迁等项目，将生存条件相对不足地区的贫困居民迁移到适居安置区，政府通过宏观调控，以提供就业、帮助培训等方式，实现移民再就业，有效解决了贫困地区生态环境脆弱、人口承载能力低、建设和维护成本高的难题，实现了生态与扶贫的良性互动。

1. 早期探索阶段（1986—2000年）

早在1986年，贵州为了解决极端贫困人口的温饱问题，在一些贫困问题突出、自然生态环境恶劣的地区，就开展了生态移民和易地扶贫搬迁的实践与探索。1996—1997年，贵州省在紫云、罗甸、长顺、普安4个县启动了易地扶贫试点工作。据不完全统计，1994—2000年，贵州全省共迁移了17817户、85237人。①

2. 列入全国易地扶贫搬迁试点阶段（2001—2010年）

2001年，国务院印发《中国农村扶贫开发纲要（2001—2010年）》，提出稳步推进自愿移民搬迁，对目前极少数居住在生存条件恶劣、自然资源贫乏地区的特困人口，要结合退耕还林还草实行搬迁扶贫。同年，国家计委发布《关于易地扶贫搬迁试点工程的实施意见》，指出易地扶贫搬迁是21世纪扶贫工作和实施“西部大开发”战略的重要举措，并确定在西部地区开展试点工程。2007年，国家发展改革委印发《易地扶贫搬迁“十一五”规划》。这一时期，易地扶贫搬迁正式成为国家层面计划推动的系统工程。由国家发展改革委安排专项资金，在全国范围内陆续组织开展了以生态移民为主的易地扶贫搬迁工程。贵州省被列入全国易地扶贫搬迁试点地区。在国务院的统一领导下，贵州省相关部门负责组织实施易地扶贫搬迁工作。据统计，2001—2010年，贵州省对38.27万生态脆弱地区的农村贫困人口实施了易地扶贫搬迁工程。②

3. 政策强化阶段（2011—2015年）

2011年，国务院印发《中国农村扶贫开发纲要（2011—2020年）》，易

① 王永平，陈勇．贵州生态移民实践：成效、问题与对策思考［J］．贵州民族研究，2012，33（5）：77-83.

② 徐锡广，申鹏．易地扶贫搬迁移民的可持续性生计研究——基于贵州省的调查分析［J］．贵州财经大学学报，2018（1）：103-110.

地扶贫搬迁作为专项扶贫被进一步突出和强调。2012 年，国家发展改革委印发《易地扶贫搬迁“十二五”规划》，明确了新时期易地扶贫搬迁的指导思想、基本原则和总体目标。易地扶贫搬迁进入与城镇化相关联的新阶段。2010 年，贵州全省有 150 万贫困人口聚集于石漠化、高寒地区，基本处于乌蒙山区、滇桂黔石漠化区、武陵山区连片贫困区。该地区水土流失、石漠化等环境问题比较突出，贫困人口居住分散，交通不便、基础设施建设落后，生活质量较差。经实地调研，扶贫机构发现就地脱贫难度较大，成本偏高，部分地区甚至需要架设水管、电网，经济、环境难以有效协调。同时，连片贫困区集中于长江、珠江上游的生态安全屏障，生态位置重要，关系着两江中下游地区人民群众的生命财产安全。为了从源头上破解贫困人口生存和发展的难题，尽快阻止生态环境恶化的趋势，降低扶贫成本，促进城乡协调发展，确保贵州与全国其他地区同步进入小康社会，2012 年，贵州省出台《贵州省扶贫生态移民工程规划（2012—2020 年）》，加大易地扶贫搬迁力度，计划用 9 年时间将连片贫困区中的 204.3 万贫困居民迁入新安置地，从根本上解决深山区、生态脆弱区的贫困问题。在国家和省级层面的政策支持下，2012—2015 年，贵州共计投入资金 130 亿元，累计实施搬迁 62 万人，共建设 668 个安置点。其中，武陵山区、乌蒙山区和滇桂黔石漠化区三大集中连片特困地区搬迁困难群众 55 万人，占全部易地扶贫搬迁人数的 90%。①

4. 精准扶贫背景下的易地扶贫搬迁（2016—2020 年）

2015 年 6 月，习近平总书记赴贵州考察调研时指出，要对“一方水土养不起一方人”地区的贫困群众开展易地扶贫搬迁。同年 11 月，习近平总书记在中央扶贫开发工作会议上向全国发出了易地扶贫搬迁动员令。同年 12 月，国家发展改革委等五部门联合印发《“十三五”时期易地扶贫搬迁工作方案》，这是新时期易地扶贫搬迁工作的行动指南。在国家政策的支持下，2015 年底，贵州启动新阶段大规模易地扶贫搬迁工作。2016 年，贵州省印发《贵州省易地扶贫搬迁工程实施规划（2016—2020 年）》，提出到 2020 年，全省将完成 39 万余户 162.5 万农村贫困人口的搬迁安置。据统计，2016—2020 年，贵州省实施易地扶贫搬迁 192 万人（含恒大集团援建毕节新增搬迁 4 万人），其中，建档立卡贫困人口 157.8 万人，累计建成 949 个集中安置点，建成安置住房 46.5 万套。② 资金投入方面，根据贵州省

① 迈出贫困山区踏进幸福生活［N］. 贵州日报，2016-01-25（002）.

② 贵州省 2020 年易地扶贫搬迁工作推进情况新闻发布会［EB/OL］.［2021-01-07］. 国务院新闻办公室网站.

财政厅的数据，2016 年以来，贵州省财政投入易地扶贫搬迁资金 1060.94 亿元，支持 188 万人完成搬迁（见表 4-3）。贵州全省 1/3 贫困人口通过搬迁实现脱贫，搬迁人口占全国易地扶贫搬迁人口总数的近 1/5，从源头上破解了“一方水土养不起一方人”的难题。

表 4-3　贵州省易地扶贫搬迁投入资金及搬迁贫困人口

时期	1994—2000 年	2001—2010 年	2012—2015 年	2016—2020 年
投入资金（亿元）	—	24.2	130	1060.94
搬迁贫困人口（万人）	8.5237	38.27	62	192
建设安置点（个）	—	—	668	949
建成安置住房（万套）	—	—	—	46.5

4.3　贵州生态扶贫的经验启示

2020 年，贵州历史性地解决了绝对贫困问题，脱贫攻坚战取得全面胜利，生态扶贫在其中作出了重要的贡献，促进了贫困人口在生态建设保护修复中脱贫增收。贵州生态扶贫不仅是精准扶贫的重要组成部分，也为接续开展的乡村生态振兴打下了坚实基础，生态扶贫取得的经验对乡村振兴具有重要启示意义。随着我国贫困治理从绝对贫困向相对贫困过渡，推动农民增收和生态环境改善成为长期性的工作，应该继续在乡村振兴中采用生态扶贫的有益模式和宝贵经验。

4.3.1　因地制宜发展生态产业，拓宽贫困人口增收渠道

贵州的贫困地区绝大多数处于生态资源丰裕地区，同时也是重要的生态功能区和生态脆弱区，面临着发展经济和维护生态环境的双重任务，生态扶贫成为这些地区减贫脱贫的重要手段。对于生态资源丰裕的贫困地区，因地制宜地开发利用当地的自然生态资源，在不破坏当地生态环境的前提下，发展生态产业能够提高当地居民的财产性收入。通过大力发展生态特色产业，能有效改善当地贫困人口的传统生计模式，提升贫困人口的可持续发展能力。作为全国唯一一个没有平原的省份，发展山地高效生态农业成为贵州生态特色产业扶贫的成功模式。贵州立足各地生态资源优势，因地制宜推进农村产业革命，以发展特色产业为引领，使贫困群众多

渠道致富，采取“公司+基地+农户”的模式，积极引导农户与部分贫困人口参与到生态产业发展中来。依托贵州自然山水风光和民族特色文化，在生态旅游扶贫中涌现了遵义市播州区花茂村、六盘水市盘州市舍烹村、六盘水市水城县海坪彝寨、黔南州惠水县好花红村等生态旅游扶贫名村，形成了生态旅游的“贵州模式”。实践证明，旅游扶贫能够在短时间内实现贫困地区的产业转型升级，提高贫困人口收入，并且对当地生态环境影响较小，对当地就业起到促进作用，帮助贫困地区提高“造血”水平，实现持久性脱贫。在生态旅游禀赋较好的地区，旅游扶贫有力带动了产业融合和优化，使当地居民分享了经济发展的成果，实现了生态与脱贫的互利共进。生态旅游扶贫强劲的造血功能和产业带动效应，为贵州贫困地区脱贫致富、迈向乡村振兴打下了坚实基础。

4.3.2 创新生态资源利用方式，探索资产性收益扶贫新模式

创新生态资源利用方式，利用光照资源、森林资源等开展生态扶贫，探索资产性收益扶贫新模式，能够助推贫困人口脱贫增收。利用光照资源实施光伏发电项目扶贫，在光照资源丰富、电网接入条件允许的贫困地区，将光伏发电与农林、养殖、旅游相结合，开展“农光互补”“林光互补”等扶贫项目。例如，毕节威宁县地处云贵高原，太阳能资源丰富，开展了贵州首个“农光互补”项目，利用当地高海拔低产旱地和荒地，采用高支架和大间距布置光伏阵列，电站发电的同时，高支架下的空间被充分利用，种植经济价值较高的农作物或者养殖牛羊，打造了“农业种养殖+光伏发电”的模式，成为当地农民增收的重要渠道。利用森林资源实施扶贫工程，实现生态维护和农民增收的双赢。依托丰裕的森林资源，大力发展林下经济，加大林地空间利用力度，发展立体复合型产业。通过林权改革实现“山定权、树定根、人定心”，增加贫困人口的资产性收益。推进森林旅游业与康养服务业融合发展，创建森林康养基地，助推贫困群众增收脱贫。创新森林资源利用方式，利用森林资源实施碳汇交易扶贫，积极探索“互联网+生态建设+精准扶贫”新模式，将深度贫困村建档立卡贫困户林地中具有一定碳汇功能的树林集中起来。依托贵州各地生态资源禀赋，引进企业开发项目，通过流转当地农户的土地，采取“公司+基地+合作社+农户”的运作模式，运用市场化手段进行产业扶贫，在创造更多就业岗位的同时，拓展农业产业链，农户可通过土地流转、入股分红、到园区务工等方式获得经济收入，实现扶贫方式由“输血”向“造血”的转变，推动贫

困地区实现区域性整体脱贫。贵州六盘水市的“资源变资产、资金变股金、农民变股东”“三变”改革经验，被写入 2017 年中央一号文件，成为全国农村改革范式。

4.3.3 实施生态保护工程项目，提高贫困人口受益程度

贵州通过实施生态保护工程项目，创新生态建设和生态补偿资金使用方式，使贫困人口通过生态补偿及公益性岗位就业等获得了政策性收入。具体来看，贵州大力实施青山工程，通过退耕还林还草和种植业结构调整，切实加强森林经营，加强造林全过程监督管理，管控林业生态红线，全面保护和恢复湿地资源等方式，大大提高了森林覆盖水平，有效改善了贫困地区的生态环境质量，减轻了自然灾害等环境风险。同时，退耕还林、以工代赈扶贫、生态公益性岗位扶贫等也推动了贫困地区劳动力就业，增加了贫困人口的政策性收入，改善了贫困人口的传统生计模式，取得了生态、社会、经济效益的共赢。“十三五”以来，贵州完成退耕还林任务 1465 万亩。贵州省退耕还林优先向贫困地区倾斜，累计参与的贫困户达 47 万户、170 多万人，按照 1200 元/亩的补助标准，户均增收 6000 元，人均增收 1666 元。通过聘用建档立卡贫困人口为生态护林员的方式，为当地贫困人口和家庭提供了就业机会。2020 年，贵州全省累计选聘了 18.28 万名生态护林员，按照每人每年收入 1 万元的标准计算，每个生态护林员能带动 3 个贫困人口实现脱贫，生态护林员政策已带动 50 余万贫困人口摆脱贫困，在保护生态环境的同时缓解了当地就业压力。

4.3.4 易地扶贫缓解生态压力，改善移民生产生活条件

实施易地扶贫搬迁工程，为改善贫困地区自然生态系统提供了有利条件，也为搬迁贫困人口提供了更好的生活和发展条件。贵州的喀斯特地区石漠化分布广泛，自然生态系统脆弱，部分县城的环境承载能力有限，难以容纳大量人口。因此，贵州因地制宜地实行跨行政区域易地扶贫搬迁，让迁出地脆弱的生态环境得以缓解，同时迁入地的经济得到发展。对于生存环境恶劣的地区，将贫困人口从生态贫困的恶性循环中解放出来，缓解人口与资源环境的矛盾，有效缓解迁出地生态环境压力，通过实施拆旧复垦复绿促进迁出地生态修复，从根源上筑牢生态底线。对于生态功能重要的地区，尤其是省级及以上自然保护区核心区、缓冲区和试验区

内自愿搬迁的贫困人口，通过生态移民减少自然保护区生态压力和生态破坏，同时对搬迁贫困人口进行生态补偿。从移民的安置方式看，95%以上实行城镇化集中安置。立足贵州山多地少、人地矛盾突出的特点，贵州将易地扶贫搬迁与县域产业结构调整、城镇建设统筹考虑，以城镇为主要安置区域，以适度资源承载能力为主要考量，引导贫困人口实现再就业，保障搬迁群众在安置地就业，确保搬迁群众后续生产生活实现可持续发展。城镇化建设和农村人口转移，降低了农村土地资源等的开发程度，缓解了生态系统承载压力。易地搬迁能帮助贫困地区减轻环境压力，有助于加快农村产业结构调整，发挥劳动力廉价优势。城镇集中安置有利于产业规模化发展，通过加强移民安置区的基础设施和公共服务建设，能够优化区域人口、产业集聚和空间布局，大幅改善贫困地区生产生活条件。

4.3.5 以大数据赋能绿色发展，有效提升生态扶贫实效

“十三五”时期，贵州省坚持以脱贫攻坚统揽经济社会发展全局，强力实施“大扶贫、大数据、大生态”三大战略行动。贵州以大数据引领绿色发展，通过大数据与大生态融合发展，探索大数据先进技术与生态环境治理的深度结合。贵州大力推进生态环保大数据建设，相继推出了“环保云”“数字环保”“移动执法”“环评三级审批”“全省环境空气质量自动监测联网平台”及“企业环境信用系统”等信息化项目。① 以生态环境大数据为支撑创新应用模式，建立环境在线自动监控系统等，实现生态环境监测全覆盖，打造智能化生态治理体系。以贵州石漠化治理为例，利用生态环境大数据，建立全省石漠化在线监控体系，对不同类型的石漠化地区进行监控、分析和识别，为石漠化治理提供了技术支撑和科学指导，石漠化治理模式不断优化、成效显著提高，实现了贵州大数据产业与石漠化治理的协同发展。利用大数据技术优势，提升农业产业化水平，加强生态农产品、地理标志产品的认证和宣传，打造贵州知名生态产品生产基地，探索了“大数据+生态农业”“大数据+生态旅游”等扶贫模式。依托大数据先发优势，建立贫困人口的大数据档案和监测指标体系，收集了建档立卡贫困户、低收入困难群体、扶贫项目等相关数据。开发了贵州省单株碳汇精准扶贫大数据平台，明确单株碳汇项目的树种、碳汇量等，并发动个人、企事业单位和社会团体通过手机 App 和微信公众号购买，在保护生态的基础上实现了贫困户增收。

---

① 杨静，梁隽．绿水青山迎面来［N］．贵州日报，2018-07-30（007）．

第5章　贵州生态贫困评价指标体系构建及测度

生态扶贫的目的是消除生态贫困。从区域经济社会与生态环境协调可持续发展的角度看，生态贫困反映了区域要素禀赋的稀缺程度，反映了区域生态资源利用、生态环境质量与经济社会、人类福利的关系。为了判断贵州省各地区的生态贫困状况，对生态贫困影响因素作出定量判断，本章选取符合贵州省情的评价指标，通过构建经济—生态系统耦合模型，对贵州区域经济社会系统和自然生态系统进行综合评价，并选择典型案例进行分析讨论，通过发挥不同区域各系统要素的优势，同时补全或避免某些要素禀赋的劣势，兼顾生态保护与经济发展的扶贫开发，为贵州区域经济社会与生态环境协调可持续发展提供参考。

5.1　研究区域及数据来源

5.1.1　研究区域

贵州省管辖9个市州，包括6个地级市和3个自治州①，共计88个县级行政区域。根据2011年国家划定的新时期贫困治理重点区域，贵州三个集中连片特困区覆盖全省70个县（市、区），加上没有包含在内的盘县②，贵州全省共有71个国家级贫困县，占全省县级行政区总数的80.68%，覆盖全省所有的少数民族自治州和自治县，面积占全省总面积的90%以上。总体上看，贵州全省除贵阳市及遵义市部分区县外，在全国范围内仍属于相对落后的欠发达地区。考虑到研究区域的整体性及数据获取的一致性，本书以贵州省9市州为研究样本。参考贵州省三次石漠化监测时间，在时间层面上，选取2005年、

---

①　全省9个市州分别是贵阳市、遵义市、六盘水市、安顺市、毕节市、铜仁市、黔西南布依族苗族自治州、黔东南苗族侗族自治州、黔南布依族苗族自治州。

②　贵州全省88个县级行政区域中，有50个县是国家扶贫开发的重点县，盘县属于国家扶贫开发工作重点县。

2011 年、2016 年 3 个年份作为研究截面。

5.1.2 数据来源

1. 经济社会数据

经济社会数据来源于《贵州省统计年鉴（2006—2017 年）》及各市州同期统计年鉴、贵州省及各市州国民经济和社会发展统计公报。主要采集并经过相关公式计算得到了 GDP 增长率、人均 GDP、第二和第三产业占 GDP 的比重、人均固定资产投资、人均财政一般预算收入、人均社会消费品零售总额、人均农林牧渔业总产值、人均粮食产量、人均实际利用外资、城镇常住居民人均可支配收入、农村常住居民人均可支配收入等衡量经济发展水平的指标数据，以及城镇化率、人口密度、人口自然增长率、每万人拥有学校数、每万人在校学生数、每千人拥有卫生机构床位数、每千人拥有卫生机构人员数、公路密度、移动电话用户数、互联网宽带接入用户数等衡量社会发展水平的指标数据。

2. 自然生态数据

自然生态数据来源于《贵州省统计年鉴（2006—2017 年）》及各市州同期统计年鉴、贵州省及各市州环境状况公报、原国家林业局中国石漠化状况公报、岩溶地区石漠化状况公报、贵州省林业局贵州省三次石漠化监测数据、贵州省水资源公报、贵州省国土资源公报、贵州省喀斯特公报、贵州省森林资源清查数据。主要采集并经过相关公式计算得到了人均耕地面积、人均水资源占有量、矿产总产值、矿业利润总额、旅游人次、旅游总收入、水土流失面积占比、石漠化发生率、森林覆盖率等衡量生态资源禀赋的指标数据，以及工业废水排放量、工业二氧化硫排放量、工业烟（粉）尘排放量、工业固体废物综合利用率、生活污水处理率、生活垃圾无害化处理率、建成区绿化覆盖率、单位地区生产总值能耗、单位地区生产总值电耗等衡量生态环境质量的指标数据。

5.2 评价指标体系及权重确定

5.2.1 具体评价指标的选取与解释

1. 关于贫困及生态贫困的度量指标

生态贫困不是简单的经济问题，涉及了经济、社会、资源、环境等要素，而区域系统耦合评价的关键是如何科学合理地将多个指标合成单一指标，以进行综合评价分析。为了正确地判断区域生态贫困情况，对不同类型的生态贫困影响因素作出定量判断，需要建立一套评价指标体系。生态贫困反映了区域要素禀赋的稀缺程度，包括经济社会发展水平稀缺和自然生态环境稀缺，反映了生态资源利用、生态环境质量与经济社会、人类福利的关系。

（1）贫困的度量指标

国际社会对贫困表现出的多维特征逐渐达成共识。发展并不局限于收入、财富的增加，而是人类需求不断丰富的过程。随着生活水平的提升，人们的基本需求逐渐从获得健康生活需要，扩展到获得教育文化需求、医疗卫生需求和提高生活品质需求等。可见，仅采用单一经济指标，无法全面表征评价单元的经济社会发展水平。贫困的度量也从以收入或支出水平度量，逐渐改进为用多维、综合指标来度量，包括收入、健康、教育和生活水平等多个方面（见表 5-1）。

表 5-1　国际上通用的贫困指数

指数	发布时间和机构	指标构成
人类发展指数（HDI）	1990 年，联合国开发计划署（UNDP）发布	HDI 由三个指标组成：预期寿命、教育水平和生活质量，按照一定的计算方法，得出综合指标，以弥补 GDP 指标不能完整表达发展质量的不足。
人类贫困指数（HPI）	1997 年，联合国开发计划署（UNDP）发布	HPI 由三个指标组成：寿命剥夺、知识剥夺和生活水平剥夺。①寿命剥夺：40 岁以前死亡的人口比例（发展中国家），60 岁以前死亡的人口比例（发达国家）。②知识剥夺：成人文盲率。③生活水平剥夺：包括不能获得医疗服务的人口比例、不能获得安全饮用水的人口比例、5 岁以下营养不良儿童的比例三个方面。
多维贫困指数（MPI）	2010 年，联合国开发计划署（UNDP）发布	MPI 由三个维度，共 10 个指标组成：①健康：营养状况、儿童死亡率；②教育：儿童入学率、受教育程度；③生活水平：饮用水、电、日常生活用燃料、室内空间面积、环境卫生和耐用消费品。

在多维贫困测量和应用方面，国内学者做了大量有益的工作。王小林等（2009）使用多维贫困测量方法，从住房、饮用水、卫生设施、用电、

资产、土地、教育和健康保险八个维度，对中国多维贫困进行了测量。① 邹薇等（2011）基于能力方法的视角，选用收入、教育和生活质量三个维度，对中国的贫困状况进行了动态多维度考察。② 刘艳华等（2015）借鉴国际上关于脆弱性—可持续生计框架模型在贫困研究中的学术思想，利用五大生计资本（人力资本、自然资本、金融资本、物质资本、社会资本）和环境/背景脆弱性共6个维度，建立了农村多维贫困测度指标体系和地理识别方法。③

（2）生态贫困的度量指标

目前，对生态贫困进行度量和评价的研究相对较少，已有研究主要是对集中连片特困地区或特定区域的测度，多是将生态维度指标纳入贫困县的多维贫困测度中。张芷蕾（2017）运用主成分分析法，从贫困、生态承载能力与生态负荷的角度构建评估指标，对武陵山片区的生态贫困综合水平进行了测度。她发现，武陵山片区各区域生态贫困的程度各不相同，并将其分为生态贫匮区和生态贫瘠区两类。④ 刘玥等（2017）基于“驱动力—状态—响应”（DSR）模型，从生态的视角提出了减贫指数测度指标体系并运用BP神经网络进行测度，再通过脱钩分析探讨了三峡库区的生态环境与社会经济之间的发展关系。研究发现，2007—2013年，三峡库区扶贫压力在减轻的同时，76%的区县社会经济发展以超速的生态破坏为代价，库尾呈现“生态—经济恶性循环”的趋势。⑤ 王艳慧等（2017）从生态贫困的视角，设计了顾及自然环境—经济—社会可持续协调发展的县级多维贫困度量指标体系，构建了基于“贫困指数—最小方差”模型（PI-MVM）的县级多维贫困度量模型，以6个集中连片特困区的249个县为典型研究区域，系统揭示片区—县级层面上的贫困程度、致贫原因及其空间分布特征。结果显示，经济因素对贫困的缓解作用逐渐下降，自然环境、社会发展因

① 王小林，Sabina Alkire. 中国多维贫困测量：估计和政策含义［J］. 中国农村经济，2009（12）：4-10+23.

② 邹薇，方迎风. 关于中国贫困的动态多维度研究［J］. 中国人口科学，2011（6）：49-59+111.

③ 刘艳华，徐勇. 中国农村多维贫困地理识别及类型划分［J］. 地理学报，2015，70（6）：993-1007.

④ 张芷蕾. 武陵山片区生态贫困测度与空间格局［J］. 知识经济，2017（24）：11-12.

⑤ 刘玥，帅传敏，程欣，等. 基于DSR模型的三峡库区贫困的时空演变分析——生态减贫视角［J］. 经济地理，2017，37（7）：156-165.

素的影响逐渐明显。[①] 齐文平等（2018）充分考虑了连片特困区脆弱生态环境与经济贫困的共生共存关系，从生态环境与经济社会协调发展的角度，以全国 14 个集中连片特困区内的 724 个县为研究区域，设计体现经济状态、社会状态和生态环境状态的县级多维贫困度量指标体系。研究结果表明，区位优势、地形条件、扶贫绩效等是影响减贫发展的显著性因素，生态环境恶化、自然禀赋恶劣所导致的生态贫困已经成为我国大部分地区贫困的区域性特征。[②]

2. 评价指标的选取与解释

本书考虑生态贫困的经济社会属性和自然生态属性，借鉴国内外学者对贫困和生态贫困的指标选择，从区域经济发展、社会发展、生态资源、生态环境四个方面，选取相应的指标构建贵州省生态贫困评价指标体系。该指标体系能够全面反映区域经济社会发展水平、生态资源禀赋、生态环境质量、地方特色等方面的内容。在指标选取中，既要考虑不同尺度指标的适宜性和代表性，又要考虑数据的可获取性和可操作性，最终选取了与贵州省生态贫困测度相关的 39 个评价指标，构建适合贵州省情的生态贫困测度评价指标体系。

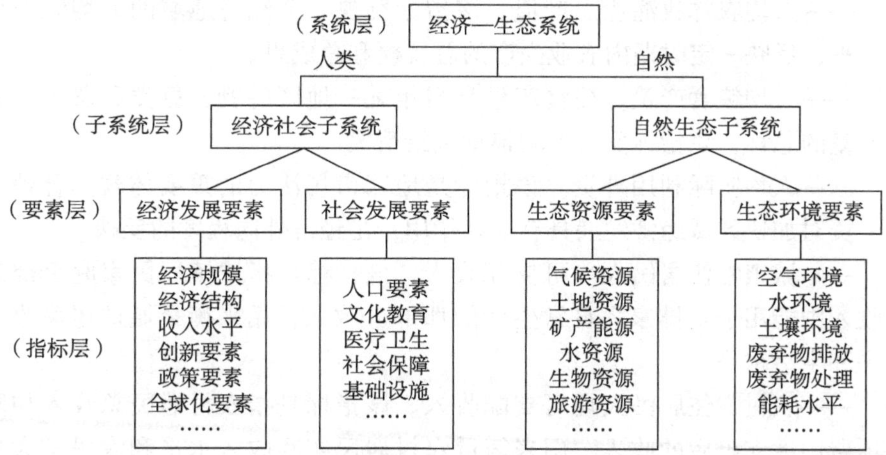

图 5-1　经济—生态系统要素禀赋耦合评价指标体系构建

---

① 王艳慧，钱乐毅，陈烨烽，等．生态贫困视角下的贫困县多维贫困综合度量［J］．应用生态学报，2017，28（8）：2677-2686.

② 齐文平，王艳慧，赵文吉，等．虑及生态环境的十四片区贫困县多维贫困度量［J］．应用生态学报，2018，29（11）：3760-3772.

（1）经济发展要素评价指标

经济发展要素方面选择了以下 11 个评价指标。

——国内生产总值（GDP）增长率。该指标反映区域追赶发达地区经济的能力。

——人均地区生产总值。该指标反映区域经济发展的水平，也是居民人均收入水平、生活水平高低的重要参考指标。

——第二和第三产业占 GDP 的比重。该指标反映区域经济结构的合理程度。非农产业占 GDP 的比重反映区域的产业竞争强度。

——人均固定资产投资。该指标反映区域固定资产投资完成情况。投资作为拉动经济增长的重要形式，对于贫困地区的发展非常重要，可以反映区域经济的发展潜力。

——人均财政一般预算收入。该指标反映一个经济地域的人均财政收入水平。财政收入是经济发展和公共财政支出能力的体现，对贫困地区保障和改善民生起到重要支撑作用，是衡量一个地方政府可支配财力的重要指标。

——人均社会消费品零售总额。该指标反映区域经济的活跃程度。

——人均农林牧渔业总产值。该指标反映一个经济地域的人均农业生产水平，反映一定时期内农业生产的总规模和总成果。

——人均粮食产量。粮食产量是当年某一地区谷物、豆类和薯类作物生产量的总称，该指标反映人均粮食供给情况。

——人均实际利用外资。该指标是地区市场活力的重要体现。合理引进外资对加快区域经济发展具有推动作用，是经济外向程度的反映。

——城镇常住居民人均可支配收入。该指标是指城镇居民家庭全部现金收入中能用于安排家庭日常生活的那部分收入，用来衡量城镇居民收入水平和生活水平。

——农村常住居民人均可支配收入。该指标是指农村居民总收入扣除各项费用性支出后的收入，用来衡量农村居民实际收入水平和农民扩大再生产及改善生活的能力。

（2）社会发展要素评价指标

社会发展要素方面选择了以下 10 个评价指标。

——城镇化率。该指标是指城镇人口占总人口的比例，是反映区域经济发展程度和社会组织程度的重要指标。

——人口密度。该指标是指单位土地面积上的人口数量，是反映区域人口分布状况的重要指标。人口密度差异的大小，同地区的版图大小和自然环境的差异程度有着密切联系。

——人口自然增长率。该指标是指一定时期内（通常为一年）人口自然增加数（出生人数减去死亡人数）与同期平均总人口数之比，用千分数表示。它是反映人口增长速度和制订人口计划的重要指标。

——每万人拥有学校数。该指标是指某一时期一个地区学校数与以万人为单位的年末常住人口数的比值。学校数是高等教育学校数、普通中学学校数、小学学校数的总和。其中，高等教育学校包括普通高等学校、成人高等学校。该指标是教育统计的基本指标之一，反映各级各类学校的总规模，反映区域教育事业的发展水平。

——每万人在校学生数。该指标是指某一时点一个区域在校学生人数与以万人为单位的年末常住人口数的比值。在校学生人数是指具有学籍并在本学年进行在校学习的学生数，是高等教育在校学生、普通中学在校学生、小学在校学生的人数总和。高等教育在校学生包括研究生、普通高等教育在校学生、成人高等教育在校学生。该指标同样反映区域教育事业的发展水平。

——每千人拥有卫生机构床位数。该指标从医疗硬件设施的角度反映区域医疗卫生服务体系的发展水平。每千人拥有卫生机构床位=卫生机构床位数/年末常住人口×1000。

——每千人拥有卫生机构人员数。该指标从医疗软件设施的角度评价区域医疗卫生服务体系的发展水平，反映区域医疗卫生资源。每千人拥有卫生机构人员数=卫生机构人员数/年末常住人口×1000。

——公路密度。该指标是指区域内公路里程与区域总面积之比，是反映公路建设规模的重要指标，能衡量区域基础设施建设发展情况，也是区域经济社会发展水平的重要标志，对改善贫困地区生产生活条件和生态环境具有重要意义。

——移动电话用户数。该指标是指通过移动电话交换机进入移动电话网、占用移动电话号码的各类电话用户数，反映区域通信服务水平和社会信息化程度。

——互联网宽带接入用户数。该指标是指地区固定宽带接入用户和移动互联网用户的数量，反映区域社会信息化程度和信息技术普及与应用能力。

（3）生态资源要素评价指标

生态资源要素方面选择了以下 9 个评价指标。

——人均耕地面积。该指标反映地区土地资源状况，是农业可持续发展的重要保障，更是贫困地区农民生产生活的基础，对贫困人口具有重要意义。

——人均水资源占有量。该指标是指在某一时期一个地区按人口平均每个人占有的水资源量。水资源不但是人类生活的必需品，也是产业发展的必备资源。人均水资源占有量是衡量区域可利用水资源程度的指标之一。

——矿产总产值。矿产资源是经济社会发展的重要物质基础；同时，不合理的开发利用会对区域生态环境造成严重破坏，是自然生态系统的负向指标。

——矿业利润总额。该指标是指矿业企业生产经营活动的最终成果，是矿业企业在一定时期内实现盈亏相抵后的受益总额，反映了区域矿产资源的开发利用情况。这里假定矿产资源开发过程造成了环境污染和破坏，是自然生态系统的负向指标。

——旅游人次。该指标是指地区国内旅游接待总人数，反映地区旅游资源的吸引力与旅游经济发展水平。由于旅游资源对贵州区域发展具有重要推动作用，本书将旅游人次纳入生态资源要素评价指标，以反映区域生态资源的富集程度。

——旅游总收入。该指标是指地区的旅游总收入，即旅游目的地销售旅游产品所获得的货币收入总额，反映区域旅游业的总体规模和发达程度。

——水土流失面积占比。该指标是指水土流失面积占区域国土总面积的比例。水土流失面积是指因自然因素和人为因素，山丘地区地表土壤及母质遭到破坏和移动，造成水土流失的面积。

——石漠化发生率。该指标是指石漠化土地面积占区域国土总面积的比例。相关研究表明，贵州贫困人口的多少与石漠化土地面积比例显著相关，该指标是贵州自然生态系统的重要度量指标。

——森林覆盖率。该指标是指地区森林总面积占国土面积的百分比，反映区域经济发展与自然生态的和谐程度。森林覆盖率越高，说明区域生态环境质量和生态环境保护重视程度越高，生态可持续发展能力越强。

（4）生态环境要素评价指标

生态环境要素方面选择了以下 9 个评价指标。

——工业废水排放量。该指标是指经过企业厂区所有排放口排到企业外部的工业废水量。区域生态环境的改善可以通过排污强度指标反映，该指标为负向指标，数值越小，表明区域工业生产对区域自然环境中水的污染程度越小。

——工业二氧化硫排放量。该指标是指报告期内企业在燃料燃烧和生产过程中排入大气的二氧化硫总量，反映大气污染的环境影响。该指标为负向指标，数值越小，表明区域工业生产对区域大气污染程度越小。

——工业烟（粉）尘排放量。该指标是指企业燃料燃烧过程中产生的烟气中夹带的颗粒物排放量，反映大气污染的环境影响。该指标为负向指标，数值越小，表明区域工业生产对区域大气污染程度越小。

——工业固体废物综合利用率。该指标是指工业固体废物综合利用量占工业固体废物产生量的百分比，反映工业固体废物的资源化水平。

——生活污水处理率。该指标是指经管网进入污水处理厂处理的城市污水量占污水排放总量的百分比，反映区域对污水处理设施建设的重视程度及改善环境质量的能力。

——生活垃圾无害化处理率。该指标是指无害化处理的垃圾量占总处理垃圾量的比率，反映区域生态环境建设水平。

——建成区绿化覆盖率。该指标是指建成区内绿化植物的垂直投影面积占比，其中包括园林绿地外的道路绿化覆盖面积和单株树木的覆盖面积，反映城市绿地数量与质量。

——单位地区生产总值能耗。该指标是指一个地区在一年内创造每一万元生产总值所耗费的综合能源量，是反映区域经济发展方式的重要指标。

——单位地区生产总值电耗。该指标是指一定时期内，一个国家或地区每生产一个单位的地区生产总值所消耗的电力，是反映区域经济发展方式的重要指标。

5.2.2　评价指标预处理及权重确定

1. 基于标准化方法对评价指标进行无量纲化处理

在系统综合评价分析中，通常采用标准化处理方法消除不同量纲和数量级对评价指标的影响，从而有利于减少随机因素的干扰。

2. 基于层次分析法和熵值法求解指标主客观权重

为了区分系统各要素和指标在评价中的重要程度，需要对评价指标进行赋权，科学合理的指标权重能使评价结果更真实地反映情况。层次分析法是将与决策有关的元素分解成系统、子系统、指标等层次，以进行定性和定量分析的方法，通过层次分析法计算指标主观权重。熵值法是一种基于数据离散程度计算指标权重的客观赋权方法，相对客观、全面，无须检验结果。通常熵值越大，系统结构越均衡，差异系数越小，指标的权重就越小，反之则指标的权重越大。

3. 优化综合权重

为了实现主客观权重的统一，通过层次分析法和熵值法共同确定经济社会系统与自然生态系统指标体系各指标的权重，先分别计算出各指标的主客观权重 w_{1i} 和 w_{2i}，再取二者的平均值作为综合权重。贵州省区域经济社会系统与自然生态系统综合评价指标体系各指标的主客观权重的计算结果详见表 5-2 和表 5-3。

$$w_i = \frac{(w_{1i} \times w_{2i})^{1/2}}{\sum_{i=1}^{n} (w_{1i} \times w_{2i})^{1/2}} \tag{5-1}$$

表 5-2 贵州省区域经济社会系统综合评价指标体系及权重

系统层	要素层	指标层	单位	属性	主观权重	客观权重	综合权重
经济社会系统综合指数	经济发展要素	GDP 增长率	%	正	0.178	0.089	0.133
		人均 GDP	元	正	0.270	0.105	0.187
		第二和第三产业占 GDP 的比重	%	正	0.089	0.021	0.055
		人均固定资产投资	元/人	正	0.071	0.114	0.092
		人均财政一般预算收入	元/人	正	0.066	0.113	0.089
		人均社会消费品零售总额	元/人	正	0.059	0.102	0.081
		人均农林牧渔业总产值	元/人	正	0.036	0.087	0.061
		人均粮食产量	吨/人	正	0.021	0.031	0.026
		人均实际利用外资	美元/人	正	0.014	0.162	0.088
		城镇常住居民人均可支配收入	元	正	0.105	0.077	0.091
		农村常住居民人均可支配收入	元	正	0.093	0.099	0.096
	社会发展要素	城镇化率	%	正	0.200	0.075	0.138
		人口密度	人/平方千米	正	0.149	0.145	0.147
		人口自然增长率	‰	负	0.111	0.042	0.076
		每万人拥有学校数	所	正	0.070	0.052	0.061
		每万人在校学生数	人	正	0.070	0.082	0.076
		每千人拥有卫生机构床位数	张	正	0.092	0.108	0.100
		每千人拥有卫生机构人员数	人	正	0.082	0.100	0.091
		公路密度	千米/平方千米	正	0.104	0.061	0.083
		移动电话用户数	万户	正	0.062	0.153	0.108
		互联网宽带接入用户数	万户	正	0.059	0.181	0.120

表 5-3 贵州省区域自然生态系统综合评价指标体系及权重

系统层	要素层	指标层	单位	属性	主观权重	客观权重	综合权重
自然生态系统综合指数	生态资源要素	人均耕地面积	公顷	正	0.112	0.132	0.122
		人均水资源占有量	立方米/人	正	0.099	0.123	0.111
		矿产总产值	万元	负	0.085	0.031	0.058
		矿业利润总额	万元	负	0.057	0.024	0.041
		旅游人次	万人次	正	0.076	0.231	0.153
		旅游总收入	亿元	正	0.093	0.280	0.187
		水土流失面积占比	%	负	0.135	0.045	0.090
		石漠化发生率	%	负	0.216	0.078	0.147
		森林覆盖率	%	正	0.127	0.056	0.091
	生态环境要素	工业废水排放量	万吨	负	0.088	0.045	0.067
		工业二氧化硫排放量	吨	负	0.073	0.093	0.083
		工业烟（粉）尘排放量	吨	负	0.053	0.090	0.072
		工业固体废物综合利用率	%	正	0.106	0.072	0.089
		生活污水处理率	%	正	0.128	0.212	0.170
		生活垃圾无害化处理率	%	正	0.126	0.143	0.135
		建成区绿化覆盖率	%	正	0.114	0.224	0.169
		单位地区生产总值能耗	吨标准煤/万元	负	0.173	0.037	0.105
		单位地区生产总值电耗	千瓦时/万元	负	0.139	0.082	0.111

5.3 生态贫困评价测度及耦合类型

经济—生态系统是一个人文与自然相结合的复杂系统，经济社会系统与自然生态系统存在复杂的交互耦合机制，表现在经济社会发展对自然生态的胁迫作用和自然生态对经济社会发展的约束作用两个方面。本书通过构建经济—生态系统耦合模型来解释在经济社会发展中生态资源与生态环境的胁迫压力。运用耦合模型研究系统之间的耦合协调性，并划分耦合发展类型，以期为贵州省不同区域经济社会发展与自然生态环境协同可持续发展提供借鉴。

5.3.1 经济—生态系统综合评价

运用线性加权方法分别计算经济发展要素、社会发展要素、生态资源要素、生态环境要素以及经济社会系统和自然生态系统评价指数值，计算公式如下。

$$f(x)=\sum_{i=1}^{n}w_i\times x_i,\ g(y)=\sum_{j=1}^{m}w_j\times y_j \tag{5-2}$$

$$F(x)=\sum_{i=1}^{n}W_i\times f(x),\ G(y)=\sum_{j=1}^{m}W_j\times g(y) \tag{5-3}$$

式（5-2）和式（5-3）中，$f(x)$ 和 $g(y)$ 分别表示经济社会系统与自然生态系统各要素层综合评价值，$F(x)$ 和 $G(y)$ 分别表示经济社会系统与自然生态系统综合评价值，x_i 和 y_j 分别表示经济社会系统与自然生态系统评价指标标准化数值，w_i 和 w_j 分别表示经济社会系统与自然生态系统评价指标综合权重，W_i 和 W_j 分别表示经济社会系统与自然生态系统各要素层权重，本书设定经济—生态系统各要素具有同等的重要性，为此采用均等权重。

根据贵州省三次石漠化监测时间，本书分别选取 2005 年、2011 年和 2016 年贵州省经济社会系统与自然生态系统水平进行测度，以此分析贵州经济社会发展水平与自然生态系统的演变过程。根据区域经济社会系统综合评价指数排名情况，把贵州省 9 个市州的经济社会发展水平分为较高、一般、较低三种类型（见表 5-4）。根据区域自然生态系统综合评价指数排名情况，把贵州省 9 个市州的生态资源禀赋分为较好、一般、较差三种类型（见表 5-5）。

表 5-4 贵州省 9 个市州经济社会系统综合评价指数及发展模式分类

年份	市州名	经济发展要素	社会发展要素	经济社会系统 $F(x)$	排名	经济社会发展水平
2016	贵阳市	0.8027	0.8803	0.8415	1	较高
2016	六盘水市	0.5430	0.4975	0.5202	3	较高
2016	遵义市	0.5244	0.5634	0.5439	2	较高
2016	安顺市	0.4358	0.4501	0.4429	7	较低
2016	毕节市	0.3666	0.5455	0.4561	6	一般
2016	铜仁市	0.3845	0.5297	0.4571	5	一般
2016	黔西南州	0.4826	0.3817	0.4322	9	较低

续表

年份	市州名	经济发展要素	社会发展要素	经济社会系统 $F(x)$	排名	经济社会发展水平
2016	黔东南州	0.4518	0.4712	0.4615	4	一般
2016	黔南州	0.4812	0.3924	0.4368	8	较低
2011	贵阳市	0.5301	0.7550	0.6426	1	较高
2011	六盘水市	0.3595	0.3890	0.3743	3	较高
2011	遵义市	0.3657	0.3928	0.3792	2	较高
2011	安顺市	0.2638	0.3417	0.3028	6	一般
2011	毕节市	0.2998	0.3764	0.3381	4	一般
2011	铜仁市	0.2862	0.3887	0.3375	5	一般
2011	黔西南州	0.2828	0.3075	0.2952	8	较低
2011	黔东南州	0.3009	0.2901	0.2955	7	较低
2011	黔南州	0.2955	0.2782	0.2869	9	较低
2005	贵阳市	0.2297	0.4901	0.3599	1	较高
2005	六盘水市	0.2242	0.2659	0.2450	2	较高
2005	遵义市	0.1450	0.2644	0.2047	3	较高
2005	安顺市	0.0784	0.2321	0.1552	4	一般
2005	毕节市	0.1535	0.1436	0.1486	5	一般
2005	铜仁市	0.0520	0.1940	0.1230	7	较低
2005	黔西南州	0.0969	0.1496	0.1233	6	一般
2005	黔东南州	0.0462	0.1488	0.0975	9	较低
2005	黔南州	0.0563	0.1714	0.1138	8	较低

表 5-5　贵州省 9 个市州自然生态系统综合评价指数及发展模式分类

年份	市州名	生态资源要素	生态环境要素	自然生态系统 $G(y)$	排名	生态资源禀赋类型
2016	贵阳市	0.5000	0.5000	0.7135	4	一般
2016	六盘水市	0.6537	0.7733	0.4825	9	较差
2016	遵义市	0.3384	0.6265	0.7166	3	较好
2016	安顺市	0.7118	0.7214	0.6250	6	一般
2016	毕节市	0.5211	0.7290	0.5972	8	较差
2016	铜仁市	0.5247	0.6698	0.6517	5	一般
2016	黔西南州	0.5548	0.7487	0.6250	7	较差

续表

年份	市州名	生态资源要素	生态环境要素	自然生态系统 G（y）	排名	生态资源禀赋类型
2016	黔东南州	0.5253	0.7246	0.7728	1	较好
2016	黔南州	0.7879	0.7577	0.7427	2	较好
2011	贵阳市	0.7274	0.7581	0.5260	4	一般
2011	六盘水市	0.3933	0.6588	0.3811	9	较差
2011	遵义市	0.1342	0.6280	0.5231	5	一般
2011	安顺市	0.4320	0.6142	0.4738	6	一般
2011	毕节市	0.2623	0.6853	0.3872	8	较差
2011	铜仁市	0.2142	0.5601	0.5451	2	较好
2011	黔西南州	0.3753	0.7149	0.4485	7	较差
2011	黔东南州	0.2962	0.6008	0.6162	1	较好
2011	黔南州	0.5382	0.6943	0.5360	3	较好
2005	贵阳市	0.4580	0.6139	0.3334	7	较差
2005	六盘水市	0.2602	0.4067	0.3293	8	较差
2005	遵义市	0.1448	0.5137	0.4086	2	较好
2005	安顺市	0.3281	0.4891	0.3568	5	一般
2005	毕节市	0.2119	0.5017	0.3286	9	较差
2005	铜仁市	0.1893	0.4678	0.3677	4	一般
2005	黔西南州	0.2857	0.4498	0.3879	3	较好
2005	黔东南州	0.2683	0.5075	0.4449	1	较好
2005	黔南州	0.4318	0.4581	0.3340	6	一般

5.3.2 经济—生态系统耦合类型

“耦合”是近年来应用频率较高的学术术语，耦合理论的思想和方法已被广泛应用在经济社会研究领域。在物理学中，耦合是指两个（或两个以上的）系统或运动形式通过相互作用而彼此影响以至联合起来的现象。系统是具有特定功能的、相互之间具有有机联系的若干要素所构成的有机整体。系统耦合可以理解为系统间相互影响、相互作用的关系，强调复合系统深层次的要素之间的关系及过程。当系统（或系统内部要素）之间配合得当、相互促进时为良性耦合，反之为不良耦合。系统耦合理论主要研究耦合系统关系的协调、反馈和发展的机理、机制。

耦合度与耦合协调度是系统耦合分析中的重要概念。从系统分析的角度看，耦合度是指系统或系统要素之间相互作用影响的程度。协调是指两种（或两种以上的）系统或系统要素之间良性的相互关联，是系统或系统要素之间持续良性发展的保证。耦合协调度是指系统或系统要素之间在发展过程中彼此和谐一致的程度，体现了系统由无序向有序发展的趋势。一般来说，耦合度反映系统间相互作用程度的强弱，不分利弊；耦合协调度则表示相互作用中良性耦合程度的大小，反映了协调状况的好坏程度。①

经济社会系统与自然生态系统之间存在复杂的交互耦合机制，具体表现在经济社会系统对自然生态系统的胁迫作用和自然生态系统对经济社会系统的约束作用两个方面。其中，经济社会系统对生态环境的胁迫主要来自经济社会发展过程中的经济增长、城镇化发展、人口素质、基础设施等方面，自然生态系统对经济社会发展的约束主要来自生态资源禀赋和生态环境质量变化。本书通过构建经济—生态系统耦合模型，研究经济社会系统与自然生态系统的耦合协调性，分析其变化趋势及耦合发展类型。

1. 耦合度模型

耦合度可以刻画系统间相互作用、相互影响的程度。由于系统之间的耦合关系存在相似性，“耦合”现在被广泛地应用到研究经济发展与生态环境交互胁迫的关系中。自然生态系统是经济社会发展的基础，在一定程度上影响着贫困的发生，而经济社会发展对生态资源的利用方式有着影响作用。

经济社会系统与自然生态系统之间相互影响、相互胁迫的程度正好反映了经济性贫困与生态性贫困之间协调发展的程度，耦合度模型如下。

$$C = \left[(F(x) \times G(y)) / \left(\frac{F(x) + G(y)}{2} \right)^2 \right]^{1/k} \tag{5-4}$$

式（5-4）中，C 为经济社会系统与自然生态系统的耦合度，且 $0 \leqslant C \leqslant 1$。当 $C=1$ 时，耦合度最大，系统之间或系统内部要素之间达到良性耦合，系统将趋向于新的有序结构；当 $C=0$ 时，耦合度最小，系统之间或系统内部要素之间处于无关状态，系统将向无序发展。② x 为描述经济性贫困的评价指标，$F(x)$ 为经济社会系统综合评价值；y 为描述生态性贫困的评价指标，$G(y)$ 为自然生态系统综合评价值；k 为调节系数，且 $k \geqslant 2$，为

① 高楠，马耀峰，李天顺，等．基于耦合模型的旅游产业与城市化协调发展研究——以西安市为例［J］．旅游学刊，2013，28（1）：62-68.

② 刘耀彬，李仁东，宋学锋．中国城市化与生态环境耦合度分析［J］．自然资源学报，2005（1）：105-112.

了使耦合度计算结果具有较高的区分度和层次性，常取 $k=2$，以保证计算结果分析的准确性。

2. 耦合协调度模型

为了更好地判断经济—生态系统之间的协调发展程度，本书构建了经济—生态系统耦合协调度模型。其计算公式如下。

$$\begin{aligned} T &= \alpha \times F(x) + \beta \times G(y) \\ D &= \sqrt{C \times T} \end{aligned} \tag{5-5}$$

式（5-5）中，D 为协调度；T 为经济社会系统与自然生态系统综合发展指数；α、β 为待定权重，分别为经济社会系统和自然生态系统的贡献权重。考虑到经济社会发展与生态环境保护同等重要，即解决生态环境问题与改善经济贫困程度同等重要，本书将 α、β 的值均设为 0.5。

3. 耦合类型划分

借鉴相关研究关于耦合协调类型的划分（孙才志等，2013[①]；蔡进，2018[②]），本书将经济—生态系统的耦合类型分为协调发展、转型发展、不协调发展三大类和 5 个亚类，再根据耦合协调度 D 及经济社会系统 $F(x)$ 和自然生态系统 $G(y)$ 指数大小对比关系，继续划分 10 个系统状态类型。此外，当 $F(x)=G(y)$ 时，经济社会系统与自然生态系统属于同一协调等级下的经济—生态系统均衡发展类型（见表 5-6）。

表 5-6 经济—生态系统耦合类型划分

综合类别	耦合协调度	亚类别	系统指数值对比	子类别
协调发展	$0.8<D\leq1$	高级协调（Ⅴ）	$G(y)/F(x)>1$	Ⅴ-经济社会系统滞后
			$G(y)/F(x)<1$	Ⅴ-自然生态系统滞后
转型发展	$0.6<D\leq0.8$	中度协调（Ⅳ）	$G(y)/F(x)>1$	Ⅳ-经济社会系统滞后
			$G(y)/F(x)<1$	Ⅳ-自然生态系统滞后
	$0.4<D\leq0.6$	濒临失调（Ⅲ）	$G(y)/F(x)>1$	Ⅲ-经济社会系统滞后
			$G(y)/F(x)<1$	Ⅲ-自然生态系统滞后
不协调发展	$0.2<D\leq0.4$	中度失调（Ⅱ）	$G(y)/F(x)>1$	Ⅱ-经济社会系统滞后
			$G(y)/F(x)<1$	Ⅱ-自然生态系统滞后
	$0<D\leq0.2$	严重失调（Ⅰ）	$G(y)/F(x)>1$	Ⅰ-经济社会系统滞后
			$G(y)/F(x)<1$	Ⅰ-自然生态系统滞后

① 孙才志，陈琳，赵良仕，等．中国农村水贫困和经济贫困的时空耦合关系研究［J］．资源科学，2013，35（10）：1991-2002.

② 蔡进．耕地资源贫困与农村多维贫困测度及耦合关系研究［D］．重庆：西南大学，2018.

耦合协调度 $D\in[0,1]$，其中，当 $D=1$ 时，经济—生态系统内部各要素之间达到良性耦合，经济—生态系统将趋向于新的有序结构；当 $D=0$ 时，经济—生态系统之间或系统内部要素之间处于无关状态，经济—生态系统将向无序发展；当 $0<D\leqslant0.4$ 时，经济社会系统与自然生态系统处于不协调发展阶段，经济社会发展滞后与生态资源匮乏或生态环境质量较差并存；当 $0.4<D\leqslant0.8$ 时，经济社会系统与自然生态系统处于转型发展阶段，经济发展得到改善，逐渐进入加速发展时期，此时，由于生态资源利用效率有限、生态环境保护压力等因素，不能持续推动区域经济社会进一步发展和改善；当 $0.8<D\leqslant1$ 时，经济社会系统与自然生态系统处于协调发展阶段，区域经济发展水平在量、质两个方面得到很大发展，区域经济社会系统与自然生态系统相得益彰、互相促进。

可以根据式（5-4）和式（5-5）分别计算出贵州省经济社会系统与自然生态系统的耦合度和耦合协调度，再依据表 5-6 将贵州省经济社会系统与自然生态系统的耦合协调度划分为不同等级并归纳耦合类型（见表 5-7）。

可以看出，经济社会系统与自然生态系统之间相互胁迫、相互促进，两者逐渐从低层次向更高层次的协调类型演进。经济—生态系统耦合协调度上升趋势显著，但是濒临失调和中度协调占主导地位，仍具有较大的上升空间。整体上看，贵州省仍属于经济社会系统滞后的类型，说明经济社会发展滞后仍然是区域发展的主要制约因素，但是，贵阳市、六盘水市的主要制约因素是自然生态系统滞后，需要进一步提高生态环境质量。

表 5-7　贵州省 9 个市州经济社会系统与自然生态系统耦合结果

年份	市州名	耦合度	综合发展指数	耦合协调度	耦合协调类型	主要制约因素
2016	贵阳市	0.9865	0.7775	0.8758	高级协调	自然生态系统滞后
2016	六盘水市	0.9972	0.5014	0.7071	中度协调	自然生态系统滞后
2016	遵义市	0.9628	0.6302	0.7790	中度协调	经济社会系统滞后
2016	安顺市	0.9427	0.5340	0.7095	中度协调	经济社会系统滞后
2016	毕节市	0.9644	0.5267	0.7127	中度协调	经济社会系统滞后
2016	铜仁市	0.9393	0.5544	0.7216	中度协调	经济社会系统滞后
2016	黔西南州	0.9346	0.5286	0.7028	中度协调	经济社会系统滞后
2016	黔东南州	0.8768	0.6172	0.7356	中度协调	经济社会系统滞后
2016	黔南州	0.8700	0.5898	0.7163	中度协调	经济社会系统滞后

续表

年份	市州名	耦合度	综合发展指数	耦合协调度	耦合协调类型	主要制约因素
2011	贵阳市	0.9802	0.5843	0.7568	中度协调	自然生态系统滞后
2011	六盘水市	0.9998	0.3777	0.6145	中度协调	经济社会系统滞后
2011	遵义市	0.9498	0.4512	0.6546	中度协调	经济社会系统滞后
2011	安顺市	0.9054	0.3883	0.5929	濒临失调	经济社会系统滞后
2011	毕节市	0.9909	0.3626	0.5994	濒临失调	经济社会系统滞后
2011	铜仁市	0.8924	0.4413	0.6275	中度协调	经济社会系统滞后
2011	黔西南州	0.9168	0.3718	0.5838	濒临失调	经济社会系统滞后
2011	黔东南州	0.7678	0.4559	0.5916	濒临失调	经济社会系统滞后
2011	黔南州	0.8251	0.4114	0.5826	濒临失调	经济社会系统滞后
2005	贵阳市	0.9971	0.3467	0.5879	濒临失调	自然生态系统滞后
2005	六盘水市	0.9574	0.2872	0.5243	濒临失调	经济社会系统滞后
2005	遵义市	0.7912	0.3066	0.4925	濒临失调	经济社会系统滞后
2005	安顺市	0.7141	0.2560	0.4276	濒临失调	经济社会系统滞后
2005	毕节市	0.7356	0.2386	0.4189	濒临失调	经济社会系统滞后
2005	铜仁市	0.5645	0.2454	0.3721	中度失调	经济社会系统滞后
2005	黔西南州	0.5358	0.2556	0.3701	中度失调	经济社会系统滞后
2005	黔东南州	0.3479	0.2712	0.3072	中度失调	经济社会系统滞后
2005	黔南州	0.5751	0.2239	0.3589	中度失调	经济社会系统滞后

5.4 典型案例分析

从区域经济社会与生态环境协调可持续发展的角度，对贵州不同区域的生态贫困进行类型划分和系统分析，找出新形势下贵州生态扶贫存在的问题与困境。整体上看，贵州省仍属于经济社会系统滞后的类型，表明经济社会发展滞后仍是贵州区域发展的主要制约因素。根据前文的综合评价结果和耦合类型，结合本书第 2 章对生态贫困的概念界定及类型划分，从省内综合比较来看，选取毕节市和黔东南州作为生态贫困典型案例进行分类讨论，进而提出新时期生态扶贫的优化路径，为贵州生态减贫和绿色发展提供政策建议。

5.4.1　生态资源匮乏型贫困：以毕节市为例

毕节市位于贵州西北部，地处高原屋脊，全市总面积为 26853 平方千米，高原山地占 93.3%，大部分辖区处于乌蒙山连片贫困区，土地贫瘠，贫困人口分布广。境内虽然拥有较为丰富的矿产、生物、旅游等资源，但由于历史、地理等原因，长期以来信息闭塞、交通等基础设施落后，经济社会发展滞后，生产力水平较低，资源开发利用效率低。1987 年，毕节人均收入约 322 元，仅为贵阳的 21%。农民人均收入为 226 元，是全省的 52.9%、全国的 38%；贫困人口共 345 万人，占毕节人口总数的 60%。[①] 加上长期掠夺性开采的影响，森林覆盖率降至 14.9%，石漠化发生率居高不下，形成了“经济落后—粗放型开发—生态破坏—发展潜力降低”的生态贫困恶性循环。毕节问题的典型性在于，贫困问题与生态问题交织，成为中国西部地区生态贫困的缩影。

从省内比较来看，毕节属于生态资源匮乏型贫困，表现为经济社会系统与自然生态系统双重滞后。第一，2016 年，毕节市经济社会系统综合评价指数排名全省第 6 位，经济社会发展在省内属于中等水平。人均 GDP 为 24544 元，居全省末位；农村常住居民人均可支配收入为 7668 元，低于 8770 元的全省平均水平。毕节统筹人口与经济社会发展，以控制人口、提高人口素质为着力点，塑造人口新形势，人口自然增长率降至 6.2‰，城镇化率从 2005 年的 16.14%提高到 2016 年的 45%。2016 年，毕节市农村贫困人口为 92.43 万人，贫困人口数量全省最多，占全省的 23%。近年来虽然加大了对扶贫开发的各项投入，贫困治理取得明显成效，但是与其他市州相比，贫困人口基数最大，医疗卫生、文化教育、基础设施和公共服务设施水平还有待提高。第二，2016 年，毕节市自然生态系统综合评价指数排名全省第 8 位，生态资源禀赋在全省属于较差的类型。主要原因在于毕节市石漠化发生率和水土流失面积占比在全省均处于较高水平。因此，毕节以提高森林覆盖率为核心，大力治理石漠化、水土流失，实行环境综合治理，森林覆盖率从 2005 年的 33.92%提高到 2016 年的 50.28%，生态治理取得较好成绩，但纵向比较仍低于全省平均水平（56%）。第三，2005—2016 年，毕节市经济社会系统与自然生态系统的耦合协调度上升趋势显著，从 2005 年的濒临失调（0.4189）上升到 2016 年的中度协调（0.7127），但仍

① 吴大华，谢忠文，罗剑．跨越不走寻常路［M］．贵阳：贵州人民出版社，2017：153.

有较大的上升空间，经济—生态系统协调发展的主要制约因素仍然是经济社会系统滞后。

总的来看，毕节试验区设立以来，以可持续发展为导向，通过扶贫开发、生态恢复、人口控制等措施有效推动资源优化配置，极大地改善了路、水、土等基础设施条件，经济社会取得了长足发展，人民生活水平明显提高，逐渐改变了贫穷的面貌，初步实现了由普遍贫困到基本小康的转化。当前，毕节市需要以推进经济持续健康发展为重点和抓手，以经济持续发展助推生态文明建设。要不断完善交通等基础设施建设，调整传统农业产业结构，推动传统产业转型升级、提质增效，加快旅游等第三产业发展，坚持生态建设同步推进，实现经济高质量发展，助力脱贫致富。

5.4.2 生态资源丰裕型贫困：以黔东南州为例

黔东南苗族侗族自治州位于贵州东南部，全州总面积为30337.1平方千米，是全国30个自治州中少数民族人口最多的地区，少数民族比例超过80%。黔东南州的发展水平在贵州省内处于中下游，经济基础薄弱，辖区内贫困县比例较高，是贫困治理的重点地区。与此同时，黔东南州保留了优美的自然风光和浓郁的地方文化，原始生态保存完好，森林资源丰富，水资源充沛，拥有原始植被保护区与自然保护区29个，优质的生态环境与经济贫困形成鲜明对比。

从省内比较来看，黔东南州属于生态资源丰裕型贫困，表现为生态资源丰裕与经济社会系统贫困滞后并存。第一，黔东南州经济社会系统综合评价指数排名从2005年的全省第9位上升到2016年的全省第4位，经济社会发展取得了显著成效，但总体上经济社会发展在全省仍属于中等水平。2016年，黔东南州贫困发生率仍有21%，人均GDP为26857.6元，农村常住居民人均可支配收入为7584元，城镇化率仅39.7%，在全省均属于落后水平，同时，财税收支增长压力大，教育、医疗等公共服务欠账多，发展不平衡不充分问题突出。第二，值得注意的是，2005年、2011年、2016年，黔东南州自然生态系统综合评价指数排名全省第1位，生态资源禀赋在全省优势明显。这主要得益于黔东南地区森林资源丰富，2016年森林覆盖率达66.68%，为全省最高；石漠化发生率仅3.62%，为全省最低；水资源充沛，人均水资源占有量为6204立方米/人，为全省最高。广阔的森林和丰裕的水源，为生态产业发展提供了物质基础，黔东南州生态特色农业增加了当地居民收入。同时，在精准扶贫背景下，黔东南州以生态旅游为主要切入点，促进农民参与旅游建设，通过提供劳务、出售商品等方式获得收入，为提高农民收入发挥了重要作用。“十二五”期间，全州累计接待游客156439万人次，旅游总收入为1307.5亿元，年均增速均超过25%；旅游业产值占经济总量的10%，17万贫困人口实现就地就业，40万人脱贫。[①] 生态旅游业有效盘活了区域经济潜力，成为黔东南脱贫致富的重要手段。第三，2005—2016年，黔东南州经济社会系统与自然生态系统的耦合协调度上升趋势显著，从2005年的中度失调（0.3072）上升到2016年的中度协调（0.7356），经济—生态系统协调发展的主要制约因素仍然是经济社会系统滞后。

总的来看，黔东南州以生态资源产业化为主要手段，实现提高人均收入和生态保护的双重收益，初步实现了经济—生态系统协调可持续发展。但由于黔东南州处于发展起步阶段，生态贫困治理效果与预期相比仍存在差距。为了确保旅游等生态资源合理开发，黔东南地区亟待完善发展战略。首先，应调整生态贫困治理主导力量，激发贫困人口内生动力，实现贫困人口自我认同，通过技能培训、提高教育水平，提高贫困群体的文化水平和适应生态旅游致富的能力，切断贫困的代际传承。其次，发挥旅游经济的乘数效应，带动区域经济全方面发展。旅游业涉及行业较多，客观要求地区设施完善和配套。需进一步加速产业融合，实现各产业联动，以旅游业带动商品销售和特色产业发展，将旅游效应充分发挥。同时，应完善旅游收益合理分配体系，目前还存在贫困人口未能及时分享经济红利的问题，相关部门需要尽快挖掘当地群众的潜力，帮助更多贫困群体获得旅游收益。

5.4.3 经济富裕型生态贫困：以六盘水市为例

六盘水市位于贵州西部乌蒙山脉深处，全市总面积为9914平方千米，占全省总面积的5.63%，境内矿藏储量丰富，是国家三线建设的重要能源、原材料工业基地，也是以能源、原材料为主要产业的重工业城市。长期以来，农业是六盘水发展的短板，农业生产条件恶劣，城乡二元结构矛盾突出。

从省内比较来看，六盘水市属于经济富裕型生态贫困，表现为经济富

① 向春敏．黔东南“三共三带”旅游扶贫模式的实践及意义［J］．山西农经，2018（23）：39-40.

裕与自然生态系统滞后并存。第一，2016 年，六盘水市经济社会系统综合评价指数排名全省第 3 位，经济社会发展在全省除了省会贵阳市和遵义市外，一直处于领先地位。2016 年，六盘水市人均 GDP 为 45325 元，仅低于省会贵阳市。特别是 2014 年以来，六盘水为了推进农村脱贫致富，以改革促产业、以产业促脱贫，探索出了一条具有普遍指导意义的“资源变资产、资金变股金、农民变股东”的农村“三变”改革新路，成为推动农村经济社会发展的新引擎。“三变”的本质是集体所有资源以股份方式参与企业投资，在保护生态的前提下帮助农民寻找脱贫致富的道路。第二，2011 年、2016 年，六盘水市自然生态系统综合评价指数排名全省第 9 位，生态资源禀赋在全省属于较差的类型。主要原因在于，煤炭资源作为重要产业支柱，在长期的资源开发中，为国家能源保障和经济建设作出了突出贡献，但由于过度的自然资源消耗，加上生产工艺落后、发展方式粗放等因素，六盘水市生态赤字居高不下，且呈逐步递增趋势，受到矿产资源开发周期和资源产业发展规律的影响，伴随着资源开发与枯竭，六盘水面临生态破坏、环境污染等问题，经济社会难以可持续发展。第三，2005—2016 年，六盘水市经济社会系统与自然生态系统的耦合协调度上升趋势显著，从 2005 年的濒临失调（0.5243）上升到 2016 年的中度协调（0.7071），经济—生态系统协调发展的主要制约因素从经济社会系统滞后演变为自然生态系统滞后，生态环境质量需要进一步提高。

总的来看，六盘水市需要继续以生态环境保护为主要抓手，加强生态环境保护的投入和宣传，树立生态环境危机意识，在经济发展过程中要避免因生态资源不合理开发利用而导致的生态返贫。六盘水市由于长期的煤炭过度开发存在严重的生态环境问题，因此，在对已经遭到破坏的生态环境进行治理和修复的同时，应坚持资源型产业转型升级，提升资源开发利用中的科技含量，提高能源资源利用率。此外，应积极培育新兴产业成为经济增长点，降低对资源产业的依赖度。要充分发挥六盘水市自然生态优势，如利用气候优势打造“凉都”旅游文化品牌，拓展避暑休闲等生态旅游产品，提升生态产业及服务业的规模和发展水平。同时，推动产业结构调整优化，为产业发展营造良好的外部环境。要坚持资源型城市发展模式转型，将自然生态系统保护和修复与产业布局、农旅一体、医养结合贯穿于发展全过程，实现六盘水市经济与生态的协调可持续发展。

第6章 乡村振兴战略下贵州生态扶贫面临的机遇和挑战

当前我国正处于乡村振兴与脱贫攻坚叠加推进、历史交汇的时期，生态环境保护在两项战略中均发挥着重要作用。脱贫攻坚任务完成后，贫困治理的重心将转向解决相对贫困，扶贫工作方式将由集中作战转向常态推进。在乡村振兴战略背景下，贵州农村地区生态环境问题依然突出，经济社会发展整体水平亟待提升，防止返贫致贫仍面临较大压力，农村发展与生态保护之间存在现实矛盾。本章将从自然生态系统和经济社会系统两个方面，探讨贵州从脱贫攻坚阶段的生态扶贫迈向乡村振兴阶段的生态宜居和生态振兴，实现新发展阶段农村地区贫困缓解与生态文明建设的协同，这既面临难得的历史机遇，也面临巨大的挑战。

6.1 自然生态系统：从生态扶贫迈向生态宜居

自然生态系统是经济社会发展的物质基础，生态宜居是乡村振兴的内在要求，关系着农村群众的根本利益。在脱贫攻坚阶段，贵州积极探索欠发达地区改善农村自然生态环境的路径，乡村面貌发生了根本变化。但由于历史、自然地理和人类活动等多方面原因，广大农村地区仍然面临自然生态资源约束、生态环境污染、人居环境存在短板、生态返贫风险等问题，与乡村生态宜居的目标仍有较大差距。

6.1.1 自然生态资源约束趋紧

1. 水资源利用效率较低

贵州河流较多，整体水量比较充沛，水资源总量居全国第6位。但是由于喀斯特地貌条件的影响，贵州山多地少、石多土少，导致对水资源的储藏能力较差，加上水利基础设施薄弱，存在工程性缺水问题。同时，水资源时空分配不均，雨多库少。据统计，近70%的降水在雨季就流失了。

2010年底，贵州水利工程年供水能力仅为92亿立方米，通过近年来的努力，2019年底，年供水能力达到123.7亿立方米，但水资源利用效率仍较低。由沙丘（2017）对我国水资源效率的研究表明，贵州水资源利用效率排名处于全国末位。[①] 经济社会发展滞后，导致贵州对提高水资源利用效率的技术引进投入不高，这又反过来阻碍了贵州欠发达地区的经济发展。随着贵州城镇化、工业化进程的逐步推进，房地产、桥梁、高铁等大型设施项目逐年增多，对工业用水的需求大幅增加，水资源对经济发展的约束作用显现。贫困地区水利欠账较多，在一些边远山区、高海拔地区，由于骨干水源工程无法覆盖，季节性缺水问题较为普遍，群众用水只能依靠房盖水、水窖水或应急供水来保障。水利设施薄弱、水资源调控能力不足、水资源开发利用效率低等制约了贵州农村地区经济社会的发展。

2. 土地资源利用效率较低

土地资源是农民赖以生存的根本。贵州是全国唯一一个没有平原支撑的内陆山区省份，加上处于岩溶山区和喀斯特地质条件，部分农村地区面临生态环境脆弱、水土流失及石漠化问题，土地资源利用难度大、开发程度低，耕地质量低于全国平均水平，与平原地区相比具有显著的地域性特征。尽管贵州通过退耕还林和坡改梯建设，耕地状况有所改善，但土地瘠薄、人多耕地少、旱地多水田少、坡耕地多平整耕地少、中低产田土多稳产高产基本农田少的主要特征没有从根本上得到改变，人地矛盾依然突出。伴随贵州城镇化快速推进，乡村人口大量外流，城镇化率呈现不断上升的趋势。2001年贵州省城镇化率仅为23.95%，2018年城镇化率增长到47.5%，几乎翻了一番。同时，贵州省可利用耕地面积从2001年的183.34万公顷下降到2017年的177.43万公顷，减少了5.91万公顷。[②] 随着城镇化水平的不断提高，农村人口逐渐向城镇聚集，人均居住用地、建设用地以及交通用地等非农业用地面积不断扩大，在一定程度上减少了可利用耕地，农业用地面积呈缓慢减少趋势。在乡村振兴战略背景下，农村土地资源利用低效化，乡村耕地撂荒、宅基地空废闲置、乡村耕地碎片化、生态质量下降等问题并存。统筹农业用地、低效建设用地和生态保护修复，促进耕地保护和土地资源优化配置至关重要。

---

① 由沙丘．我国工业绿色全要素水资源效率研究［D］．哈尔滨：哈尔滨工业大学，2017.

② 杨彩云，杨广斌，戴丽，等．贵州省耕地利用效益时空分异特征研究［J］．湖南师范大学自然科学学报，2021.

3. 能源资源利用效率较低

贵州省矿产资源富集，依托矿产资源优势极大地推动了区域经济社会发展。但由于不合理的开发利用，资源有较大的损耗及浪费。作为长江以南最大的煤炭生产基地，贵州煤炭占据着能源消费的主导地位，但是过去粗放的工业化发展给脆弱的生态环境带来了巨大压力。近年来，贵州煤炭消费量下降形成的能源缺口被水电等其他能源消费量所弥补，煤炭消费量从 2015 年的 637.6 万吨下降到 2019 年的 494 万吨，主要由电力能源替代。根据《贵州统计年鉴》（2015 年至 2019 年），原煤占能源生产总量的比重从 2015 年的 81.1%下降到 2019 年的 76.5%，而水电占能源生产总量的比重由 2015 年的 18.6%上升到 2019 年的 22.7%。总体来看，随着贵州经济规模的不断扩大和人口不断增长，各行业对能源的需求量不断增加，能源消耗和碳排放强度较高，虽然资源储量能够满足经济发展对能源的需求，但在整个能源生产和消费结构中，贵州煤炭资源的生产量和消费量仍然占据主导地位，大规模的煤炭工业化必然会给区域生态承载能力带来挑战。因此，提高能源资源利用效率、充分开发清洁能源、引进高新技术和减少传统煤炭工业化是贵州经济可持续发展的前提条件。

6.1.2　乡村生态环境污染问题

乡村振兴要建设生活环境整洁优美、生态系统稳定健康、人与自然和谐共生的美丽乡村，离不开乡村生态环境的保护与改善。良好的生态环境是贵州农村地区的最大优势和宝贵财富，但是在农村经济发展的同时农村生态环境污染问题也日益突出，解决农村生态环境污染问题是贵州实现乡村生态振兴的客观要求。贵州农村生态环境污染问题主要体现在以下几个方面。

1. 农业生产引致的环境污染

现代农业发展是引发农村生态环境污染和破坏的主要原因，主要体现在种植污染和养殖污染两方面。种植污染集中于土壤层面，表现为化肥、农药广泛使用引致的农业面源污染。化肥、农药是提高土地产量且成本最小的首要选择，为了保证粮食需求，化肥、农药施用强度不断增大，造成土壤质量降低和土壤污染，导致再生产能力下降，农药残留则进一步污染水源。养殖污染集中于粪便和加工污水的污染。畜禽粪污利用好了，能够成为有机肥、生物天然气，否则就成了农业面源污染的重要来源。贵州农村基础设施落后，畜禽粪污综合利用率较低，污水、垃圾、畜禽粪便等处理不到位，引发地下水与河流等水体污染。2011 年贵州实施农业园区发展战略以来，农业呈现园区化、集中化发展，农药、化肥、农膜等农资需求结构发生了一定变化。随着水改旱、粮改经等耕作结构的调整和 2015 年全国"化肥农药使用量零增长行动"的开展，贵州农药、化肥施用得到了一定程度的遏制，农业面源污染得到一定程度的治理，但是农药、化肥施用方法粗放的局面没有得到根本改变。从贵州省农用化肥和农药使用情况来看，农用化肥施用量由 2005 年的 77.41 万吨增长到 2015 年的 103.69 万吨（最大值），2019 年又下降到 83.18 万吨；农药使用量从 2005 年的 9764 吨增长到 2011 年的 14469 吨（最大值），2019 年又下降到 9210 吨（见图 6-1）。

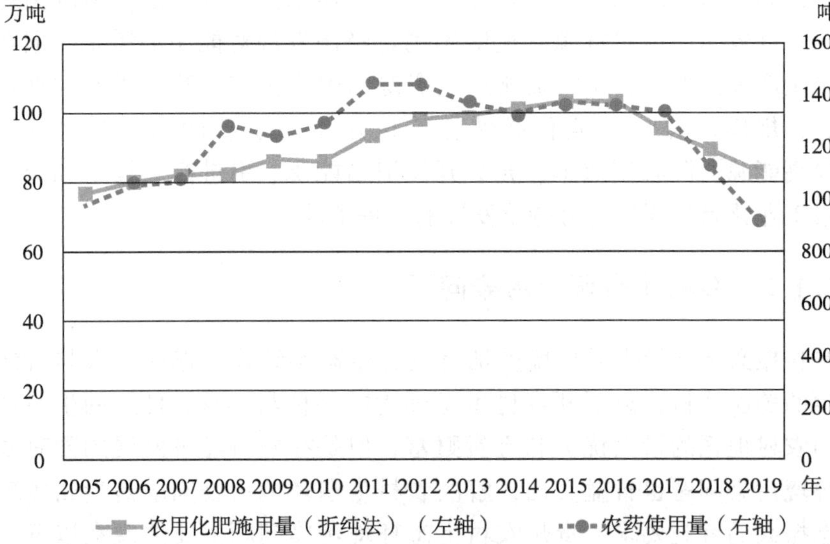

图 6-1　2005—2019 年贵州省农用化肥和农药使用情况

（资料来源：根据历年《贵州统计年鉴》整理）

2. 乡镇企业引致的环境污染

改革开放以来，伴随我国城镇化和工业化进程加速，城市企业将部分适宜在农村加工的产品或零部件有计划地扩散给社队企业经营，为城市企业污染进入农村地区提供了渠道，一些高污染行业以联营、分厂等名义进入农村地区，带来了严重的环境污染。① 在贵州城镇化、工业化战略的带动下，很多乡镇企业兴办起来，有效推动了农村地区的经济发展，对解决剩

① 闵继胜．改革开放以来农村环境治理的变迁［J］．改革，2016（3）：84-93.

余劳动力也起到了一定的作用，极大地促进了农村居民收入增长。与此同时，受乡镇企业缺乏科学规划、有效环境监管不足、农民环保意识差、政府重视程度不够等因素影响，乡镇企业带来了严重的农村生态环境污染。乡镇企业分布于各个乡镇，呈现高度分散、规模小、污染大的特点，给污染监管带来了压力。一方面，农村地区环保设施落后，企业职工和领导环保意识不够强，对企业排放的大量污染物不能够有效及时地回收处理，造成农村地区空气、水、土壤重金属污染，给农业、农村和农民带来了危害。另一方面，农村地区环境监管基础薄弱，有不少污染企业隐藏在乡村。地方政府为了发展经济，对乡镇企业带来的环境问题不够重视，招商引资过程中对污染企业控制不严，使得乡镇企业污染问题不断出现。特别是贵州的一些矿产资源富集地区，由于过去几十年矿山企业和地方政府环保意识不足，在采矿和选矿过程中环境安全隐患突出，这些历史遗留的资源环境问题加大了环境保护治理的难度。

3. 乡村旅游引致的环境污染

随着乡村振兴战略的深入实施，贵州乡村旅游发展迅速，乡村旅游业逐渐成为农民实现在家门口就业的重要机遇。发展乡村旅游拓展了村民实现脱贫致富的渠道，为当地居民带来了更多的经济利益。贵州乡村自然生态系统脆弱，由于早期乡村旅游开发重于经济效益，轻于环境保护，粗放式开发对生态资源过度使用，造成生态破坏和环境污染在短时间内难以恢复，致使一些地区的乡村旅游资源被过度消耗和严重破坏，对乡村生态产生了诸多不利影响。一方面，由于生态意识薄弱，地方政府和乡村组织注重乡村旅游的经济效益，较少关注环境保护，更缺乏相应的制度保障，致使在发展乡村旅游的热潮中过分追求短期经济效益，一些乡村旅游建设项目未经充分规划和严格审查就落地，在开发和发展阶段就建设餐饮、住宿、娱乐等设施，增加了乡村生态系统的负担。另一方面，乡村旅游配套基础设施和环保技术落后，燃煤烧柴情况仍较为普遍，缺少污水集中处理系统，废弃物无害化处理程度较低，特别是在乡村旅游开发过程中餐厨垃圾等随意倾倒，生活污水未经处理直接排放，不同程度地对乡村自然生态系统造成了负面影响。在乡村振兴战略背景下，贵州乡村的绿水青山吸引了大量游客前来，满足了其对美好自然生态的需求，同时，绿色有机的生态产品受到众多消费者的青睐，成为贵州乡村旅游发展的强大动力。因此，要实现乡村旅游的可持续发展，必须坚持绿色发展和生态优先，将各地自然生态资源禀赋和乡村旅游结合起来，推动贵州乡村旅游高质量发展。

6.1.3 农村人居环境存在短板

按照2018年中共中央办公厅、国务院办公厅印发的《农村人居环境整治三年行动方案》的要求，近年来，贵州把改善农村人居环境作为乡村振兴战略的重要抓手，大力推进农村基础设施建设和城乡基本公共服务均等化，积极开展农村垃圾治理、农村“厕所革命”、村庄清洁行动等，农村人居环境整治取得了显著成效。但是，大部分农村地区仍然面临垃圾、污水等带来的环境污染问题，农村人居环境状况不平衡，与人民群众的期盼还有较大差距。

1. 农村生活垃圾和污水治理

人居环境矛盾最突出的就是垃圾、污水带来的环境污染和“脏乱差”问题。随着经济社会发展水平和城镇化水平的提高，农村生产生活方式发生了巨大改变，农村生活垃圾的成分与城市生活垃圾的成分越来越接近，体现在农村生活垃圾较大幅度地提高了不可降解的成分比例，需要处理的垃圾量逐年增长。此外，厕所冲洗水、厨房洗涤水、洗衣排水以及部分牲畜尿液等也是农村地区生活污水的主要来源。这些农村生活垃圾和污水没有经过严格处理，不仅影响村容村貌，随之而来的环境污染问题也日益突出。贵州农村生活垃圾处理方式以随意丢弃和焚烧为主，而广大农村地区处于岩溶地区和生态脆弱区，农村生活垃圾随意丢弃会对当地的水体和土壤造成严重污染。由于贵州喀斯特地区敏感性强，受到外部影响后自我调节能力相对较差，一旦遭到破坏就需要漫长的时间进行修复和整治，而贵州山区分散的居住方式增加了农村垃圾治理的难度。为了防止生活垃圾和污水随意弃置对农村生态环境造成污染，需要更加重视生活垃圾和污水的处理。

2. 农村生态环保设施不足

贵州农村生态环保设施与城市差距较大，农村环卫基础设施欠账较多，满足不了新阶段农村发展的需要。贵州农村生态环境工程起步较晚，基础设施不完善，缺乏专门的管网收集，垃圾处理方式单一、转运设施简陋，不同程度地存在农村生活垃圾收运处置能力不足的问题，存在公共区域垃圾聚集、河道遭到生活垃圾污染的现象。加上村庄缺乏管理与维护能力，基础设施出现故障后维修困难、保养无力；村庄环保设施滞后，公用环保设备处于荒废状态；这些因素严重制约了贵州生态扶贫项目的落实与发展。此外，贵州山区的农村机械化程度偏低，基础设施建设速度缓慢；连片贫困区部分居民居住于陡坡等处，生活设施难以覆盖；少数村镇远离市区，客观造成危房改造等工程成本较大，即使政府补贴也难以满足实际需求。尽管贵州省实行了村村通公路计划，但乡村道路改造等资金存在缺口，对地方财政形成较大压力。为了加强农村人居环境建设，贵州将农村“厕所革命”作为乡村振兴战略的一项重要工程，在农村“厕所革命”三年行动（2018—2020 年）期间，共完成农村户用卫生厕所新（改）建 173 万户，完成村级公共卫生厕所新（改）建 14292 座。农村厕所的改造，有效改善了农村人居环境和农村环境污染，但在一些偏远乡村仍然存在厕所未达到卫生厕所标准、公厕后期运营管护不到位等问题。

3. 村容村貌有待提升

近年来，贵州加强乡村环境综合治理，通过编制村庄规划，开展农村环境卫生日常管护等，引导广大群众共同推进“四在农家·美丽乡村”建设，村容村貌和人居环境不断改善。2018 年，贵州完成“组组通”硬化路 5.1 万千米，98%的村组通硬化路，贫困地区新（改）建农村公路 6845 千米，基本解决了农村通行不便、道路泥泞的问题，山区农村碎片化的地理格局正在发生深刻改变。但是，贵州农村人居环境状况不平衡，乡村公共空间环境整治欠账较多，村容村貌仍然有待提升。贵州传统村落数量全国第一，加强传统村落保护的压力较大。这些传统村落大多分布在少数民族聚集区和山区丘陵地带，村民生活模式较为传统，环保意识不足，生活污水随意排放至周围环境，生活垃圾处置严重滞后，影响了传统村落的村容村貌。随着农村居民生活水平的提高和乡村旅游的蓬勃发展，过去以厨余垃圾为主的可降解生活垃圾，逐渐演变为以塑料制品、电器设备、电池等为主的不可降解垃圾，使得脆弱的生态环境难以承载。此外，农村养殖场缺少标准化的粪便污染处理设施，小型水产、牲畜养殖场粪便、污水直接排放，不仅给生态系统带来了压力，也影响了村容村貌。在乡村振兴战略背景下，加快农村人居环境整治，确保乡村环境优美整洁，是贵州解决城乡发展不平衡、农村发展不充分的前提条件，是美丽宜居乡村建设的重要体现。

6.1.4　生态返贫的风险和压力

1. 自然灾害等引发的生态返贫

防止脱贫人口返贫是脱贫攻坚工作的重要任务。近年来，我国返贫人口逐年减少，根据国务院扶贫办的数据，返贫人口已从 2016 年的 60 多万人减少到 2017 年的 20 多万人，再减少到 2018 年的几万人，2019 年只有几千人返贫，脱贫的质量越来越高。但在返贫原因中，自然灾害仍然是脱贫人口返贫的重要因素。据统计，西部部分省区70%的返贫包含自然灾害因素（李小云等，2011）。贵州贫困人口分布与自然地理环境高度相关，有相当部分贫困人口处于生态脆弱地区，由于自然灾害的突发性和不可控性，其在短期内会造成相对集中的重大经济损失，易导致脱贫农户因灾返贫。由于自然生态系统脆弱，以山地为主的地形特点造成滑坡、冰冻、旱灾、霜冻、暴雨等自然灾害较多，客观冲击了农业生产，贫困人口抵御自然灾害的能力较弱，可靠收入基本源于农业，因此造成因灾返贫率居高不下，自然灾害等引发返贫成为巩固脱贫成果的主要障碍。自然生态系统退化引发的自然灾害，也成为农户返贫、致贫的主要因素之一。贫困地区以农业为主的产业结构，抗灾能力偏弱，因灾返贫层出不穷。生态系统脆弱地区恢复较慢，造成旱灾、水灾等灾害发生的概率有所增加。生态环境恢复缓慢与长期过度开发和掠夺性开采造成自然灾害隐患丛生与灾难频发。受此影响，贫困地区经济发展相对缓慢，因灾返贫、因灾致贫人口长期居于高位。加上贵州省农业救灾体系长效机制不健全，农业保险水平较低，农村群众参保面较窄，仅依靠政府财政对农业灾害进行救助能力有限。

2. 生态环境破坏导致的返贫

经济发展过程中盲目追求经济增长，违背自然生态系统的运行规律，导致生态破坏、环境污染，生态贫困不断加剧，并为此付出巨大的代价，包括人的健康和生命，这种代价在经济承受力之外的，就是“生态返贫”。出现生态返贫现象将给生态贫困治理带来更大的难题，因为自然生态系统一旦被破坏，治理将面临更加复杂的情况。在实际的生态扶贫工作中，地方政府更加注重基础设施建设、危房改造以及贫困人口收入提高等方面，而对生态环境保护没有具体实施要求和量化考核指标。在脱贫攻坚压力下，一些地区对扶贫产业的选择没有考虑当地的生态环境承载能力，例如，通过引进规模化畜禽养殖来帮助贫困户提高收入、摆脱贫困，殊不知畜禽粪便对环境的污染已达到环境风险临界值，可能会导致生态环境破坏，甚至引发突发环境事件。利用资源环境约束上限等关键阈值对贫困地区开展的承载状态评价显示，贫困地区有超过5000万人口生活在资源环境超载或临界超载的区域，这也是资源环境超载较为严重的区域。① 地方政府采取招商引资等措施大力开发资源，虽然有力推动了区域经

① 黄金梓，李燕凌．突发环境事件与生态脆弱性地区返贫风险防控［J］．江西社会科学，2021，41（4）：245-253.

济增长，能有效帮助群众脱贫致富，但粗放的开发方式也造成了生态环境严重破坏，水污染、大气污染事件层出不穷。企业为了追求经济利益，忽视对当地生态环境的保护，大肆开采利用资源，对自然生态系统产生了极大的副作用，导致生态环境质量下降。伴随自然生态系统退化和经济收入增加，健康、饮水等问题逐渐显现，导致当地居民生活质量降低，甚至由于健康问题而返贫，出现生态返贫的逆现象。现实表明，以牺牲生态环境为代价的经济发展模式，选择忽视生态环境因素的产业进行扶贫，不仅不能带来农村收入和产量的持续增长，生存环境破坏还可能诱发返贫现象。

6.2　经济社会系统：从生态扶贫迈向生态振兴

党的十八大以来，贵州坚持以脱贫攻坚统揽经济社会发展全局，牢牢守住发展和生态两条底线，生态贫困治理取得了巨大成就。随着我国贫困治理从绝对贫困向相对贫困过渡，推动农民增收和生态环境改善成为长期性的工作。在乡村振兴战略背景下，贵州广大农村地区经济社会发展基础依然薄弱，脱贫地区整体发展水平仍有待提升，同时，良好的生态环境是贵州最宝贵的资源，应让良好的生态成为乡村振兴的重要支撑，推动贵州从生态扶贫迈向生态振兴，实现自然生态系统与经济社会系统的良性循环。

6.2.1　区域和城乡发展差距较大

1. 区域发展的不平衡

全面巩固拓展脱贫攻坚成果、高质量推进乡村振兴是当下贵州的重要任务。贵州经济正处于加快发展的关键时期，但是区域发展差距较大仍然是贵州经济发展不平衡的主要表现。从综合实力来看，虽然各地经济发展均快速推进，但地区差异较大，地区之间综合经济实力不平衡表现比较突出。2019年，地区生产总值超过3000亿元的只有贵阳（4039.6亿元）、遵义（3483.32亿元）两个地区，其经济总量占9个市州的44.84%，而总量和人均都较低的黔东南州地区生产总值只有1123.04亿元。从区域发展的空间分布来看，贵州西北地区的经济总量大于东南地区，表现为西高东低的特点。从区域贫困程度来看，2017年贵州全省建档立卡贫困人口共280万人，9个市州中，黔东南州有建档立卡贫困人口55.6万人，贫困发生率为13.6%；毕节地区有建档立卡贫困人口72.46万人，贫困发生率为8.89%；

贵阳市建档立卡贫困人口仅有 1.14 万人，贫困发生率仅 0.59%。到 2019 年，贵州全省仍有 9 个县未脱贫摘帽，分布在安顺市、毕节市、铜仁市、黔西南州、黔东南州。特别是深度贫困、生态脆弱地区和边远地区，脱贫攻坚任务仍然艰巨，区域发展不平衡更加明显。

2. 城乡发展的不平衡

从城乡发展差距来看，贵州城镇发展的质量、速度、规模以及社会公共服务质量均远高于农村。贵州城乡居民收入总体差距仍然较大，2019 年，贵州省城镇居民人均可支配收入为 34404 元，农村居民人均可支配收入为 10756 元。如果考虑城镇居民的住房补贴、文化教育、卫生医疗等社会福利和公共服务，城镇居民和农村居民之间的不平衡将更加明显。实施乡村振兴战略，补齐城乡发展差距的短板，需要大量的资金投入。在脱贫攻坚阶段，贵州农村贫困治理很大程度上依赖财政专项资金，农村在产业发展、环境整治、人才培育、基础设施建设等方面明显滞后于城市。农业产业投入大、回报期长、风险系数高，再加上农村脱贫地区在交通运输、土地流转、机械化推广等方面存在诸多困难，导致社会资本对农村的投入严重不足。在乡村振兴战略背景下，尽管 2020 年底全面消除了农村绝对贫困，但由于贵州区域和城乡发展的不平衡不充分，农村仍然存在发展基础不牢固和发展相对滞后等问题，脱贫人口在资源少、技能差、产业弱、市场远的情况下，依旧将外出打工作为脱贫增收的主要途径。同时，区域和城乡之间仍然存在发展鸿沟，城乡收入差距较大，农村劳动力流失、农业产业低层次化、农村空心化现象依然突出，存在一定数量的脱贫不稳定户、边缘易致贫户和突发严重困难户。这些脱贫人口有相当部分居住在少数民族较为集中、生态环境脆弱的发展滞后地区，存在一定的规模化返贫风险，给防止返贫致贫和巩固拓展脱贫攻坚成果带来了较大压力。

6.2.2 农村公共服务水平有待提升

1. 农村公共基础设施有待优化

基础设施是农村发展和生态振兴必不可少的基础性条件。自 2013 年贵州全省实施“四在农家·美丽乡村”基础设施建设六项行动计划以来，加快解决基础设施向乡村延伸、统筹城乡发展“最后一公里”问题，有效改善了农村基础设施条件。特别是在脱贫攻坚阶段，贵州农村基础设施建设得到明显改善，建成一批大中小型水库，加快农村电网改造，农村“小康路”全面建成等，为乡村振兴打下了坚实的基础。但是在全面推进乡村振兴战略的背景下，贵州一些深度贫困脱贫地区、少数民族地区、革命老区、边远地区的基础设施依然薄弱，一些贫困村仍处于零星分散的状态，造成公共基础设施的配套投入巨大。同时，农村公共基础设施与新阶段乡村振兴的诉求相比还存在较大差距。乡村公路质量不高，山体滑坡、道路塌方等自然灾害导致乡村道路通达性和安全性脆弱。高标准农田建设不足，山地农业机械化水平低，农村人均有效灌溉面积和农田灌溉水有效利用系数均低于全国平均水平，水资源利用效率较低，农业工程性缺水问题依然存在。可以说，农村公共基础设施薄弱、发展条件差的问题尚未得到根本解决。此外，伴随城镇化的推进，在一些地区的乡村空心化和老龄化成为趋势，因此要根据乡村发展趋势和人口资源禀赋，对全省农村公共基础设施建设进行优化。

2. 农村公共服务保障能力不足

与城市相比，农村的公共服务比较滞后，距中央提出的到2035年实现基本公共服务均等化的发展目标还有很大的差距。公共服务保障能力较弱主要体现在贵州农村地区教育、医疗、文化等公共服务供给不足、质量偏低，特别是一些深度贫困脱贫地区、少数民族地区、生态环境脆弱的发展滞后地区，农村基层的财政投入力度不足，公共服务保障问题仍很突出。一是教育供给水平较低。在脱贫攻坚阶段，伴随贵州教育经费投入加大和各项教育工程的开展，农村学校办学条件大幅提升。但由于贵州教育水平总体不高，区域和城乡之间发展不平衡，农村贫困地区教育扶贫难度较大，部分地区出现了财政专项资金不足、贫困对象的需求与帮扶内容存在偏差等问题。调查表明，贵州农村贫困家庭适龄儿童的受教育状况不佳，辍学现象仍然存在。农村小学教育存在监管不力、师资力量薄弱、生源分布不均、留守儿童较多等问题。二是农村公共卫生医疗水平较低。在脱贫攻坚阶段，贵州大力推进健康扶贫工作，通过“四重医疗保障”等改革，使农村地区医疗卫生事业取得了长足进步，但是脱贫地区医疗服务设施缺乏，贫困人口的医疗需求无法得到充分满足，看病难、看病贵和因病返贫、致贫等问题依然是制约农村发展的短板。伴随农村中青年人口向城镇转移，农村老龄化程度加深，但农村养老设施和服务水平较低，无法满足现实需求。三是乡村公共文化服务滞后。农村地区文化、体育、娱乐等生活服务性基础设施建设不足，农村基层公共文化建设呈现出滞后和不相适应的状况，当地农民生活必需的基础设施有待加强。

6.2.3 生态产业的富民效应不足

1. 生态产业基础仍不牢固

发展生态产业是乡村生态振兴的重中之重。生态保护与经济发展相辅相成，生态资源是产业发展的根本支撑，产业发展则是生态维护的经济支持。发展生态产业既能有效减少资源消耗和环境污染，又能为经济发展提供生态产品与服务。但是贵州农业基础薄弱，农业产业现代化水平较低，生产集约化、规模化水平不高，以小规模的农业经营为主，农产品初级低级产品多、高附加值产品少。特别是在深度贫困地区，传统低效的农业生产方式和经营模式普遍存在，农业科技创新与支撑能力不足。目前，贵州生态产业融合依然较弱，生态产业发展的基础仍不牢固。表现在生态产业链条仍然较短，生态农产品精加工、深加工不足，基础型、原料型产品占比较高，终端产品偏少，生态产品销售渠道单一，产品销售价格较低，对农户增收的带动作用不足。生态产业扶贫对政府补贴的依赖程度较高，从事产业化经营的农户比较分散，农户和企业间的利益联结还不紧密，难以与规模化程度高的农业企业竞争，生态效益、经济效益和社会效益未能实现有机结合。

2. 优质生态产品供给不足

乡村是优质生态产品的输出地，贵州自然生态资源丰裕，扩大优质生态产品的市场供给潜力巨大。目前，贵州乡村振兴产业聚集度较低，农业园区有待提档升级，没有注重对生态产品价值的进一步挖掘，生态资源尚未真正转化为生态产品，未能较好地实现经济社会效益。农业和农村土地流转资金的比例较低，农村生态资源变资产的渠道尚未打通，阻碍了社会资本进入乡村。贵州生态产业规模化、产业化水平较低，生态产品开发利用质量不高，优质绿色农产品占比较低。生态产品以初级产品为主，知名品牌较少，企业带动能力弱。农村土地空闲、低效、粗放利用，新产业新业态发展用地存在供给不足的问题，大量土地未能有效经营和利用，制约了农村土地经营和产业的融合发展。乡镇企业科技创新能力不强，生态农产品加工创新能力不足，技术水平落后于中东部地区。在技术含量较低的制约下，生态资源转化能力长期不足，生态产业链条不完备，以至于品牌效应等方面缺乏技术支撑，最终导致市场竞争力较弱，对农户脱贫增收的带动能力有限。

3. 生态产业存在同质化竞争

贫困地区在选择特色生态产业方面，存在“一拥而上”的现象，生态产业扶贫项目缺乏市场调研，同质化程度较高，对农户增收的效果有限。在产业发展项目与生态保护项目落实的过程中，各部门之间存在信息壁垒，造成生态项目重复性建设，生态项目布局不合理、效率较低，规模效应难以发挥。农户不仅要面对自然环境的风险和自然灾害等可能导致的减产，还要面对市场的风险。贫困人口的收入依靠企业分成，扶贫项目一旦与市场需求对接不畅，产品便容易陷入滞销，从而出现较大的市场风险。同时，乡村旅游也普遍存在同质化问题。在推进乡村旅游发展的过程中，各地依托自然和人文资源，以民俗民风、休闲度假、田园采摘、农业观光为主，但是一些地区照搬其他乡村的成功经验，项目缺乏独特性和创新性，低水平重复建设较多，容易陷入产业同质化竞争的风险，不利于乡村旅游产业高质量发展和农户可持续增收。

6.2.4 可持续脱贫增收能力较弱

1. 贫困农户自我发展和自我脱贫能力不足

农户是乡村振兴和生态环境保护的主要受益者。在脱贫攻坚阶段，帮扶政策向贫困地区和贫困人口倾斜，大量扶贫资源的无偿投入和帮扶，在一定程度上助长了部分脱贫人口的“等靠要”思想，降低了其主动脱贫增收的意愿，自身缺乏造血机能。贫困农户自我发展和自我脱贫能力不足，成为巩固拓展脱贫攻坚成果和全面推进乡村振兴面临的现实困难。特别是在一些深度贫困地区，受知识水平限制，村民环境保护意识淡薄，对环境污染的潜在危害认识不足。在脱贫攻坚和乡村振兴的实践中，部分农户热衷于获得经济利益，对改善人居环境关心偏少。农村人居环境整治存在群众参与度不高，甚至有部分村庄存在“干部在干，村民在看”的现象，农户“等靠要”思想依然有待改善。特别是在一些生态环境脆弱、居住人口较少的乡村，基础设施薄弱，生态整治效果不理想。

2. 易地扶贫搬迁群众后续可持续脱贫面临挑战

贵州易地扶贫搬迁任务完成后，将全面进入后续扶持高质量推进的新阶段。易地扶贫搬迁群众稳定脱贫面临不少挑战，主要体现在经济融入和社会融入两个方面。经济融入是社会融合的前提和基础，社会融合是经济融入的进一步发展。经济融入的关键是实现可持续的稳定就业，目前部分搬迁群众的就业能力与迁入地就业岗位需求存在不匹配的问题。由于搬迁农户过去长期以务农为生，缺失二三产业所需的“非农”技能，因而在搬迁后面临转产转业的困难。加上贵州工业化和城镇化长期滞后于全国平均水平，集中安置地区的产业园区处于发展初期，产业基础较为薄弱，一些集中安置地区存在“一产弱、二产缺、三产虚”的现象，就业带动能力较弱，搬迁群众就业岗位不足。此外，存在就业培训内容单一、针对性不强，培训时间较短、培训质量不高等问题，无法满足搬迁群众就业的技能需要，同时，也存在搬迁群众培训动力不足、积极性不高的问题。搬迁群众在城镇集中安置，其社会融入也面临不少困难。由于生态移民搬迁的来源呈现多样化特征，集中安置地区集聚了不同地域和文化背景的搬迁人口。例如，贵州省黔东南州凯里市清泉社区的搬迁安置点，安置了 166 个乡镇的 1554 个村的贫困人口，搬迁移民最远地理跨度达 243 千米。特别是在少数民族地区，安置区内不同民族的风俗习惯存在差异，社会融入需要一定过程，实现社会融合是后续可持续发展的重要维度。

3. 乡村生态振兴人才支撑不足

伴随贵州城镇化进程，中青年人口由农村转移到城市，乡村优质劳动力资源锐减。尤其是贫困地区，农村大量劳动力外流，返乡建设意愿较低，留在农村的大多是老弱病残妇，农村空心化、老龄化问题严重，面临人员年龄偏大、能力较弱、思想保守等问题，难以满足乡村振兴对人才的需求。相比于城市，农村地区经济落后、产业单一，能提供的就业机会和发展机会有限，难以吸引和留住人才。农村地区人口文化水平总体偏低、结构不合理，乡村振兴的人才激励措施不到位，乡村干部队伍中缺乏专业技术人才。生态产业发展需要的人才支撑不足，缺乏相关技术人才和优质经营人才，农户对产品市场的敏锐度低等，制约了农村生态产品的开发利用。乡村人口减少、生产生活条件落后以及生态环境破坏等因素，加剧了村庄的衰弱，进一步拉大了城乡差距。

第7章　乡村振兴战略下贵州生态扶贫长效机制构建

生态扶贫能否成功，能否实现稳定的生态脱贫，制度建设是关键。实现全面脱贫目标后，贵州的贫困县虽然全部脱贫摘帽，但还存在相对贫困问题，还可能会出现返贫复贫问题。要充分认识生态治理的长期性和贫困状态的动态性，既要解决相对贫困问题，也要防止脱贫后的返贫，保持生态扶贫工作的稳定性和持续性，因此，构建常态化和系统化的生态扶贫长效机制显得尤为重要。本章将结合贵州生态扶贫实践中积累和总结的宝贵经验与主要问题，构建乡村振兴战略下贵州生态扶贫长效机制，探寻乡村振兴与生态扶贫的互促互进之道，助力贵州农村地区生态保护与贫困缓解的协同，实现生态扶贫与乡村生态振兴的有效衔接。

7.1　有效衔接及协同推进机制

7.1.1　生态扶贫与乡村振兴有效衔接机制

随着全面建成小康社会和脱贫攻坚战胜利，当前我国正处于巩固拓展脱贫攻坚成果同乡村振兴有效衔接的过渡期，生态扶贫是其中的重要组成部分。实现从脱贫攻坚到乡村振兴的过渡，需要在全面推进乡村振兴与巩固拓展脱贫攻坚成果之间建立有效的衔接机制，也需要建立生态扶贫与乡村振兴的有效衔接机制，用好生态扶贫积累的经验，以乡村生态振兴巩固生态扶贫成效。

1. 生态扶贫与乡村振兴的规划衔接机制

生态扶贫与乡村振兴的有效衔接，需要突出规划的引领作用。生态扶贫是精准扶贫时期的重要举措，生态振兴是乡村“五大振兴”的重要组成部分。在脱贫攻坚时期，生态扶贫工作的重点是扶贫脱贫，迈向乡村振兴阶段后，生态环境保护、生态资源利用的重要性进一步凸显，用好精准扶贫时期生态扶贫积累的经验和成效，能够为乡村生态振兴、建设生态宜居乡村打下坚实的基础。在深入研究生态扶贫与乡村振兴战略纲领性文件的基础上，应强化顶层设计，遵循农村建设规律，坚持可持续发展、生态建设与环境治理并举。要有效统筹生态保护与经济发展的共同诉求，明晰两大战略间优先任务与长远任务的辩证关系，坚持系统思维，做好各级整体规划。同时，要统筹协调好各类具体规划，特别是要加强贫困地区与非贫困地区规划的统筹协调，注重生态脆弱地区和生态功能重要地区的发展规划，统筹考虑区域实际，根据区域经济社会发展水平、自然生态资源禀赋、产业基础、民族文化特色等要素，形成生态区、基本农田区、城镇开发区、脱贫后的发展预留区等不同功能区域的行动规划，实施差异化的乡村发展规划，递次推进生态扶贫与乡村振兴战略的有效衔接。

2. 生态扶贫与乡村振兴的政策衔接机制

实现生态扶贫与乡村振兴的有效衔接，相关政策的对接、延续是重点。要梳理各地生态扶贫相关政策，重点关注生态扶贫与乡村振兴重叠的政策，确保过渡时期相关工作有序开展，对有益的政策举措要建立延续机制。财政政策方面，在乡村振兴战略指导下，要提升政策的受众面和均衡性，统筹使用脱贫攻坚与乡村振兴的财政专项资金，政策和利益应惠及包括贫困户和边缘贫困户在内的全体农户，以提高全体农户的满意度和幸福度。产业政策方面，要进一步发挥市场机制的作用，明确相关政策导向，吸引社会资本进入乡村产业发展领域，保持脱贫攻坚时期产业扶贫政策的持续性。依托农村集体经济、农村合作社等政策，进一步提升农民自我发展能力，通过入股分红等方式整合乡村资源。生态政策方面，要建立乡村生态环境保护与产业发展相协调的相关政策体系。组织政策方面，要坚持党建引领，发挥基层党组织的重要作用，深化落实乡村基层党组织建设和“第一书记”常态化的政策机制，加强党组织在生态扶贫与乡村振兴战略中的组织保障和引领动员作用。

3. 扶贫部门与生态环保部门的组织协调机制

生态扶贫是一项系统工作，往往跨行业、跨产业、跨地区运作，涉及农业、林业、扶贫、环保等多个部门，不仅需要扶贫部门的努力，也需要加强与各级相关部门的通力合作。由于生态扶贫具有地方性，生态扶贫途径分别隶属于工程建设、生态补偿、产业发展等多个领域，具体落实分布于资源保护、农业、发改委、扶贫等多个部门，因此，政府各部门间会出现职能交叉、归属不清的问题，形成执行标准、考核指标等方面的矛盾。分部门式落实必然会造成生态扶贫碎片化，增加协调成本。当前，由于缺乏有效的组织协调机制，生态扶贫相关职能部门衔接不足，在参与实施上尚未形成合力，生态扶贫质量和水平有待提升，各种帮扶资源有待整合。例如，《贵州省扶贫开发条例》第十六条指出，生态建设、小流域与水土流失治理需要各部门通力合作，但由于各方诉求存在差异，本位利益占据主导地位，互相掣肘，治理效果遭到削弱。为了提高生态扶贫效益，需要在体制层面进行顶层设计，做到扶贫开发与生态保护协调一致。生态环境保护工作具有交叉性，完成生态脱贫、实现乡村生态振兴，需要凝聚多个部门的力量，加强部门沟通协作、形成有效工作合力，这是新时期生态扶贫工作的重要支撑点。各部门要将生态扶贫工作与乡村振兴战略有序衔接，切实加强领导，精心组织，统筹推进，按照职责分工加强指导，强化沟通协作，扎实推进生态扶贫各项工作，形成共商共促合力。在建立生态扶贫与乡村振兴组织协调的任务分工中，要加强对农村生态环境保护治理的统一协调指挥，以乡村绿色高质量发展为目标，建立健全各级生态环境、农业农村、扶贫开发等部门的工作协调机制。

7.1.2　贫困治理与生态治理协同推进机制

经济发展是贵州贫困地区的首要任务，同时这些贫困地区也是重要的生态功能区，增强生态承载能力、维护生态系统安全迫在眉睫。然而，生态治理是一项长期工程，对于贫困地区的群众而言，脱贫致富是首要任务，生态扶贫成效难以在短期内显现出来，贫困治理的短期性和生态治理的长期性存在矛盾。在乡村振兴战略背景下，要充分认识生态治理的长期性和贫困状态的动态性，在追求产业兴旺和生活富裕的过程中，加大对乡村生态环境的保护力度，有效解决乡村突出环境问题，坚持贫困治理与生态治理协同推进，进一步巩固拓展脱贫攻坚成果，有效衔接乡村振兴。

1. 巩固拓展脱贫攻坚成果，缩小区域发展差距

贵州整体上属于经济社会发展滞后地区，首要任务是“赶超”。鉴于贵州与发达地区的差距很大，当前必须坚定不移地持续推进贫困治理，缩小区域发展差距。要整合用好贵州建设国家大数据综合试验区、国家生态文明试验区、内陆开放型经济试验区以及深化供给侧结构性改革、乡村振兴等政策红利，研究出台促进各地经济差异化发展的政策措施。要积极争取国家支持，加快推进农村基础设施建设和公共服务建设，在建好道路、饮水工程的基础上，加快通信设施建设，加快推进农村人居环境整治，让易地搬迁扶贫地区达到户户通电视、组组通广播的要求。要结合地方产业发

展实际与特色，重点加快缺口性基础设施建设步伐，协调推进产业发展配套类基础设施建设，尽快满足产业发展的需要。以旅游扶贫为主的县区，要结合当地特色和旅游产业规划，大力推动突出地方特色的居住环境改善工程。

2. 协同推进生态治理，遏制生态返贫现象

贵州作为我国长江、珠江上游的重要生态安全屏障，最大的优势是生态优势，而最大的风险是生态风险。如果复制东部地区过去的粗放发展模式，将带来巨大的生态环境风险。全面建成小康社会后，贫困地区绿色发展的主动性和自觉性进一步增强，不仅经济指标要实现小康，生态环境指标也要实现小康，让人民群众在生态建设和生态治理中获得参与感和幸福感。全面小康不仅包括经济富裕，也包含“生态美”与“百姓富”的统一，不能为了实现经济后发赶超而忽视生态约束和生态需要。要把保护乡村生态环境、传统文化、农业生产等放在首位，因地制宜保护耕地，通过增减挂钩、工矿废弃地复垦利用、土地整治增加的耕地，要按规定用于耕地占补平衡。要加快推进国土空间生态保护修复，将重点生态功能区纳入生态保护修复实施方案，推进区域性生态系统修复。要科学有序地统筹布局生态、农业、城镇等功能空间，统筹推进农村土地综合整治项目，不断优化农村生产、生活、生态空间布局。

在乡村振兴战略背景下，要兼顾贫困治理与生态环境治理，以生态保护助力稳定脱贫，防止出现生态返贫现象。生态扶贫是一项持续性、长远性工作，要统筹考虑各地生态资源禀赋、风土人情存在差异等情况，持续关注贫困群体生产生活状况，确保贫困人口真正脱贫致富。要提高贫困治理质量，稳定贫困治理政策，把防止返贫作为重中之重。一是要防止已有的脱贫人口生态返贫；二是要防止产生新的生态贫困人口。在乡村振兴规划中，要强化生态环保的综合设计，构建生态环境保护优先的制度保障。要依据区域功能定位、资源承载能力、生态容量、产业结构和空间格局的约束，制定实施产业准入“负面清单”制度，严格产业发展条件与底线约束。重大产业发展、产业转移要充分做好环境影响评价，确保严格按照区域功能定位谋划发展，保证区域自然生态空间的整体保护，提升生态功能和服务价值。

7.1.3 城乡生态贫困治理协同推进机制

在城乡融合发展的背景下，推动贵州生态文明建设，要破解贫困地区农村各类资源要素流动不畅、城乡要素交换不平等的发展困境，提高乡村

经济活力和缩小城乡差距。在脱贫攻坚阶段，生态扶贫的工作重点在农村，随着贫困治理转向相对贫困，城市生态贫困成为治理的重要部分。生态宜居不仅包括乡村百姓的宜居，也包括城市居民的宜居，要以城乡互动和融合为导向，在乡村振兴战略背景下打造对城市居民开放、城乡互通的生态宜居环境。

1. 加强农村生态贫困治理，建设生态宜居乡村

在乡村振兴战略背景下，城乡二元结构逐渐被打破，城乡资源双向流动的情况越来越多，农村已萌生出大量的新业态，乡村产业深度融合正在不断发展中。通过振兴乡村经济缩小与城市的差距，改变城乡结构二元化现象成为应有之义。在经济相对落后的贵州，加强农村生态贫困治理、实现经济与生态和谐发展成为重要课题。在全面小康社会初期，贵州需要继续加强对农村生态环境变化情况的监测，在部分重点县区实行以经济奖励为主导的争先评优工程，力争这些县区建成国家重点生态功能区。在初步实现脱贫的区域，应继续推进农村人居环境整治工作，在垃圾清理、危房改造、规划编制、传统村落保护等方面进行进一步调整和强化。乡村规划与传统村落管理相辅相成。与扶贫时期不同，乡村振兴客观要求乡村经济与文化全面发展。住建等职能部门要全面推进村庄管理，逐级建立工作统计与计划，全面完成县域乡村建设规划。同时，在具有特色的村镇，要实施文化设施与基础设施建设、修缮工程，优先修建文化馆所。旅游部门要以此为契机，变旅游扶贫为旅游振兴，在特色村镇开设旅游景点，探索共建共治、互惠互利的旅游管理机制。乡村污染中，生活垃圾比重较大，垃圾综合治理成为乡村振兴的重要环节。要加速农村生活垃圾分类，全力打造农村生活垃圾收运处置体系。在经济相对发达的地区实施垃圾分离和资源化管理之时，将该体制推行至全省各行政村。

2. 加强城市生态贫困治理，建设生态宜居城市

随着城市化进程的不断推进、经济社会发展水平的不断提升、人民生活需求的不断增加，城市贫困问题逐渐凸显出来。城市贫困面临的更多问题是贫富差距引发的相对贫困以及生态需求得不到满足导致的生态贫困。城市化进程中对自然生态的改造，引发了环境问题和生态风险，城市中的环境污染、交通拥堵、“垃圾围城”等影响着人们的生活质量。生态宜居的城市越来越成为有限的优质资源，也导致了城市生态环境在城市人口中的不平衡分配，城市贫困人口往往更多地承担了城市的生态风险。只有遵循自然规律，以绿色生态引领城市发展和规划，重构城市发展与生态环境之

间的良性循环关系，才能满足城市居民的生态需要。首先，要优化城市空间规划，保护和增加生态绿地，建设美丽的宜居城市。在扩建、改建等规划项目中，要提高城市绿化用地占比和水域面积，增强生态调节能力。其次，要发展和壮大绿色环保产业，打造以“绿色技术”为支撑的生态城市。要推进产业升级，大力发展低碳产业，依靠科技进步，利用高新技术提高生产工艺，减少污染物的产生和排放。例如，六盘水市等资源型城市必须摆脱对矿产等资源的依赖，加大环保投入，强化生态环境治理，大力推行循环经济模式，把经济活动对生态环境的影响降到尽可能小的程度，切实降低生产活动对城市环境的负面影响。再次，要健全保护生态环境的体制机制，建立赏罚分明的奖惩措施。城市管理者要不断突破传统的城市管理思维，采取评价与考核相结合的方式，建立生态环境目标评价考核机制，如贵阳市依据空气质量进行的生态资金奖惩。最后，要引导城市居民形成绿色生活方式，加快建立健全生活垃圾分类体制机制，推进城镇生活垃圾分类处置。

7.2 生态改善及价值实现机制

7.2.1 生态基础长效改善机制

乡村全面振兴发展、农民美好生活需要，必然以良好的自然生态为基础。在乡村振兴战略背景下，要进一步提升对乡村生态环境保护的重视程度，加强乡村生态环境治理，提升乡村生态环境质量，通过健全完善生态环境保护领域法制、生态环保资金投入机制、生态环境治理保护监督管理机制，推进乡村生态环境长效改进，助力贵州美丽乡村建设。

1. 健全完善生态环境保护领域法制

乡村生态环境的保护和改善离不开制度和法律，农村生态文明建设的顺利实现有赖于法律的保障。要积极开展乡村生态环境立法，坚持系统思维，构建政府引领、社会充分参与、农民全力支持的乡村生态环境法治建设总体规划。要完善与农村相关的环境保护法律法规，根据农村生态文明建设和生态环保的实际情况，制定具体的法规和条例。在省级层面，要完善农村污染防治、资源保护利用、环境监管等方面的地方性法规；在市州层面，要针对不同区域的生态资源禀赋和乡村突出环境问题，制定更为细化的法律法规，推动在生态系统修复、垃圾综合利用、畜禽养殖污染防治、河道垃圾清理等领域开展立法。同时，要根据贵州主体功能区规划的要求，对国家和省级重点生态功能区及石漠化等生态脆弱地区实施差异化的污染管控。

2. 健全完善生态环保资金投入机制

乡村生态环境问题的主要制约因素是资金投入不足，加上贵州地方财力有限，资金筹集难度大，因而投到乡村生态环境领域的资金存在较大缺口。在乡村振兴战略背景下，加强乡村生态环境基础改善需要提高乡村环保资金的投入力度和可持续性。要积极争取国家财政资金支持，发行超长期生态建设债券等。加大生态环保资金整合力度，在预算中给予更多资金安排。开展生态系统功能价值核算、保护治理成本核算等相关研究，完善省际、省内流域之间的生态补偿机制。创新生态环境领域政府和社会资本合作模式，建立吸引社会资本投入农村生态环保的市场化机制，加强排污权交易、碳排放权交易等市场建设，推进政府购买第三方环境管理和治理服务。推动农村企业生态环保改造，提升乡村生态环保基础设施建设水平。

3. 健全完善监督管理机制

一方面，要健全完善地方政府监管机制，加强农村生态环境的监测、监管和监督，及时掌握农村生态环境状况。建立健全领导干部包抓督办机制和生态环保责任考核评价制度，把化肥农药使用、畜禽养殖、工业排污等纳入政绩考核，完善农村生态环境保护责任制。加快乡村数字化建设，加强对农村生态环境质量的监测和监控，对相关数据资源进行共建共享和关联分析，运用大数据手段及时分析异常数据，实现乡村生态环境监管向智能化发展。另一方面，要健全完善农村生态环保社会监督机制。解决群众关心的突出生态环境问题，健全环保信访投诉工作机制，完善公众环境参与制度。实施有奖举报制度，对如实举报破坏生态环境违法行为的个人、集体和社会组织给予奖励。

7.2.2　生态价值转化实现机制

在“两山”理念中，“绿水青山”和“金山银山”相互促进、相辅相成，资源转化成资产，资产又作用于资源，最终实现自然生态系统与经济社会系统的良性循环。贵州属于生态产品价值实现机制试点省份，要建立健全生态产品价值实现机制，激活农村地区大量沉睡的生态资源资产，持续释放农村地区生态资源禀赋优势，在生态产业化中实现生态资源资产化、资本化，不断满足人民对生态产品的需要，实现以生态资源财产收益为基础的长效稳定脱贫。

1. 明晰生态资源产权，激活乡村生态资源

要制定生态资源价值的科学评估标准，借鉴发达省市的做法和成功经验，对贵州省自然生态资源进行价值核算，建立有效的公共生态资源价值评估体系。建立贵州碳汇储备和评估机制，着力解决森林碳计量等相关技术问题。发挥村两委、村级集体经济组织的作用，查明自然资源归属、体量、用途等重要数据，深化农村产权制度改革，积极推动生态产品和生态资源管理体制改革。在全省范围内开展自然资源产权制度改革，探索“三权分置”体制，实现经营与收益合理化分配，依法明确权能。指导开展覆盖全域的自然生态空间调查确权登记工作，明晰生态资源产权，划分所有权、使用权界限，通过明确产权，遵循市场经济规律和市场机制原则，将生态资产变现为资本和财富，为生态产品价值实现奠定产权基础，助推市场主体与乡村生态资源的对接。

2. 健全市场化交易机制，加快乡村生态价值转化

规范的生态产品市场是乡村生态资源产业化的保障条件，可以有效提升生态资源的运营效率。要搭建生态产品市场交易平台，积极探索融合各类自然资源资产和生态产品（权益）的公共资源交易市场，充分释放生态红利。在前期探索和试点的基础上，科学确定进入市场交易的生态产品权益品种，建立起统一规范的资源环境权益市场，探索设立生态产品交易平台或中心。加强生态价值转化的跨区域、跨省域甚至国际性交流合作，在扩大开放中实现贵州生态优势的高起点、高质量和可持续转化。推动生态价值制度创新，探索开展招标拍卖、抵押贷款、资产证券化、绿色金融、生态产品认证等机制创新，完善森林、湿地、水资源等资源环境交易制度，拓展与现代市场体系融合的多元化交易机制，促进生态产品价值实现。[①] 利用“互联网+生态产品”新型产销模式，依靠电子商务完善生态产品流通体系，巩固提升生态产品促销平台，加快生态产品销售与电子商务的结合，实现生态经营供需精准匹配、货畅其流，引导农产品、林业和渔业等各种生态产业经营者与电商无缝对接。此外，要围绕生态振兴，构建生态产品认证机制，培育打造具有本土特色的生态品牌，以此增加生态产品的经济附加价值。

---

① 李忠，党丽娟．生态产品价值实现的国际经验与启示［J］．资源导刊，2019（9）：52-53.

3. 坚持乡村生态资源的可持续开发利用

生态资源具有公共物品属性，乡村产业在发展过程中易破坏生态资源并过度开发，因此乡村生态价值的可持续转化需要政府的规制和乡村产业经营者的自我约束。要坚持自然生态资源的可持续开发利用，树立“绿水青山就是金山银山”的理念，将生态保护置于首位，不以眼前经济利益牺牲长远生态利益。以生态资源的可持续开发利用为基础，通过资本化运作使其经济价值得以发挥，形成非对称性经济优势。多途径、深度开发生态产品，打造具有贵州地方特色、民族特色、历史特色的美食、建筑、工艺、村庄等特色生态产品。依托乡村振兴发展机遇促进生态产品价值实现，发掘乡村生态资源，发展特色生态农产品、生态产品深加工、乡村生态旅游和休闲观光农业等特色乡村生态产业，挖掘延伸生态产品产业链、提质增效。根据不同类型生态产品的特点进行差异化发展，积极开发农业旅游、生态教育、休闲康养等新型产品，多方提高生态产品附加值，拓展生态产品供应能力持续增强和可持续的生态产品价值实现途径。

7.2.3 健全完善生态补偿机制

在精准扶贫阶段，生态补偿脱贫在“五个一批”扶贫措施中发挥了重要作用。贵州通过实施森林生态效益补偿扶贫工程，按照国家公益林每亩15元的补偿标准，带动建档立卡贫困户绿色增收。在巩固拓展脱贫攻坚成果、助力乡村振兴中，生态补偿机制将持续发挥重要作用。要加快健全完善多元化、市场化的生态补偿机制，平衡保护者与受益者的利益，对作出生态贡献的地区进行生态补偿；提高贫困地区生态补偿标准并扩大范围，给予为生态保护作出贡献的贫困人口合理的经济补偿，提高贫困地区公共服务均等化水平，让贫困地区共享经济发展成果，实现生态资源丰裕型贫困地区“绿水青山”就是“金山银山”。借助国家生态补偿机制，从服务区域生态大局的高度出发，加强对贫困地区发展政策与资金的支持，主动限制本地区经济发展，最大限度地保护本地生态资源，依靠生态补偿转移支付保障地区人口收入和生活水平。完善贫困地区森林资源保护、矿产资源开发、流域水环境保护等重点领域的生态补偿制度。在乡村振兴战略背景下，进一步提高相对贫困地区的生态补偿标准。贵州生态补偿标准较低，国家公益林补偿标准仅为15元/亩，应加快制订出台提高地方公益林补偿标准的方案，健全补偿资金投入机制，逐步提高地方公益林补偿标准，保障生态功能重要地区和生态环境脆弱地区的农户稳定脱贫与绿色增收。健全完善城乡生态补偿制度，以立法规制确立城乡生态补偿责任、补偿标准与补偿方式，以及资金筹措方式与转移支付等，通过构建科学合理的补偿机制来平衡不同地区群众的生存和发展权益。

7.3 稳定脱贫及持续增收机制

7.3.1 农村群众稳定脱贫长效机制

脱贫是一个动态和持续的过程，特别是生态贫困类型的脱贫人口，很可能会因生态环境的脆弱性或自然灾害等因素而返贫。在乡村振兴战略背景下，要建立稳定脱贫和防止返贫的长效机制，实现生态扶贫政策的延续性和脱贫效果的可持续性，让农村群众从自然生态系统的保护及利用中获得持久稳定收益。

1. 建立贫困退出及返贫监测机制

对于贫困区县、贫困村、贫困户脱贫摘帽，需要完善生态贫困退出机制，严格考核评估的指标和程序，科学界定贫困区县、贫困村的退出标准，科学设置贫困户的评价指标，既要反映精准扶贫的成效，又要使得基层部门尽量减少漏评、错评、漏退、错退等情况的发生，还要谨防出现虚假脱贫、数字脱贫。同时，要利用各种保险工具帮助贫困家庭和个体规避返贫风险，综合利用公共保障体系、社会互助、市场保险产品等工具，探索建立返贫的预防机制。① 在巩固拓展脱贫攻坚成果的过渡期，要将生态扶贫与可持续脱贫增收有效衔接，建立脱贫人口动态监测平台，密切关注脱贫人口，定期回访脱贫家庭，掌握脱贫人口的就业、教育、医疗等状况，做好脱贫人口的返贫预警、持续跟踪监测工作。

2. 健全完善基层社会保障体系

要健全完善基层社会保障体系，加大公共财政对基层社保项目建设的投入，提高农村贫困人口的就业、住房和医疗保障水平。对于社会保障覆盖不到的地方，可以通过由政府购买专业化社会服务的方式，保障农村地区稳定脱贫的可持续性。持续优化教育资源布局，在完善教育设施设备的同时，加大教育资助力度，完善因学致贫救助长效机制。扎实推进生态教

① 雷明．绿色发展下生态扶贫［J］．中国农业大学学报（社会科学版），2017，34（5）：87-94.

育扶贫，优先支持贫困村生态扶贫教育发展事业，加大贫困生资助力度，开展贫困生生态扶贫职业教育。深入开展医疗卫生扶贫，持续改善医疗卫生条件，完善医疗救助长效机制。提高重大疾病医疗补充保险筹资标准和保障水平，做好重大疾病筛查、预防和慢性病签约服务管理工作，降低因病致贫返贫风险。加大对基层医疗健康体系建设的资源，特别是资金和人才的投入。精准开展助残扶贫，完善因残致贫救助长效机制。完善贫困地区的养老保障制度，发挥政府保障功能，稳定贫困地区的社会秩序。

3. 自然和生态环境风险防范机制

生态环境、疾病和自然灾害等是影响稳定脱贫的重要因素。保护好生态环境和让贫困群众脱贫致富并不矛盾，关键是要让贫困群众端牢“生态碗”、吃上“生态饭”。在乡村振兴战略背景下，要高度重视农村生态保护和修复，倡导绿色生产生活方式，推动稳定脱贫与乡村生态保护协同发展。持续加强乡村生态环保基础设施建设，构建生态投资与生态补偿机制，强化环境的承载能力，增强农户的自然资本。加强防灾减灾救灾能力建设，针对脱贫群众开展防灾减灾宣传教育，提高其抵御各类灾害的综合防范能力。加强农村饮用水水源地保护监管，建立水源地水质检测制度，完善生态环境突发事件应急机制。对因灾致死致贫的建档立卡贫困户，持续开展减灾救灾扶贫，完善因灾致贫救助长效机制。

7.3.2 生态产业扶贫长效增收机制

发展生态产业是生态扶贫的重要引擎，特别是在生态资源富集的贫困地区，发展生态产业是稳定脱贫、走向生态振兴的根本之策。在乡村振兴战略背景下，要加快生态扶贫工作向生态产业发展的转变，加快生态产业提质增效，打造乡村生态产业链，帮助脱贫群众形成良性可持续的造血机制，加快生态扶贫政策向长效稳定增收政策的转变，实现巩固拓展脱贫攻坚成果同乡村振兴有效衔接。

1. 完善生态产业的多元投入机制

随着生态财富观的深入人心，产业扶贫更加注重把生态成本纳入商品价值，把生态效益纳入经济核算。要通过创新生态产业的经营模式，积极探索多元参与、市场化运作的生态产业发展模式。发挥政府、公司、合作社、农户的资源要素优势，推动资源变资本、资源变资产，在实现收入快速增长的同时兼顾长久的产业效益。一是需要政府发挥主导作用，强化组织保障和制度保障，完善市场机制，提升乡村人才、技术和资金等方面的支撑作用，同时基层组织要发挥组织协调和聚集乡村资源的重要作用。二是乡村产业经营主体作为市场主体，要发挥乡村资源特色向社会提供生态产品和服务，实现生态资源价值增值。三是公众要消费生态产品与服务，在满足自身生态消费需求的同时激励企业再生产。

2. 完善生态产业的长效运营机制

生态产业是具有经济社会生态效益的优势特色产业。一方面，要提高乡村生态产品的生产供给能力，多途径、深度开发生态产品，在开发特色风物、特色文化、特色旅游等传统地标产品的同时，顺应人们对良好生态环境的消费需要，挖掘生态资源所蕴含的生态产品价值。另一方面，要延伸生态产业链条，根据不同类型生态资源禀赋特点进行差异化发展，积极开发乡村农业旅游、生态教育、休闲康养等新型产品，多方提高生态产品附加值，高效率发掘乡村生态产品价值。要利用互联网新型产销模式，依靠电子商务完善生态产品流通体系，巩固提升生态产品促销平台，加快生态产品销售与电子商务的结合，实现生态经营供需精准匹配、货畅其流，引导农产品、林业和渔业等各种生态产业经营者与电商无缝对接。对乡村生态产业发展提供技术支持，提升生态产业的技术含量，推动传统产业转型升级，充分释放乡村生态环境的价值。

3. 完善生态产业的可持续发展机制

生态产业可持续发展是实现稳定脱贫、推动乡村产业振兴的重要途径和长久之策。将生态扶贫作为一项长期工作来抓，在完成短期脱贫攻坚任务的同时，要深入研究打赢脱贫攻坚战后的产业长期发展问题，把生态产业扶贫与乡村生态振兴有机衔接起来，持续探索生态产业扶贫长效机制，以生态产业可持续发展带动脱贫人口持续增收。做好脱贫地区生态产业巩固提升工作，构建以生态特色产业为主导的产业发展长效机制。推动乡村生态产业结构优化升级，注重乡村旅游资源的集约利用和优势生态产业的品牌打造，立足当地自然资源禀赋，因地制宜建设特色产业基地，培育农业特色小镇，通过延伸生态产业链条提高产品附加值，促进乡村一二三产业融合发展，做强特色产业精深加工，创响特色产品品牌，提升特色产业附加值。借助乡村振兴战略政策支持，推动特色生态农业产业化集聚、林下有机经济作物种植与养殖业深度发展，利用生态资源要素禀赋开展生态农业工程建设，促进生态农业高质量发展。

7.3.3　易地扶贫搬迁后续帮扶机制

在巩固拓展脱贫攻坚成果同乡村振兴有效衔接的历史交汇期，要立足于易地扶贫搬迁后续扶持与乡村振兴、新型城镇化、社会治理体系和治理能力现代化的有效衔接，全力做好移民后续扶持，抓好集中安置区产业发展、就业帮扶和社区治理，巩固搬迁脱贫成效，实现搬迁群众增收致富和可持续发展。①

1. 持续提升易地扶贫搬迁产业配套水平

产业发展关系到搬迁群众稳定入住和后续发展。要持续抓好安置区配套产业发展，设立易地扶贫搬迁后续产业发展基金，建立健全适合搬迁劳动力特点的产业体系，为搬迁劳动力稳定就业提供保障。大力支持绿色生态产业发展，加强对安置区周边建设的各类产业园区、扶贫车间、旅游设施等配套环保设施的监督检查，支持安置区的特色农产品申请绿色、有机、地理标志农产品认证，打造具有地域特色的品牌。同时，依托现行东西部协作和对口支援工作机制，积极争取广东省、浙江省、上海市等地的支持，引入实力较强的龙头企业，支持和促进安置区后续产业发展。

2. 促进搬迁劳动力充分就业和稳定就业

生态移民的后续脱贫是移民搬迁落实的根本，推动迁出贫困人口实现稳定就业是脱贫的重要工作。要围绕贫困人口生计方式非农化转变，结合企业用工需求和劳动力特点，推进搬迁劳动力全员培训，不断提升其就业技能。有关部门应发挥调控作用，加快技能培训，充分利用过渡期和民工放假时期进行集中性、突击性技能培训，尤其强调民族产品生产技能的提高。在帮助移民保障基本生活的基础上，要全面提高劳动力素质，实现由体力劳动向技能劳动的转变。地方政府应积极鼓励当地企业优先招募技能合格的移民就业，并对招聘企业给予适当优惠，以实现生态移民就地安置，提高区域吸纳能力。地方政府相关部门应积极为搬迁群众搭建就业桥梁，帮助移民与当地特色产业相结合，推进劳务产业建设，帮助移民在较短时间内实现再就业。

3. 提升移民搬迁社区治理整体水平

抓好基层党建体系建设，指导集中安置区制定社区公约、民族团结公

---

① 2021 年 1 月 6 日，贵州省政府新闻办在贵阳市举行“贵州省 2020 年易地扶贫搬迁工作情况”新闻发布会。

约等，推动各族搬迁群众自我管理，培养社区主人翁意识，增强其对安置地的认同感和归属感，帮助易地搬迁群众实现经济融入和社会融入。加强法治宣传教育，教育引导搬迁群众增强法治意识，用法治解决安置社区治理难题，推动形成依法办事和依法维护权益的良好社会氛围。

7.4 生态扶贫的共治共享机制

7.4.1 生态扶贫的利益联结机制

在全面推进乡村振兴战略的背景下，要以农户稳定受益增收为核心，强化产销对接，建立健全生态扶贫利益联结机制，将生态产业扶贫、基础设施建设等项目资金，作为贫困群众的股份，项目产生的效益由贫困群众共享，让产业发展有效惠及广大农户、带动群众增收致富。生态产业扶贫方面，要建立多种形式的利益联结机制，加强产业间融合、产业间协同，积极开发农业多种功能、探索产业融合发展多种方式，促进农产品初加工、精深加工、综合利用加工，推进农业与旅游、教育、文化、健康养老等产业深度融合，延长生态产业链。探索推动农村产业融合发展的多种方式、类型和模式，加大农业内部融合推进力度，调整优化种养殖结构，推动农牧结合发展、农林结合发展和绿色农业发展。创新发展订单农业，引导和支持龙头企业与农户、家庭农场、合作社建立稳定的购销关系、提供贷款担保、资助订单农户参加农业保险、打造联合品牌等，实现利益共享。制度层面，要加快农村集体产权制度改革，深化农村“三变”改革，激活乡村资产要素，盘活承包农地、林地、宅基地、房产以及集体资产股份等，提高农村贫困家庭和个体财产性收入。完善利益联结机制，鼓励发展股份合作，引导企业采取“保底收益+按股分红”等形式，采用“龙头企业+合作社+农户”等创新形式，探索形成以农户承包土地经营权入股的股份合作社、股份合作制企业利润分配机制，让农户分享加工、销售环节的收益，与农户形成命运共同体和利益共同体。同时，针对生态扶贫产业同质化等现象，要加强产业发展的市场风险防控，建立生态产业扶贫的风险共担机制。

7.4.2 生态扶贫的多方参与机制

生态保护和贫困治理两项工作都具有公共产品属性，要鼓励引导社会各界参与，凝聚生态扶贫共治共享的强大合力。在脱贫攻坚阶段，生态扶贫由政府主导推动，具有参与主体单一的特点。各级政府生态扶贫政策集中于消除绝对贫困，长效机制尚未完全形成。财政资金投入是主要的资金来源，当政府主导的财政扶持等“输血性”扶贫措施减少后，存在返贫概率，导致生态扶贫效果存在不可持续性。在乡村振兴战略背景下，亟须建立以政府为主导、主体多元化与运行市场化的生态扶贫体系，形成生态扶贫多方参与的大格局。

一是发挥地方政府的主导作用。强化顶层设计，政府集中力量专项推动，用好农村生态资源，做好产业发展规划，因地制宜地探索生态产业发展模式，打造优势生态品牌。加大财政资金支持力度，增加专项资金投入，推广成熟的生态扶贫模式。完善相应的政策支持和法律法规，积极引导社会资本发展生态产业、参与生态扶贫的积极性，引导社会资本参与农村生态环境治理。二是鼓励乡镇企业深度参与。企业是生态扶贫的重要力量，通过财政资金补贴、政策优惠、完善公共服务、强化技能培训等多种途径，积极引导企业参与到生态扶贫中来。支持优质产品跨越式发展，不断拓展延伸生态产业链，让生态建设成为农产品市场高端发展的不竭动力源。同时，企业要承担起乡村生态保护的社会责任，大力推行清洁生产工序，走绿色生产与经营之路。三是提高农民群众的参与度。无论是脱贫还是振兴，农民都是发展的主体。要广泛开展政策宣传，让农民了解绿色发展的重要意义、参与方式等，让广大群众认识到生态环境保护是治贫之举、振兴之策，保护好生态环境就像保护好自己的眼睛一样，从而营造浓厚的农村生态环境保护氛围。四是发挥农村社区组织的监督作用。农村社区组织要发挥基层社会组织的独特优势，充当乡村生态环境保护与治理的有效载体，通过完善村规民约等途径，对农户的生产生活进行必要的环保监督，提升农民环保意识，引导村民共同建设生态宜居的美丽家园。

7.4.3　生态扶贫的跨区域合作机制

生态问题区域化客观要求建立跨区域生态交流与治理制度。当前，生态扶贫相邻地区特别是跨省区的开发合作模式尚未形成，加强生态扶贫重点地区的协调合作，有利于区域生态环境建设，促进生态资源转化，放大生态效应。建立生态扶贫的跨区域合作机制，要寻找各方利益交汇点，突破地方性法规的局限，推动跨区域生态立法，建立权益与责任对等的体制，实现环保体系无缝对接。健全完善跨区域生态补偿机制，促进共建共享机制形成。进一步开展东西部扶贫协作，充分发挥优势互补作用，实现绿色发展与转型升级。东部发达地区环保产业基础较好，要全力推进环保设备制造等相关领域发展，增强溢出效应，在实现自身效益的基础上，积极发挥技术优势与经济优势，通过集约化发展避免掠夺性增长和污染转嫁，为环保事业提供产业支撑。西部落后地区要抓住发展机遇，利用本土优势，搭建跨省份和区域的环境协商制度，引导迁出与迁入地区建立补偿关系，建立以技术扶持、经济补助为主要特点的横向生态补偿机制，有效缓解中西部地区在承接产业转移过程中造成的生态压力。

7.5 生态扶贫的激励保障机制

7.5.1 生态扶贫的激励机制

1. 健全完善生态扶贫绩效评价及考核机制

生态扶贫不是简单的经济问题，还涉及社会、资源、环境等要素，要兼顾扶贫与生态效益，科学合理地对多指标问题进行综合评价。现有的生态扶贫工程项目仍然存在扶贫目标不明确、不精准等问题，非贫困农户排挤贫困农户，一些真正的贫困人口反被排除在生态建设保护工程之外，甚至出现了“扶富不扶穷”的尴尬现象。目前，农村地区扶贫考核以经济指标为主，生态治理指标未能得到充分体现。在考核压力下，各级政府将注意力集中于经济指标，对生态效益关注较少。① 因此，贵州颁布《贵州省贫困县党政领导班子和领导干部经济社会发展实绩考核办法》，不适合发展工业的 10 个贫困县 GDP 不纳入政绩考核，以地方优势产业增收作为重要指标，形成了“既看成就也关照环境”的全面指标体系。生态扶贫项目涉及综合性评价体系，不仅需要考核脱贫人数、经济收入等传统指标，还要明确生态扶贫项目中政府、贫困人口和基层相关组织的权责边界及相互关系，将农村生态环境治理目标纳入各级干部的绩效考核与评价体系，对那些因失责而导致农村生态环境受到损害的领导干部进行追责。对生态扶贫项目的减贫脱贫效果和生态环境改善进行系统性评价，需要从单一的经济效益扩展到综合考察经济增长、社会发展、生态环境等诸多方面，厘清影响生态扶贫绩效的关键因素及其影响机理，基于评价结果提出扶贫方式改进和优化的路径，提高生态扶贫工作的效

① 万健琳，杜其君．生态扶贫的实践逻辑——经济、生态和民生的三维耦合［J］．理论视野，2020（5）：62-67.

率和效益。

2. 健全完善乡村生态环境保护激励机制

由于扶贫效果与政治前途挂钩，生态环保政策推进诉求与基层执行和治理能力之间存在差距，导致生态扶贫的短期效果较弱。在脱贫攻坚阶段，以经济指标统计扶贫效果，造成生态扶贫工作人员积极性下降，致使生态扶贫侧重于短期效应，难以实现既定目标。在乡村振兴战略背景下，生态环境保护的重要性更加凸显，这就要求创新地方政府执行环境保护政策的激励制度，激发农民参与生态环保的积极性和主动性，全面提升乡村生态环境质量。各级地方政府要在乡村生态环境治理中发挥引导作用，通过制定相关政策和设立专项基金，建立农民、村社组织保护乡村生态环境的激励制度。完善乡村生态环境保护奖励制度，鼓励和引导村民与村社组织参与乡村生态环境治理，对于积极参与且作出贡献的村社组织、农户个体给予相应的奖励和表彰。建立乡镇企业研发补贴、创新奖励等制度，实现乡镇企业环境技术创新行为收益的内部化，激励其环境技术创新实践。① 总之，要形成政府、农民、村社组织和社会共建共治共管的长效机制。

7.5.2　生态扶贫的保障机制

1. 生态扶贫的资金保障机制方面

农村人居环境整治工程点多面广，前期工程建设以及后期的维护和管理花费巨大。虽然财政涉农资金投入逐年增长，但与农村的现状和发展需求相比，财政投入总量仍比较有限，推进乡村生态振兴的资金缺口仍比较大。加上乡镇级财政困难、村组集体经济薄弱，难以支持所需的环卫设施建设，造成环卫设施和排污配置不齐全。同时，资金投入结构仍需优化，资金投入更倾向于经济基础和产业发展较好的乡村，而对于更需要资金支持的发展滞后的乡村帮扶力度不足。贫困地区村集体经济比较薄弱，在上级财政支持不足的情况下基层运转经费不足，制约了乡村产业的发展。在生态扶贫的资金投入方面，应从精准扶贫阶段的“特惠”转向乡村振兴阶段的“普惠”。在脱贫攻坚阶段，财政资金多用于贫困村，很多贫困村的基础设施建设已经优于非贫困村。因此，在乡村振兴阶段，资金投

① 邓玲，顾金土．后扶贫时代乡村生态振兴的价值逻辑、实践路向及治理机制［J］．理论导刊，2021（5）：77-84.

入应该对贫困村和非贫困村均衡对待，以推动乡村全面振兴①。

要以财政机制为主体，建立财政优先保障、金融重点支持、社会积极参与的多元投入格局，拓宽生态扶贫的资金投入渠道。各级各部门要加大生态扶贫资金投入规模，提高资金使用效率，采取“以奖代补、先建后补、以工代赈”等多种方式，形成稳定的农村污染治理和人居环境整治经费来源。建立生态扶贫财政支持的长效机制，确保财政支持幅度有序上升，加大财政资金、土地出让收入向农业农村的倾斜力度，继续加强公共服务、科技支撑等领域的财政资金保障。推动农村金融创新，加大金融资金对生态扶贫的倾斜力度，建立金融扶贫服务机制，破解生态扶贫资金不足问题。充分发挥小额信贷和互助资金的作用，积极为贫困户提供资金，推动和开展互助资金试点工作。鼓励本土企业等社会力量积极参与生态扶贫工作，汇聚乡村绿色发展合力。

2. 生态扶贫的人才保障机制方面

习近平总书记指出，“要推动乡村人才振兴，把人力资本开发放在首要位置，强化乡村振兴人才支撑”。人才是生态振兴的关键，要加快基层组织建设和人才队伍培养，大力培养乡土实用型人才。在生态宜居方面，环境管理和景观设计人才构成核心。对政策落实而言，农村管理人才居于重要地位。针对基层生态建设人才队伍的短板，要在人才引进、培育过程中加强优惠政策，特别是引进生态建设、林业产业等相关领域的高层次、复合型人才。建立健全人才激励机制，在就业方面尽可能做到因人而异，发挥人才作用，使农民从绿色发展中得到“真金白银”，进而使绿色生产转化为农民的自觉行动。同时，要推进生态科技扶贫，引导科研单位、高等院校的科技人才到农村扎根，用他们的技能为农村和农业服务。

3. 生态扶贫的法治保障机制方面

要完善生态扶贫立法工作，以法律制度推动形成政府、市场与社会力量等多中心治理结构。由于多方面的原因，我国生态扶贫工作一直缺乏相关法律法规的支撑，在实践中，往往是通过中央和地方政府制定出台政策文件。因此，需要尽快完善生态扶贫领域的相关法律，明确扶贫机构的相关工作职能和工作机制，包括生态扶贫的帮扶对象、帮扶资金来源、生态扶贫标准等。例如，在生态补偿领域，相关的法律法规体系尚未建立，缺

① 胡钰，付饶，金书秦．脱贫攻坚与乡村振兴有机衔接中的生态环境关切［J］．改革，2019（10）：141-148.

乏系统性和可操作性，使得生态补偿难以合理有效地开展。加上生态补偿标准较低，导致补偿作用并不明显，有必要有针对性地进行生态补偿测算并制定相应的补偿办法。贵州生态补偿机制需要从试点中吸取经验，尽快建立适合贵州省情的生态补偿机制。制度建设要与生态建设同步进行，切实提高政府工作效率，通过健全自然资源、资产产权制度和用途管理，健全生态保护补偿机制，为生态扶贫工作持续推进保驾护航。

要健全完善乡村自然生态系统保护的相关立法，实现对乡村土地资源、水资源、森林资源等自然生态资源的保护，守好乡村生态红线。加强对乡村生态环境污染的治理，制定相应的环境法规、环保标准等，规制乡镇企业的生产经营行为。健全完善农业面源污染、农村生活污染等方面的配套法律规章，出台相应的排放标准和技术规范，加快完善乡村生态环保领域的政策体系，明确地方政府相关部门的生态环保职责。健全完善生态扶贫长效推进的法治保障，通过法律法规对人们的生产生活行为进行约束，有效衔接乡村生态振兴的政策体系并朝着一体化、专业化的方向发展，与农业农村现代化发展相适应。

第8章 贵州从生态扶贫迈向生态振兴的对策建议

随着我国贫困治理从绝对贫困向相对贫困过渡，全面小康社会建成后，增强经济发展实力、缩小区域发展差距、提高生态环境质量成为新的挑战。守住发展和生态两条底线，是习近平总书记对贵州的殷切希望。生态扶贫是实现贵州省经济社会发展与生态资源禀赋良性互动的双赢策略，在乡村振兴战略背景下，贵州要将巩固拓展脱贫攻坚成果同乡村振兴有效衔接，由生态扶贫迈向生态振兴，让生态资源为乡村发展提供资源支持和发展优势，更好地发挥生态环境保护和生态振兴在脱贫攻坚和乡村振兴中的重要作用。

8.1 巩固提升生态扶贫成效，有序衔接乡村生态振兴

随着脱贫攻坚战的完成，生态保护的重要性更加凸显。在乡村振兴战略背景下，生态振兴是生态扶贫的拓展和升级，要求贵州坚持以“两山”理念为指导，将生态振兴与产业振兴融合起来，兼顾好“绿水青山”和“金山银山”，实现乡村生态文明建设和农民增收致富的双赢。

1. 巩固提升生态扶贫成效，有序衔接乡村生态振兴

脱贫攻坚是乡村振兴的前提和保证，生态扶贫作为精准扶贫的重要组成部分，为贵州实施乡村振兴战略奠定了前期基础。2020年以前，“决战脱贫攻坚、决胜同步小康”是贵州实施乡村振兴战略的首要任务。在巩固拓展脱贫攻坚成果同乡村振兴有效衔接的过渡期，生态扶贫发挥了重要作用。要持续落实好生态扶贫各项政策，构建生态扶贫长效机制，巩固提升生态扶贫成效，推动生态扶贫工作向纵深发展。要坚持“绿水青山就是金山银山”的理念，推动农村生态文明建设和绿色高质量发展，提升自然生态系统的保护及修复能力，改善乡村生态环境，增强可持续发展能力，因地制宜地用好自然生态资源禀赋，大力发展绿色富民产业，拓宽农户收入来源，使脱贫基础更加稳固，促进农业高质高效、乡村宜居宜业、农民生活

富裕，为乡村振兴的长远发展打下坚实的基础。

迈入新发展阶段，要建立脱贫攻坚阶段的生态扶贫与乡村振兴阶段的生态富民之间的有效衔接，推动贵州从生态扶贫迈向生态振兴。要将生态扶贫工作和乡村振兴结合起来，推进城乡公共服务均等化，加强普惠性、基础性、兜底性民生建设，增加对生态环保等基础设施的投入，缓解和缩小城乡差距。一方面，有序衔接要从注重经济层面脱贫向注重生态环境保护转变。在生态扶贫时期，消除绝对贫困是首要任务，生态工程建设等扶贫方式主要是为贫困人口创造更多的收入来源，通过生态公益性岗位更多地吸纳贫困人口就业。进入乡村振兴阶段，要更加注重乡村生态环境的保护、治理和生态资源的可持续利用，推动乡村生态优势向经济优势转化，实现乡村生态宜居的发展目标。另一方面，生态扶贫阶段的目标主要瞄准绝对贫困人口，更加强调对贫困地区和贫困人群的具体对待和微观施策。进入乡村振兴阶段，对象上要从精准转向普惠，从脱贫攻坚的决战状态转向常态化的建设发展，更加注重城乡之间在经济、社会、文化、生态等方面的整体布局和协调发展，不仅追求乡村地区的经济社会发展，也更加重视生态环境的治理和保护。

2. 在生态振兴中发挥生态扶贫有益经验和模式的作用

良好的生态环境是最普惠的民生福祉，要全面建设生态宜居的美丽乡村，推动乡村生态振兴健康有序发展。生态扶贫是在我国农村扶贫开发实践过程中提出来的，其关键和难点是促进生态效益转化为经济效益。在脱贫攻坚阶段，贵州实施生态扶贫“十大工程”，助力生态文明建设和脱贫攻坚协同共赢，形成了生态工程建设、生态公益性岗位、生态资源开发、发展生态产业、生态保护补偿和生态移民搬迁等有益的经验和模式。新时期，乡村生态振兴本质上是生态扶贫工作的进一步拓展和深化。在乡村生态振兴和产业振兴的过程中，要认真总结精准扶贫时期生态扶贫积累的有效举措和经验模式，进一步深化污染防治、生态补偿、发展生态产业等举措，改善乡村生态环境、生活环境、产业结构等，探索“绿水青山”与“金山银山”的转化路径，实现乡村生态振兴与产业振兴协同推进。要充分依托乡村生态资源优势，坚持生态产业化和产业生态化协同，发展乡村生态经济，探索“两山”双向转化路径，以农户稳定受益增收为核心，强化产销对接，建立健全利益联结机制，让产业发展有效惠及广大农户。

8.2 提升农民自我发展能力，激发生态振兴内生动力

乡村生态振兴要实现农民群众主体意识的增强和可持续发展能力的提升，激发农民群众的内生动力，让生态振兴成为自觉行动，在实现稳定脱贫和可持续增收的同时保护好乡村生态基础，让农民群众从生态环境保护中获得持久稳定的收益，让农民群众主动参与到改善农村人居环境、建设美好家园的行动中。

1. 把教育培训放在首位，提升农民职业技能和环保意识

要加强对农民群体综合素质的培养，提升其参与生态减贫和生态振兴的能力。要把教育培训放在首位，在帮助贫困群众摆脱贫困后，更加注重培育其稳定脱贫及持续增收的意愿和能力，转变过去依靠政府帮扶为主的思维习惯。要加强对农民群体的各类职业技能培训，围绕乡村振兴产业发展重点，大力培养乡土实用型人才，确保农民群体具有良好的自我发展能力。可以采取以家庭为单位的方式，开展生态宜居乡村建设培训，针对村干部、乡村保洁员、环境监督员、村民代表等乡村生态振兴中的核心力量开展相关专业培训，增强村民主动参与意识和业务能力。同时，要将生态扶贫工作的维度从物质层面拓展到生态意识层面，提升居民环境感知水平和维护生态安全的自觉自为程度。积极开展乡风文明创建活动，充分发挥各类媒体的宣传教育功能，多种渠道、多样方式地向农民群众普及环保知识，营造关心和支持农村生态环境治理的良好氛围。

2. 增强农民群众的主体意识，让生态振兴成为自觉行动

农民群众是实现乡村振兴的主体和决定性力量，使农民正确认识自身的主体地位，不断增强主体意识，是农民自觉保护和治理农村生态环境的前提，更是乡村生态振兴的客观需要。农村生态环境状况与农民的生活和发展质量密切相关，农民既是农村生态环境恶化的直接受害者，也是生态环境保护与治理的生力军。生态振兴要坚持“以人为本”的发展理念，无论是农村人居环境整治还是生态宜居乡村建设，都要让农民群众充当主体，增强农民群众的主体意识，切实践行绿色生产生活理念，自觉监督地方政府、企业等主体的生态环保行为，把保护和治理农村生态环境变成一种责任。可以采取一系列激励政策和互动方式，通过物质、精神等多个方面的奖励措施，吸引贫困群体积极参与到乡村生态振兴中来，让农户在参与过程中拥有更多获得感和幸福感。

3. 激发农民群众的内生动力，提高农户的可持续发展能力

培育农户的内生动力是稳定脱贫的关键，也是实现乡村生态振兴的内在动力。要激发农村人口的内生动力，提高贫困群体的自我发展能力，全面夯实乡村振兴基础。加大对已脱贫地区和乡村振兴重点地区的绿色发展支持力度，逐步实现从生态保护、生态补偿、绿色产业等方面向公益性岗位、以工代赈等方面增加。强化农户在生态扶贫和生态振兴中的主体地位，激发其参与生态扶贫和生态振兴的主观意愿，提升其可持续生计能力，实现从“要我脱贫”到“我要脱贫”的转变。要把乡村生态振兴的具体政策举措变成农民群众的自觉行动，充分调动农民群众建设生态宜居美丽乡村的积极性，充分发挥农民群众的主观能动性。注重发挥乡村关键人物的引领带动作用，发挥村干部、党员、致富能手的影响力，通过宣传动员和政策鼓励，提升农民主动参与生态产业致富和生态宜居乡村建设的意识与能力。

8.3　长效改进乡村生态基础，打造生态宜居美丽乡村

良好的生态环境既是乡村振兴的目标要求，又是乡村振兴的支撑点，伴随着生态环境的改善，乡村将发挥出巨大的振兴潜力。当前，生态环境仍然是贵州经济社会发展中的短板。乡村振兴中生态宜居的目标，对农村地区人与自然的关系提出了新的要求，要补齐生态环境治理的短板，协同推进经济富裕和生态宜居的美丽乡村建设，实现人与自然和谐共生，让农村成为每个人都向往的美丽家园。

1. 加强自然生态系统保护与修复

自然生态系统保护与修复是乡村生态振兴的关键。要将生态文明理念贯穿到乡村振兴各领域、全过程，既要防止生产实践活动对自然生态系统造成过度损害，也要采取专门有效的方法对自然生态系统进行保护和修复，切实提升乡村自然生态系统的稳定性。要坚持践行“绿水青山就是金山银山”理念、“山水林田湖草生命共同体”理念，加强乡村生态保护与修复，持续推进退耕还林还草、石漠化综合治理等生态工程建设，构建人与自然和谐共生的乡村发展新格局。要健全耕地养护、修复、休耕和草原森林河流湖泊休养生息制度，全面推行五级河（湖）长制，严格落实自然保护区、风景名胜区等各类保护地保护制度，加强生物多样性保护。要加强对自然生态空间的整体保护，落实农村环境保护的主体责任，高标准高质

量开展交通沿线、村寨附近等重点区域的绿化美化，把乡村生态保护摆在首位，加快乡村生态宜居建设。

2. 提升农业生产清洁化水平

农业生产环境与乡村生态振兴密切相关，因为乡村是以农业生产为主的地方，而农业生产环境与农业生产发展模式等是分不开的。在乡村振兴战略背景下，不仅要加快推进农业绿色发展，推行高效生态循环种养模式，提升农业生产清洁化水平，积极推进农业资源循环利用、农业产业循环发展，也要加大农业生产环境污染综合治理的力度，打好农业生产环境污染治理攻坚战。一是加强农用地土壤污染防治。加大农用地土壤保护力度和农用地土壤污染防治的投入，为乡村土壤环境的调查与监测、治理与修复等工作提供资金保障，为农田水利建设、耕地保护与质量提升提供项目支持，推进农用地土壤安全利用。二是开展农业生产化肥减量行动，强化农业农村面源污染治理。实施农业生产化肥减量行动，树立和践行“经济施肥、环保施肥”的理念，治理农业生产环境污染，推广使用新型农药，加快转变病虫害防控方式，推进绿色防控、统防统治，促进生产与生态相互平衡协调。三是实施禽畜养殖污染综合治理。加强禽畜养殖废弃物处理和能源化利用，推进禽畜养殖产业模式生态化，强化秸秆综合利用，探索农林牧渔融合循环发展模式。

3. 补齐农村人居环境短板

持续改善农村人居环境，关系到农民的切身利益，影响着农民的生活品质，是建设美丽宜居乡村、实现生态振兴的重点任务。要积极探索农村人居环境治理方式，加快农村生态环保基础设施建设，以农村生活垃圾、污水治理和村容村貌提升为主攻方向，全面提升农村人居环境质量，不断缩小城乡差距。一是规划引领。农村人居环境治理要尊重乡村发展规律，村庄的整体布局要符合当地发展实际，鼓励具备条件的地区集中连片建设宜居宜业的美丽乡村。二是全面推进农村生活垃圾治理，实施村庄清洁和绿化行动。建立健全符合农村实际、方式多样的生活垃圾收运处置体系，推进农村生活垃圾分类处理回收，实现农村生活垃圾就近处理、就地减量。三是加快村庄污水处理设施建设。推广贵州示范小城镇“1+N”经验，推进县域农村生活污水治理统一规划、统一建设、统一管理。四是“厕所革命”等方面提档升级。推动农村新建住房全面配套建设卫生厕所，加强厕所粪污治理和生活污水治理等农村人居环境改造，公共厕所要做好日常管理和保洁工作。五是持续改善村容村貌。开展村容村貌整治，加强村庄通组路、串户路建设。以庭院硬化和“三治”为重点，全面治理乱堆乱放、乱贴乱画、乱搭乱建，加强村庄农房风貌引导和管控，推进村庄绿化建设。

8.4　打造乡村生态产业体系，推进生态资源价值实现

贵州省经济社会发展水平相对滞后，但拥有相对丰裕的生态资源，当前大部分生态资源仍未能有效转化为资本要素。生态资源禀赋作为贵州的后发优势，愈加显示出重要的附加值。产业是乡村振兴的基础，是提高乡村“造血能力”的基本因素。生态产业是助推贫困地区生态振兴和贫困群体可持续脱贫的核心引擎。培育优质生态产业，通过产业发展带动当地农民就业致富，能够持续地实现农民稳定脱贫。在乡村振兴战略背景下，要建立生态产业化和产业生态化协同发展的生态产业体系，从各地区的资源禀赋特点出发，发展具有特色的乡村生态产业。

1. 立足生态资源禀赋，大力发展生态特色农业

现代生态农业把生态和经济社会效益融合到农业发展上，是乡村振兴战略的重点。与经济发达地区相比，贵州的乡村具有技术落后、生态环境较好、传统农业特色鲜明、污染较少等特点。要因地制宜地发展生态农业，将传统农业与现代农业技术有机结合，形成现代生态农业。要从实际出发实现农业产业结构优化，有效调节农林牧副渔产业结构，将生态农业与农户脱贫致富相结合，形成生态与经济的良性循环，推动传统农业向现代生态农业转变。资金方面，地方政府可通过小额贷款、“微信贷”等优惠政策，引导家庭农户因地制宜地发展小规模生产，以家庭生态产业园为主要手段调动农户生产积极性。同时，要加快高层次人才引进速度，以高新技术辅导传统农业，弥补小农经济的不足，推动生态农业合理规划，实现与市场无缝接轨，有效避免增产不增收的现象。要以各级农业园区为主要载体，持续推进现代高效农业示范园区提档升级，加大力度引进和培育农业新型经营主体，大力推广“龙头企业+合作社+农户”的生产经营方式，通过建立新型经营主体同农户的利益联结机制，确保农民长效稳定增收。

要依托乡村丰裕的生态资源禀赋，以各级农业园区为主要载体，不断创新拓展农业多功能性，助力乡村生态振兴。贵州在建设现代山地特色农业的同时，要注重生态技术与农业技术相融合，依托生态优势，生产绿色农产品，特别注重低污染、高价值的绿色、有机农产品生产，通过高端路

线，以高价格、小批量的方式增加农户收入，避免“增产不增收”困境。发展生态农业需要因地制宜，要结合各地优势资源和特色产业，深入推进“黔货入京”“遵品入沪”等行动，与广东共同打造粤港澳大湾区绿色农产品供应基地，不断开拓省外市场。要因地制宜地打造生态绿色产品品牌，加强生态农产品、地理标志产品的认证和宣传，打造贵州知名生态产品生产基地。要实施“互联网+”现代农业行动，探索发展农业新型业态，将现代信息技术应用于农业生产、经营、管理和服务，发展创意农业，加快培育乡村手工艺品和土特产品牌。

2. 坚持绿色低碳转型，推进传统工业改造升级

工业是具有高附加值的产业，部分乡镇具有特色产业优势，经过产业化引导即可成为重要的乡村产业振兴手段。东中部产业转移，为贵州传统工业改造升级提供了机遇。以矿产资源绿色化开发利用为例，贵州省全面推进传统矿业转型升级，走生态环保之路，集中开展矿山“治秃”行动，创新矿产资源绿色化开发利用机制。一方面，全面推进矿产资源绿色勘查和绿色矿山建设，构建“矿山共建、责任共担、生态共保、收益共享”的绿色勘查开发利用机制。另一方面，构建矿产资源开发和产业扶贫相结合的“矿山扶贫”模式，按照“开发一处、造福一方，开发一点、保护一片，矿地和谐、绿色发展”的要求，推动矿产资源开发与农村“三变”改革相融合，协同推进产业融合，实现壮大矿业与扶持农业的共赢。同时，依托大数据等新兴产业，建设智慧矿山和矿产资源数据库，优化整合科技资源，通过人工智能、互联网、大数据等新技术介入，组建新型生产模式，大力推进新型工业化，在部分领域实现“弯道超车”。

3. 以自然风光和民族特色为引领，发展乡村生态旅游

旅游资源开发是利用生态资源脱贫的重要途径。贵州广大乡村地区生态资源丰裕、自然风光独特、民族文化多样，为发展乡村生态旅游创造了良好条件，发展生态旅游已成为贵州脱贫致富的重要举措。在全面推进乡村振兴的背景下，贵州要深入发掘丰富多彩的山地民族文化村寨和山地农耕文化元素，大力发展山地民族乡村旅游，着力打造全国山地乡村旅游示范区。乡村生态农业本身即属于观光项目，是乡村休闲旅游的有效资源。要积极开发农业多功能性，大力发展农业新型业态，建设具有贵州山地特色的乡村旅游示范点。

在发展乡村旅游的过程中，要形成政府、企业、农民共赢的格局，实现旅游发展与生态环境保护的有益互动，推进贵州旅游产业化和旅游产业

生态化。要发挥地方政府在乡村旅游发展中的引领作用，积极组织旅游推介会，实现企业、旅游区的对接，构建直接交流渠道，满足旅游业发展的资金需要，帮助乡村解决宣传难、知名度较低的问题。同时，相关机构要作出适应性调整和政策变通，通过绿色金融、补偿机制等方式支持乡村生态旅游建设，调动企业和居民参与旅游业发展的积极性，农村群众作为生态旅游的重要参与者和相关利益主体，是生态旅游发展的重要动力。要注重充分发挥居民在生态旅游中的主动性。涉旅企业是生态旅游中的重要引领者和实践者，对生态旅游可持续发展具有重要作用。在乡村振兴战略背景下，企业应突破传统方式，大力推动旅游相关产业发展，在获利之时承担部分社会职能，帮助参与群众提高专业素养，以适应乡村旅游发展要求，拓展参与群众的增收渠道。

4. 依托数字经济先发优势，助力乡村生态振兴

要依托贵州大数据、电子商务平台等发展优势，大力推进数字乡村建设，加快农村电子商务发展。与传统商业相比，电子商务打破了区域限制，通过网络将全球消费者与销售者连在一起。在电子商务的助推下，乡村优质农产品等能够以较低价格、较快速度销往全球，实现脱贫致富和区域经济发展。要推动传统扶贫与网络扶贫深度融合，突破时空束缚，利用“互联网+生态建设+精准扶贫”模式，推动贵州生态产品跨区域销售。要深入实施“互联网+”现代农业行动，推行“农产品直采”“微菜场”等现代农业发展新模式，利用互联网提升农业管理服务水平，完善农产品产销对接机制，形成贵州现代山地特色高效农业互联网生态体系。同时，要利用大数据、云技术等，通过公益帮扶和产业支持相结合的方式，将优质教育资源引进贵州农村，缩小农村与城市之间的教育资源差距。要建立电子商务农业销售、培训基地，培养农业技术与现代销售的复合型人才，同时，以引进人才等方式弥补技术人员在数量与质量方面的不足。

8.5　实施差异化的治理策略，实现生态经济良性循环

生态扶贫实现了脱贫增收与生态保护修复的统一，为生态振兴打下了坚实基础。从生态扶贫迈向生态振兴，生态扶贫的内涵和范围得到了进一步拓展，生态振兴的内涵更加丰富。贵州要以“两山”理念为指导，根据乡村的差异性发展走势和分化特征、各地自然地理和生态资源禀赋特点，以及发展现状和需要，分类有序地推进乡村生态振兴。要坚持因地制

宜、突出特色的原则，采取差异化的生态振兴策略，释放乡村生态资源价值和经济活力，实现生态振兴与农民增收的良性循环。

1. 生态资源匮乏型地区，更多运用政策性的治理策略

生态资源匮乏型地区是指生态环境脆弱、敏感和重点保护的地区，是难以依托自然生态资源来解决当地经济发展问题的地区，以国家和省级重点生态功能区、生态脆弱区，以及生态保护区为代表。由于主体功能区和生态保护区以生态环境保护为第一要务，产业发展会受到诸多限制，因此，这些地区的农民群众较难从当地的生态资源开发利用中获取利益，在生态扶贫阶段更多是通过生态移民搬迁、生态公益性岗位等手段来解决贫困问题。在乡村振兴战略背景下，这些地区要更多地运用政策性的治理策略，以生态补偿等政策性手段为主，加大政策扶持倾斜力度，给予特殊的政策支持，推动生态补偿脱贫与生态环境保护有效衔接，为生态红线地区脱贫提供持久动力。例如，延续生态公益性岗位政策，为其提供稳定的财政资金保障。同时，在发展相关产业时，要坚持生态优先，遵循绿色发展模式，在保护好当地自然生态系统的同时，通过政策补偿和发展生态产业缩小与发达地区的差距。

2. 生态资源丰裕型地区，更多运用市场化的治理策略

贵州省经济社会发展水平相对滞后，但很多地区拥有丰裕的生态资源，大部分生态资源未能有效转化为资本要素。如何利用好当地生态资源禀赋优势，让“绿水青山”变成“金山银山”，是实现乡村生态振兴的关键。对于生态资源丰裕型地区，要统筹兼顾保护与发展，更多采取生态产业化、碳汇交易等市场化的生态振兴手段。在碳汇交易方面，全国碳市场的启动，为林业实现资源价值转化提供了有效的市场途径。要依托精准扶贫时期开展的单株碳汇精准扶贫试点工作，进一步推动贵州碳汇交易，特别是林业碳汇转化。要充分发挥贵州自然生态和民族文化优势，发展生态旅游、生态康养、民族文化、特色餐饮等新产业新业态，鼓励发掘生态涵养、休闲观光、文化体验、健康养老等生态功能，推进生态资源与旅游、文化、康养等产业融合，构建更具竞争力的生态产业体系。要用好乡村生态资源，促进各地生态资源优势转化为经济优势，以绿色发展带动乡村振兴，打造农村地区具有独特优势的优质绿色农产品生产基地。要依托生态资源禀赋选准产业，促进生态产品价值实现和自然资源保值增值，多措并举稳固脱贫成果，为乡村振兴奠定更坚实的基础。

3. 经济富裕生态滞后型地区，将生态治理放在优先位置

经济富裕生态滞后型地区是指经济社会发展水平较高的地区，由于生

态环境质量下降和生态需求得不到满足而出现了生态贫困问题。对于经济富裕生态滞后型地区，必须坚持生态优先的发展模式，将生态治理放在优先位置，摒弃“先污染后治理”等掠夺性发展思维，推动经济结构和发展模式调整，大力推动低碳经济、循环发展等产业模式，促进环境保护与修复，最大限度地减少城镇化、工业化对环境的压力。生态优先是自然生态系统和经济社会系统协调发展的前提。生态优先要以保护环境和生态为基础，只有做到保护生态环境，才能让生态资源更合理有效地为发展所用，才能保证经济持久健康发展。因此，要构建绿色发展方式和生活方式，全面节约和高效利用资源，加大环境治理力度，补齐生态环境治理的短板；积极开展生态治理的跨区域及国际合作，协调好自然生态系统供给与经济社会发展需要的关系，实现经济—生态系统协调可持续发展，满足人民群众对优美生态环境的需要，协同推进经济富裕、生态宜居的美丽乡村建设。

8. 6 培育弘扬乡村生态文化，践行绿色生产生活方式

生态文化是生态文明建设的内在动力和重要支撑。生态宜居不仅表现为环境上的宜居，也表现为文化上的宜居。在乡村振兴的过程中，不能忽略乡村的文化底蕴，要挖掘贵州民族文化中蕴含的生态智慧，培育和弘扬具有地域特色的乡村生态文化，强化村民生态环保意识，践行绿色生产生活方式，加快形成以生态价值观念为准则、彰显贵州特色的生态文化体系。

1. 培育和弘扬乡村生态文化，挖掘山地农耕文化智慧

建设生态宜居乡村，不仅要注重保护农村生态环境，也要注重保留乡村的文化气息，弘扬乡村的生态文化。历史上，贵州各族先民依山傍水而居，山地环境孕育了天人合一、道法自然的山地生态文化。在长期发展过程中，不仅形成了独具特色的生产生活方式，也形成了各具特色的民族传统文化，这些历史遗留下来的民族文化、农耕文化和生态智慧，使贵州乡村呈现出独特的魅力。贵州全省有 426 个村寨被列入“中国传统村落保护名录”，入选数量居全国第 1 位。传统村落中蕴藏着丰富的历史信息、文化景观和自然生态景观，是农耕文明留下的宝贵遗产。振兴传统村落，保护好不可再生的生态系统和极其珍贵的历史文化，不仅有利于实现人与自然和谐共生，也契合了实施乡村生态振兴的目标。乡村非物质文化遗产是建设生态宜居乡村的精神财富，培育和弘扬乡村生态文化，要挖掘贵州少数

民族文化、非物质文化遗产、传统文化以及山地文化的内涵，形成有民族特色、有地域特征的乡村生态文化，并结合新时代要求予以创新发展和传承，推动自然与人文、传统与现代、乡村与城市融合发展，让乡村成为农耕文化和山地文化的精神乐土。

2. 强化村民生态环保意识，形成绿色生产生活方式

加强乡村治理和乡风文明建设，要深入挖掘贵州民族文化、传统文化中的生态元素，通过生态文化的日常教育和制度建设，加强宣传引导，强化农民生态环保意识，推动其形成绿色生产生活方式。在乡村振兴过程中，要开展好各类宣传教育活动，让农民群众树立起“保护好生态环境就是保护好我们赖以生存的家园、守住生态环境就是守住可持续发展的底线”的意识，努力营造乡村生态振兴的良好氛围。要依托举办“生态文明贵阳国际论坛”和设立“贵州生态日”等契机，开展一系列生态文化活动，弘扬“天人合一、知行合一”的贵州人文精神，增强农民群众的生态环境保护意识，培育他们发展生态经济和打造绿色家园的生态文化意识。要大力倡导绿色生产生活方式，引导农民群众掌握生态农业、有机农业的新技术，帮助他们完成绿色农业的升级与改造。要督促村民减少污染和破坏生态环境的行为，鼓励合理回收和利用农业生产及生活中的废弃资源，共建生态宜居的美丽乡村。

8.7 深化区域生态治理合作，发挥资源优势互补效应

贵州通过大力发展立体快速交通，逐渐改变了交通区位劣势，在西部省区中率先实现县县通高速，随着高铁的迅速发展，贵阳已经成为西南高铁交通网的重要枢纽，对促进贵州经济社会发展、助力沿线地区脱贫致富发挥了重要作用。“生态建设利益共享”等政策对贵州生态保护与生态文明建设提出了更高的要求，贵州要依托内陆开放型经济试验区建设，进一步释放生态资源优势，实现与长江经济带、粤港澳大湾区以及“一带一路”沿线地区的跨区域治理合作。

1. 深化与长江经济带的协同发展

长江经济带横跨东中西部，涉及11个省市，经济总量占全国的40%以上。深度参与长江经济带建设，有助于贵州发挥非对称优势，形成联动发展机制，既有利于贵州产业转型与生态文明建设，也有益于东部、中部省份产业升级。长三角地区及武汉、重庆等城市经济基础雄厚，但资源与环

境压力较大，产业转型升级成为当下要务，部分产能向中西部转移势在必行。贵州属于长江经济带中经济相对落后的省区，经济总量、人均收入均相对落后，工业水平处于较低位置。与东中部相比，贵州拥有较为丰富的矿产资源、良好的生态环境和劳动力资源，适合承接部分新兴产业。因此，深度参与长江经济带对贵州产业升级和区域建设具有重要的边际效应，有利于贵州的工业化与城镇化建设，缓解区域发展不平衡，实现经济后发赶超。作为长江经济带上游唯一的国家生态文明试验区，生态环境是贵州与东中部省份相比最为宝贵的资源。协调资源开发、环境保护，成为贵州可持续发展的重要议题。在承接产业转移时，需要实行严格的管理制度，坚决拒绝高污染企业进入，加大环境监测与惩戒力度，完善环保问责体制，走绿色环保的产业发展之路。要继续探索东西部协作和对口支援，实现贵州与发达地区互融式发展；加强与四川、重庆、云南等周边地区的生态治理合作，健全完善跨省域的横向生态保护补偿机制；加快融入成渝地区双城经济圈，推进渝黔合作先行示范区建设，助力长江经济带生态保护与修复。

2. 积极融入粤港澳大湾区建设

要充分发挥贵州的生态资源等优势，打造上游生态走廊、协同粤港澳大湾区产业转型。根据既有规划，贵州纳入珠江—西江经济带的 4 个市州基本都属于连片特困区和少数民族聚集区，参与珠江—西江经济带建设，有助于生态扶贫、精准扶贫的贯彻落实。贵州应在加快退耕还林、石漠化治理、修建珠江防护林的基础上，打破行政区划限制，与广西协同组建西江生态屏障，加快跨省区生态安全工程建设。同时，要不断完善交通体系，在水路、公路、铁路、航空、通关制度等方面形成互动，打造互联互通通道。要积极推动与广西、广东等周边省份的铁路建设，以廉价运输为经济互通构筑通道；以贵广高铁为基础，加快与两广地区的经济交流，构建面向东南亚和粤港澳的交通枢纽，形成贵广高铁经济带；充分发挥大数据、生态农业、中医药等非对称优势，深化与粤港澳大湾区的经贸合作。加强与粤港澳大湾区在生态产业等领域的合作，精准对接大湾区市场，建立直供大湾区的“菜篮子”基地等，实现贵州农产品直销大湾区。在整合贵州特有旅游资源的基础上，建立跨省性旅游同盟，合作开发优势旅游项目和路线。贵州还应在体制层面作出调整，实行属地申报、口岸验放等区域性联合通关模式。

3. 加快推动绿色丝绸之路建设

随着“一带一路”沿线国家和地区之间经济活动的不断深入，生态环保相关领域的合作迅速增长。贵州地处西南，与东盟邻近，有利于发挥“结合部”优势，积极开展对外交流，搭建开放创新平台。要抢抓西部陆海新通道建设机遇，加强贵州本土优强企业在“一带一路”沿线国家和地区的布局，建立友城和友好合作关系。要利用贵州生态、资源、区位等比较优势，深化国内外生态治理合作，打造绿色丝绸之路。一是持续提升农村地区基础设施水平。重点提高城乡、城郊交通通行水平，强化与城市的联系。尤其在具有特色产业的乡村，加强与交通主干线的支路建设，实现产品交流便利化，为其出口创汇创造良好条件。二是积极推动国内外绿色产能合作。用好国家生态文明试验区建设和绿色丝绸之路的机遇，深化跨区域和“一带一路”生态治理合作，建设生态环保合作平台，积极引进国内外生态环保领域的先进技术，打造生态环境领域科技研发转化及产业合作基地。三是推动旅游业等生态产业合作。加快贵州人文景观建设，发挥多民族省份优势，打造民族、民俗特色品牌和旅游区。将旅游项目与茶马古道、南部丝绸之路等易与沿线国家产生共鸣的旅游资源相结合，构筑国际旅游新线路。四是加强生态文明交流、宣传与合作。依托生态文明贵阳国际论坛、中国—东盟教育交流周等平台，交流探讨国内外生态保护与经济发展良性互动的经验。在乡村振兴战略背景下，持续推动生态环保领域的跨区域及国际合作，讲述生态扶贫贵州故事，增强贵州在生态文明建设中的话语权和影响力，让更多贵州生态产品走出国门，助力贵州迈向生态振兴。

附 表

附表 A 2011 年贵州省国家扶贫开发工作重点县、集中连片特殊困难片区县

序号	市州名	县名	属性
1	遵义市	正安县	武陵山片区县、重点县
2		道真县	武陵山片区县、重点县
3		务川县	武陵山片区县、重点县
4		凤冈县	武陵山片区县
5		湄潭县	武陵山片区县
6		余庆县	武陵山片区县
7		桐梓县	乌蒙山片区县
8		习水县	乌蒙山片区县、重点县
9		赤水县	乌蒙山片区县
10	安顺市	西秀区	滇桂黔石漠化片区县
11		平坝县	滇桂黔石漠化片区县
12		普定县	滇桂黔石漠化片区县、重点县
13		镇宁县	滇桂黔石漠化片区县、重点县
14		关岭县	滇桂黔石漠化片区县、重点县
15		紫云县	滇桂黔石漠化片区县、重点县
16	六盘水市	六枝特区	滇桂黔石漠化片区县、重点县
17		水城县	滇桂黔石漠化片区县、重点县
18		钟山区	滇桂黔石漠化片区县
19		盘县	重点县

续表

序号	市州名	县名	属性
20	毕节市	七星关区	乌蒙山片区县
21		大方县	乌蒙山片区县、重点县
22		黔西县	乌蒙山片区县
23		织金县	乌蒙山片区县、重点县
24		纳雍县	乌蒙山片区县、重点县
25		威宁县	乌蒙山片区县、重点县
26		赫章县	乌蒙山片区县、重点县
27	铜仁市	碧江区	武陵山片区县
28		江口县	武陵山片区县、重点县
29		玉屏县	武陵山片区县
30		石阡县	武陵山片区县、重点县
31		思南县	武陵山片区县、重点县
32		印江县	武陵山片区县、重点县
33		德江县	武陵山片区县、重点县
34		沿河县	武陵山片区县、重点县
35		松桃县	武陵山片区县、重点县
36		万山区	武陵山片区县
37	黔东南州	黄平县	滇桂黔石漠化片区县、重点县
38		施秉县	滇桂黔石漠化片区县、重点县
39		三穗县	滇桂黔石漠化片区县、重点县
40		镇远县	滇桂黔石漠化片区县
41		岑巩县	滇桂黔石漠化片区县、重点县
42		天柱县	滇桂黔石漠化片区县、重点县
43		锦屏县	滇桂黔石漠化片区县、重点县
44		剑河县	滇桂黔石漠化片区县、重点县
45		台江县	滇桂黔石漠化片区县、重点县
46		黎平县	滇桂黔石漠化片区县、重点县
47		榕江县	滇桂黔石漠化片区县、重点县
48		从江县	滇桂黔石漠化片区县、重点县
49		雷山县	滇桂黔石漠化片区县、重点县
50		麻江县	滇桂黔石漠化片区县、重点县
51		丹寨县	滇桂黔石漠化片区县、重点县
52		凯里市	滇桂黔石漠化片区县

续表

序号	市州名	县名	属性
53	黔南州	荔波县	滇桂黔石漠化片区县、重点县
54		贵定县	滇桂黔石漠化片区县
55		瓮安县	滇桂黔石漠化片区县
56		独山县	滇桂黔石漠化片区县、重点县
57		平塘县	滇桂黔石漠化片区县、重点县
58		罗甸县	滇桂黔石漠化片区县、重点县
59		长顺县	滇桂黔石漠化片区县、重点县
60		龙里县	滇桂黔石漠化片区县
61		惠水县	滇桂黔石漠化片区县
62		三都县	滇桂黔石漠化片区县、重点县
63		都匀市	滇桂黔石漠化片区县
64	黔西南州	兴仁县	滇桂黔石漠化片区县、重点县
65		普安县	滇桂黔石漠化片区县、重点县
66		晴隆县	滇桂黔石漠化片区县、重点县
67		贞丰县	滇桂黔石漠化片区县、重点县
68		望谟县	滇桂黔石漠化片区县、重点县
69		册亨县	滇桂黔石漠化片区县、重点县
70		安龙县	滇桂黔石漠化片区县、重点县
71		兴义市	滇桂黔石漠化片区县

注：重点县是指国家扶贫开发工作重点县，片区县是指集中连片特殊困难片区县。共计 71 个贫困县。

附表 B　2016—2019 年贵州省贫困县脱贫摘帽情况

市州名	2016 年贫困县（66 个）	2017 年贫困县（65 个）	2018 年贫困县（33 个）	2019 年贫困县（脱贫攻坚挂牌督战县 9 个）
六盘水市	六枝特区、▼水城县、盘县	六枝特区、▼水城县、盘州市	▼水城县	—
遵义市	桐梓县、▼正安县、※道真县、※务川县、凤冈县、湄潭县、习水县、赤水市	桐梓县、▼正安县、※道真县、※务川县、凤冈县、湄潭县、习水县	▼正安县	—

续表

市州名	2016年贫困县（66个）	2017年贫困县（65个）	2018年贫困县（33个）	2019年贫困县（脱贫攻坚挂牌督战县9个）
安顺市	西秀区、平坝区、普定县、※镇宁县、※关岭县、▼※紫云县	西秀区、平坝区、普定县、※镇宁县、※关岭县、▼※紫云县	※关岭县、▼※紫云县	▼※紫云县
毕节市	七星关区、大方县、黔西县、织金县、▼纳雍县、▼※威宁县、▼赫章县	七星关区、大方县、黔西县、织金县、▼纳雍县、▼※威宁县、▼赫章县	七星关区、织金县、▼纳雍县、▼※威宁县、▼赫章县	▼纳雍县、▼※威宁县、▼赫章县
铜仁市	碧江区、万山区、江口县、※玉屏县、石阡县、思南县、※印江县、德江县、▼※沿河县、※松桃县	碧江区、万山区、江口县、※玉屏县、石阡县、思南县、※印江县、德江县、▼※沿河县、※松桃县	思南县、德江县、▼※沿河县、※松桃县	▼※沿河县
黔西南州	兴仁县、普安县、▼晴隆县、贞丰县、▼望谟县、▼册亨县、安龙县	兴仁县、普安县、▼晴隆县、贞丰县、▼望谟县、▼册亨县、安龙县	普安县、▼晴隆县、贞丰县、▼望谟县、▼册亨县	▼晴隆县、▼望谟县
黔东南州	黄平县、施秉县、三穗县、镇远县、岑巩县、天柱县、锦屏县、▼剑河县、台江县、黎平县、▼榕江县、▼从江县、雷山县、麻江县、丹寨县	黄平县、施秉县、三穗县、镇远县、岑巩县、天柱县、锦屏县、▼剑河县、台江县、黎平县、▼榕江县、▼从江县、雷山县、麻江县、丹寨县	黄平县、岑巩县、天柱县、锦屏县、▼剑河县、台江县、黎平县、▼榕江县、▼从江县	▼榕江县、▼从江县
黔南州	荔波县、贵定县、瓮安县、独山县、平塘县、罗甸县、长顺县、龙里县、惠水县、▼※三都县	荔波县、贵定县、瓮安县、独山县、平塘县、罗甸县、长顺县、龙里县、惠水县、▼※三都县	荔波县、独山县、平塘县、罗甸县、长顺县、▼※三都县	—

注：1. 资料来源于贵州省扶贫办；2. ▼为深度贫困县；3. ※为少数民族自治县。

资料来源：根据《贵州统计年鉴2017》《贵州统计年鉴2018》《贵州统计年鉴2019》整理。

附表C 贵州省重点生态功能区的类型和发展方向

大区名称	亚区名称	范围	类型	综合评价	发展方向
桂黔滇喀斯特石漠化防治生态功能区（国家级）	威宁—赫章高原分水岭石漠化防治与水源涵养区	毕节市：威宁县、赫章县	石漠化防治与水源涵养	保存了完整的喀斯特高原面，是乌江、北盘江、牛栏江横江水系的发源地，拥有特殊的高原湿地生态系统，是全省重要的水源涵养地。目前，石漠化与水土流失较严重，湿地生态系统退化。	封山育林育草，推进石漠化防治，加强水土流失治理，保护和恢复植被、湿地。
	关岭—镇宁高原峡谷石漠化防治区	安顺市：镇宁县、关岭县、紫云县	石漠化防治与水土保持	喀斯特发育强烈，生态系统脆弱，喀斯特旅游资源丰富。目前，生态环境遭到破坏，生态系统退化，水土流失严重，石漠化有扩大趋势。	加强石漠化防治和水土流失治理，实行生态移民，改变耕作方式。
	册亨—望谟南、北盘江下游河谷石漠化防治与水土保持区	黔西南州：册亨县、望谟县	石漠化防治与水土保持	喀斯特地貌与非喀斯特地貌相间分布，生态系统脆弱，对南、北盘江下游生态安全具有重要影响。目前，石漠化与水土流失较严重，生态系统退化。	推进防护林建设，加强水土流失治理和石漠化防治，防止草地退化。
	罗甸—平塘高原槽谷石漠化防治区	黔南州：罗甸县、平塘县	石漠化防治与水土保持	喀斯特发育强烈，生态环境脆弱，土壤一旦流失，生态恢复难度极大。目前，山地生态系统退化，水土流失严重，石漠化有扩大趋势。	加强石漠化防治和水土流失治理，恢复植被和生态系统，实行生态移民。

续表

大区名称	亚区名称	范围	类型	综合评价	发展方向
武陵山区生物多样性与水土保持生态功能区（省级）	沿河—石阡武陵山区生物多样性与水土保持区	铜仁市：沿河县、印江县、江口县、石阡县	生物多样性与水土保持	森林覆盖率较高，亚热带常绿阔叶林生态系统典型，山地垂直地带性突出，是珙桐、黔金丝猴、黑叶猴等重要物种的保护地，目前森林遭到不同程度的破坏，水土流失严重，生物多样性受到威胁。	加强水土流失治理，保护典型生态系统和濒危动植物。
桂黔滇喀斯特石漠化防治生态功能区（省级）	黄平—施秉低山丘陵石漠化防治与生物多样性保护区	黔东南州：黄平县、施秉县	石漠化防治与生物多样性保护	喀斯特发育强烈，生态系统良好，生物多样性丰富。但生态环境脆弱，目前石漠化有一定的扩大趋势，生态系统与生物多样性受到威胁，一旦破坏将无法恢复。	加强石漠化防治，保护生态系统，切实推进区域可持续发展。
	荔波丘陵谷地石漠化防治与生物多样性保护区	黔南州：荔波县	石漠化防治与生物多样性保护	喀斯特发育强烈，生态系统良好，生物多样性丰富，是世界自然遗产地。但生态环境脆弱，目前石漠化有一定的扩大趋势，生态系统与生物多样性受到威胁，一旦破坏将无法恢复。	加强石漠化防治，保护世界自然遗产，切实推进区域可持续发展。
	三都丘陵谷地石漠化防治与水土保持区	黔南州：三都水族自治县	石漠化防治与水土保持	喀斯特生态环境脆弱，水土流失和石漠化较严重，生态系统受到一定威胁。	加强石漠化防治与水土保持，保护生态系统。
苗岭水土保持与生物多样性保护生态功能区（省级）	雷山—锦屏中低山丘陵水土保持与生物多样性保护区	黔东南州：雷山县、锦屏县、剑河县、台江县	石漠化防治与生物多样性保护	森林覆盖率较高，是西江水系的重要发源地之一，亚热带喀斯特森林生态系统典型，生物多样性丰富。目前森林系统遭到破坏，生物多样性受到威胁。	加强石漠化防治，保护自然生态系统和野生动植物栖息环境，加强水土流失治理。

注：荔波县从2011年起被纳入国家重点生态功能区政策范围，享受国家重点生态功能区中央财政转移支付。

资料来源：《贵州省主体功能区规划》（黔府发〔2013〕12号）。

附　录

附录1　生态扶贫工作方案

（2018年1月18日印发）

为贯彻落实《中共中央　国务院关于打赢脱贫攻坚战的决定》国务院《“十三五”脱贫攻坚规划》精神，充分发挥生态保护在精准扶贫、精准脱贫中的作用，切实做好生态扶贫工作，按照国务院扶贫开发领导小组统一部署，国家发展改革委、国家林业局、财政部、水利部、农业部、国务院扶贫办共同制定本工作方案。

一、准确把握生态扶贫工作总体要求

（一）指导思想

深入学习和全面贯彻党的十九大精神，深刻领会和认真落实习近平总书记关于脱贫攻坚的重要指示精神，坚决执行党中央、国务院的决策部署，牢固树立和践行绿水青山就是金山银山的理念，把精准扶贫、精准脱贫作为基本方略，坚持扶贫开发与生态保护并重，采取超常规举措，通过实施重大生态工程建设、加大生态补偿力度、大力发展生态产业、创新生态扶贫方式等，切实加大对贫困地区、贫困人口的支持力度，推动贫困地区扶贫开发与生态保护相协调、脱贫致富与可持续发展相促进，使贫困人口从生态保护与修复中得到更多实惠，实现脱贫攻坚与生态文明建设“双赢”。

（二）基本原则

坚持中央统筹、地方负责。实行中央统筹、省负总责、市县抓落实的工作机制。中央有关部门负责制定政策，明确工作部署，强化考核监督。

省级政府有关部门负责完善政策措施，加强协调配合。市县级政府有关部门负责做好本行政区域内的生态扶贫各项工作，确保政策措施落到实处。

坚持政府引导、主体多元。创新体制机制，广泛动员各方面力量共同参与生态扶贫工作，拓宽社会力量扶贫渠道，形成社会合力。充分调动贫困地区广大群众保护修复家乡生态环境的积极性、主动性、创造性，发扬自强自立、艰苦奋斗精神，依靠自身努力改变贫困落后面貌。

坚持因地制宜、科学发展。协调好扶贫开发与生态保护的关系，把尊重自然、顺应自然、保护自然融入生态扶贫工作全过程。进一步处理好短期扶贫与长期发展的关系，着眼长远，立足当前，综合考虑自然资源禀赋、承载能力、地方特色、区域经济社会发展水平等因素，合理确定生态扶贫工作思路，统筹推进脱贫攻坚与绿色发展。

坚持精准施策、提高实效。精确瞄准14个集中连片特困地区的片区县、片区外国家扶贫开发工作重点县和建档立卡贫困户，突出深度贫困地区，坚持问题导向和目标导向，聚焦贫困人口脱贫，加强脱贫政策衔接，有针对性地制定和实施生态扶贫政策措施，确保生态扶贫工作取得实效。

二、生态扶贫工作目标

到2020年，贫困人口通过参与生态保护、生态修复工程建设和发展生态产业，收入水平明显提升，生产生活条件明显改善。贫困地区生态环境有效改善，生态产品供给能力增强，生态保护补偿水平与经济社会发展状况相适应，可持续发展能力进一步提升。力争组建1.2万个生态建设扶贫专业合作社（其中造林合作社（队）1万个、草牧业合作社2000个），吸纳10万贫困人口参与生态工程建设；新增生态管护员岗位40万个（其中生态护林员30万个、草原管护员10万个）；通过大力发展生态产业，带动约1500万贫困人口增收。

三、通过多种途径助力贫困人口脱贫

（一）通过参与工程建设获取劳务报酬

推广扶贫攻坚造林专业合作社、村民自建等模式，采取以工代赈等方式，组织贫困人口参与生态工程建设，提高贫困人口参与度。政府投资实施的重大生态工程，必须吸纳一定比例具有劳动能力的贫困人口参与工程建设，支付贫困人口合理的劳务报酬，增加贫困人口收入。

（二）通过生态公益性岗位得到稳定的工资性收入

支持在贫困县设立生态管护员工作岗位，以森林、草原、湿地、沙化土地管护为重点，让能胜任岗位要求的贫困人口参加生态管护工作，实现家门口脱贫。在贫困县域内的国家公园、自然保护区、森林公园和湿地公园等，优先安排有劳动能力的贫困人口参与服务和管理。在加强贫困地区生态保护的同时，精准带动贫困人口稳定增收脱贫。

（三）通过生态产业发展增加经营性收入和财产性收入

在加强保护的前提下，充分利用贫困地区生态资源优势，结合现有工程，大力发展生态旅游、特色林产业、特色种养业等生态产业，通过土地流转、入股分红、合作经营、劳动就业、自主创业等方式，建立利益联结机制，完善收益分配制度，增加资产收益，拓宽贫困人口增收渠道。在同等质量标准条件下，优先采购建档立卡贫困户的林草种子、种苗，增加贫困户经营性收入。

（四）通过生态保护补偿等政策增加转移性收入

在安排退耕还林还草补助、草原生态保护等补助资金时，优先支持有需求、符合条件的贫困人口，使贫困人口获得补助收入。

四、全力推进各项任务实施

（一）加强重大生态工程建设

加强贫困地区生态保护与修复，在各类重大生态工程项目和资金安排上进一步向贫困地区倾斜。组织动员贫困人口参与重大生态工程建设，提高贫困人口受益程度。

1. 退耕还林还草工程

调整贫困地区25度以上陡坡耕地基本农田保有指标，加大贫困地区新一轮退耕还林还草力度。将新增退耕还林还草任务向中西部22个省（区、市）倾斜，省（区、市）要优先支持有需求的贫困县，特别是深度贫困地区。各贫困县要优先安排给符合条件的贫困人口。在树种、草种选择上，指导贫困户发展具有较好经济效益且适应当地种植条件的经济林种、草种，促使贫困户得到长期稳定收益，巩固脱贫成果。确保2020年底前，贫困县符合现行退耕政策且有退耕意愿的耕地全部完成退耕还林还草。

2. 退牧还草工程

在内蒙古、陕西、宁夏、新疆、甘肃、四川、云南、青海、西藏、贵州等省区及新疆生产建设兵团符合条件的贫困县实施退牧还草工程，根据退牧还草工程区贫困农牧民需求，在具备条件的县适当增加舍饲棚圈和人工饲草地年度任务规模。

3. 青海三江源生态保护和建设二期工程

深入推进三江源地区森林、草原、荒漠、湿地与湖泊生态系统保护和建设，加大黑土滩等退化草地治理，完成黑土滩治理面积220万亩，有效提高草地生产力。为从事畜牧业生产的牧户配套建设牲畜暖棚和贮草棚，改善生产条件。通过发展高原生态有机畜牧业，促进牧民增收。

4. 京津风沙源治理工程

推进工程范围内53个贫困县（旗）的林草植被保护修复和重点区域沙化土地治理，提高现有植被质量和覆盖率，遏制局部区域流沙侵蚀，安排营造林315万亩、工程固沙6万亩，吸纳贫困人口参与工程建设。

5. 天然林资源保护工程

以长江上游、黄河上中游为重点，加大对贫困地区天然林资源保护工程建设支持力度。支持依法通过购买服务开展公益林管护，为贫困人口创造更多的就业机会。

6. 三北等防护林体系建设工程

优先安排三北、长江、珠江、沿海、太行山等防护林体系建设工程范围内226个贫困县的建设任务，加大森林经营力度，推进退化林修复，完成营造林1000万亩。加强国家储备林建设，积极利用金融等社会资本，重点在南方光热水土条件较好、森林资源较为丰富、集中连片贫困区域，发展1000万亩国家储备林。

7. 水土保持重点工程

加大长江和黄河上中游、西南岩溶区、东北黑土区等重点区域水土流失治理力度，对纳入相关规划的水土流失严重贫困县，加大政策和项目倾斜力度，加快推进坡耕地、侵蚀沟治理和小流域综合治理。在综合治理水土流失的同时，培育经济林果和特色产业，实施生态修复，促进项目区生态经济良性循环，改善项目区农业生产生活条件。

8. 石漠化综合治理工程

坚持“治石与治贫”相结合，重点支持滇桂黔石漠化区、滇西边境山区、乌蒙山区和武陵山区等贫困地区146个重点县的石漠化治理工程，采取封山育林育草、人工造林、森林抚育、小流域综合治理等多种措施，完成岩溶治理面积1.8万平方公里。

9. 沙化土地封禁保护区建设工程

在内蒙古、西藏、陕西、甘肃、青海、宁夏、新疆等省（区）及新疆生产建设兵团的贫困地区推进沙化土地封禁保护区建设，优先将贫困县498万亩适宜沙地纳入工程范围，实行严格的封禁保护。加大深度贫困地区全国防沙治沙综合示范区建设，提升贫困地区防风固沙能力。

10. 湿地保护与恢复工程

在贫困地区的国际重要湿地、国家级湿地自然保护区，实施一批湿地保护修复重大工程，提升贫困地区涵养水源、蓄洪防涝、净化水质的能力。支持贫困县实施湿地保护与恢复、湿地生态效益补偿、退耕还湿试点等项目，完善湿地保护体系。

11. 农牧交错带已垦草原综合治理工程

统筹推进农牧交错带已垦草原治理工程，加大向贫困地区倾斜力度，通过发展人工种草，提高治理区植被覆盖率，建设旱作优质饲草基地，结合饲草播种、加工机械的农机购置补贴，引导和支持贫困地区发展草食畜牧业，在实现草原生态恢复的同时，促进畜牧业提质增效。

（二）加大生态保护补偿力度

不断完善转移支付制度，探索建立多元化生态保护补偿机制，逐步扩大贫困地区和贫困人口生态补偿受益程度。

1. 增加重点生态功能区转移支付

中央财政加大对国家重点生态功能区中的贫困县，特别是“三区三州”等深度贫困地区的转移支付力度，扩大政策实施范围，完善补助办法，逐步加大对重点生态功能区生态保护与恢复的支持力度。

2. 不断完善森林生态效益补偿补助机制

健全各级财政森林生态效益补偿补助标准动态调整机制，调动森林保护相关利益主体的积极性，完善森林生态效益补偿补助政策，推动补偿标准更加科学合理。抓好森林生态效益补偿资金监管，保障贫困群众的切身利益。

3. 实施新一轮草原生态保护补助奖励政策

在内蒙古、西藏、新疆、青海、四川、甘肃、云南、宁夏、黑龙江、吉林、辽宁、河北、山西和新疆生产建设兵团的牧区半牧区县实施草原生态保护补助奖励政策，及时足额向牧民发放禁牧补助和草畜平衡奖励资金。

4. 开展生态综合补偿试点

以国家重点生态功能区中的贫困县为主体，整合转移支付、横向补偿和市场化补偿等渠道资金，结合当地实际建立生态综合补偿制度，健全有效的监测评估考核体系，把生态补偿资金支付与生态保护成效紧密结合起来，让贫困地区农牧民在参与生态保护中获得应有的补偿。

（三）大力发展生态产业

依托和发挥贫困地区生态资源禀赋优势，选择与生态保护紧密结合、市场相对稳定的特色产业，将资源优势有效转化为产业优势、经济优势。支持贫困地区创建特色农产品优势区，在国家级特优区评定时，对脱贫攻坚任务重、带动农民增收效果突出的贫困地区适当倾斜。引导贫困县拓宽投融资渠道，落实资金整合政策，强化金融保险服务，着力提高特色产业抗风险能力。培育壮大生态产业，促进一二三产业融合发展，通过入股分红、订单帮扶、合作经营、劳动就业等多种形式，建立产业化龙头企业、新型经营主体与贫困人口的紧密利益联结机制，拓宽贫困人口增收渠道。

1. 发展生态旅游业

健全生态旅游开发与生态资源保护衔接机制，加大生态旅游扶贫的指导和扶持力度，依法加强自然保护区、森林公园、湿地公园、沙漠公园、草原等旅游配套设施建设，完善生态旅游行业标准，建立健全消防安全、环境保护等监管规范。积极打造多元化的生态旅游产品，推进生态与旅游、教育、文化、康养等产业深度融合，大力发展生态旅游体验、生态科考、生态康养等，倡导智慧旅游、低碳旅游。引导贫困人口由分散的个体经营向规模化经营发展，为贫困人口兴办森林（草原）人家、从事土特产销售和运输提供便利服务。扩大与旅游相关的种植业、养殖业和手工业发展，促进贫困人口脱贫增收。在贫困地区打造具有较高知名度的50处精品森林旅游地、20条精品森林旅游线路、30个森林特色小镇、10处全国森林体验和森林养生试点基地等，依托森林旅游实现增收的贫困人口数量达到65万户、200万人。

2. 发展特色林产业

在保证生态效益的前提下，积极发展适合在贫困地区种植、市场需求旺盛、经济价值较高的木本油料、特色林果、速丰林、竹藤、花卉等产业。建设林特产品标准化生产基地，推广标准化生产技术，促进特色林产业提质增效，因地制宜发展贫困地区区域特色林产业，做大产业规模，加强专业化经营管理。以发展具有地方和民族特点的林特产品初加工和精深加工为重点，延长产业链，完善仓储物流设施，提升综合效益。充分发挥品牌引领作用，支持龙头企业发展企业品牌，提高特色品牌的知名度和美誉度，扩大消费市场容量。为深度贫困地区特色林产品搭建展销平台，充分利用电商平台、线上线下融合、“互联网+”等各种新兴手段，加大林特产品市场推介力度。

3. 发展特色种养业

立足资源环境承载力，充分发挥贫困地区湖泊水库、森林、草原等生态资源优势，积极发展林下经济，推进农林复合经营。大力发展林下中药材、特色经济作物、野生动植物繁（培）育利用、林下养殖、高产饲草种植、草食畜牧业、特色水产养殖业等产业，积极推进种养结合，促进循环发展。加快发展农林产品加工业，积极发展农产品电子商务，打造一批各具特色的种养业示范基地，形成“龙头企业+专业合作组织+基地+贫困户”的生产经营格局，积极引导贫困人口参与特色种养业发展。

（四）创新对贫困地区的支持方式

1. 开展生态搬迁试点

结合建立国家公园体制，多渠道筹措资金，对居住在生态核心区的居民实施生态搬迁，恢复迁出区原始生态环境，帮助贫困群众稳定脱贫。按照“先行试点、逐步推开”的原则，在祁连山国家公园体制试点（甘肃片区）核心保护区先行开展生态搬迁试点，支持搬迁群众安置住房建设（购买）、后续产业发展和转移就业安排、迁出区生态保护修复等。在及时总结可复制可推广经验做法基础上，采取“一事一议”的办法稳步推开。

2. 创新资源利用方式

推进森林资源有序流转，推广经济林木所有权、林地经营权等新型林权抵押贷款改革，拓宽贫困人口增收渠道。地方可自主探索通过赎买、置换等方式，将国家级和省级自然保护区、国家森林公园等重点生态区范围内禁采伐的非国有商品林调整为公益林，实现社会得绿，贫困人口得利。推进贫困地区农村集体产权制度改革，保障农民财产权益，将贫困地区符合条件的农村土地资源、集体所有森林资源，通过多种方式转变为企业、合作社或其他经济组织的股权，推动贫困村资产股份化、土地使用权股权化，盘活农村资源资产资金。

3. 推广生态脱贫成功样板

积极探索通过生态保护、生态修复、生态搬迁、生态产业发展、生态乡村建设带动贫困人口精准脱贫增收的模式，研究深度贫困地区生态脱贫组织形式、利益联结机制、多业增收等措施和政策，及时总结提炼好的经验模式，打造深度贫困地区生态脱贫样板，积极推广好经验、好做法，在脱贫攻坚中更好地保护生态环境，帮助贫困群众实现稳定脱贫。

4. 规范管理生态管护岗位

研究制定生态管护员制度，规范生态管护员的选聘程序、管护范围、工作职责、权利义务等，加强队伍建设，提升生态资源管护能力。加强生态管护员上岗培训，提升业务水平和安全意识。逐步加大贫困人口生态管护员选聘规模，重点向深度贫困地区、重点生态功能区及大江大河源头倾斜。坚持强化“县建、乡管、村用”的管理机制，对贫困程度较深、少数民族、退伍军人家庭优先考虑。

5. 探索碳交易补偿方式

结合全国碳排放权交易市场建设，积极推动清洁发展机制和温室气体自愿减排交易机制改革，研究支持林业碳汇项目获取碳减排补偿，加大对贫困地区的支持力度。

五、制定切实可行的保障措施

（一）层层落实责任

国家发展改革委、国家林业局、财政部、农业部、水利部、国务院扶贫办等部门按照职责分工，加强指导和支持，强化沟通协作，统筹推进生态扶贫各项工作，形成共商共促生态扶贫工作合力。地方政府有关部门要细化落实生态扶贫工作方案，将生态扶贫作为重点工作纳入年度工作计划，制定出台年度工作要点，对各项任务进行项目化、责任化分解，逐项明确责任单位、责任人、时间进度。要把生态扶贫工作作为重点工作进行部署安排，一级抓一级，层层传导责任和压力，形成生态扶贫责任体系。

（二）加大投入力度

各类涉及民生的专项转移支付资金、中央预算内投资要进一步向贫困地区和贫困人口倾斜。以生态扶贫为主要脱贫攻坚措施的地方要积极调整和优化财政支出结构，统筹整合各渠道资金，切实把生态扶贫作为优先保障重点。创新政府性资金投入方式，规范运用政府与社会资本合作等模式，撬动更多资源投向生态扶贫。优先安排深度贫困地区的生态扶贫任务，在新增资金、新增项目、新增举措、惠民项目、涉农资金整合、财政转移支付、金融投入、资本市场、保险机构、建设用地指标等方面加大对深度贫困地区的支持力度。

（三）加强技术培训

积极组织技术专家深入贫困地区开展精准帮扶活动，加大对生态产业经营大户、合作社和企业的技术指导，在贫困地区培养一批活跃在贫困人口身边的“看得见、问得着、留得住”的乡土专家和技术能手。加大对基层生态扶贫工作人员和贫困户的培训力度，提高基层生态扶贫工作人员的能耐，提升贫困人口自我发展能力、市场意识和风险防控能力。

（四）强化监督管理

建立生态扶贫工作动态管理和监督制度，统筹做好组织实施、日常调度、跟踪检查工作，对年度重点工作实行台账管理、定期调度，将工作情况作为对各地脱贫攻坚成效考核的参考依据。对落实不力、进度滞后的进行挂牌督办，对真抓实干、成效明显的给予表扬激励，确保工作方案顺利推进。对生态扶贫资金监管实行“零容忍”，完善使用管理办法，加大审计、检查、约谈力度，发现问题要严肃查处、严厉问责，确保资金在阳光下运行，切实保障贫困群众利益。

附录2　贵州省生态扶贫实施方案（2017—2020年）

（2018年1月9日印发）

为深入贯彻落实我省深度贫困地区脱贫攻坚行动方案，切实发挥生态扶贫的重要作用，助力脱贫攻坚、决胜同步小康，特制定本实施方案。

一、主要目标

深入贯彻落实中央和省委、省政府关于脱贫攻坚的决策部署，大力实施大生态战略行动，坚持生态优先、绿色发展，坚持绿水青山就是金山银山，与建设国家生态文明试验区紧密结合，通过实施生态扶贫十大工程，进一步加大生态建设保护和修复力度，促进贫困人口在生态建设保护修复中增收脱贫、稳定致富，在摆脱贫困中不断增强保护生态、爱护环境的自觉性和主动性，实现百姓富和生态美的有机统一。到 2020 年，通过生态扶贫助推全省 30 万以上贫困户、100 万以上建档立卡贫困人口实现增收。

二、重点任务

（一）实施退耕还林建设扶贫工程

全力争取国家将我省 25 度以上坡耕地、严重石漠化耕地、重要水源地 15~25 度坡耕地、陡坡梯田和严重污染耕地纳入新一轮退耕还林范围，2017—2020 年全省争取实施退耕还林 1000 万亩左右。退耕还林任务继续向三个集中连片特困地区和 14 个深度贫困县倾斜，对符合退耕政策的贫困村、贫困农户实现工程全覆盖，确保 69 万户贫困户每亩退耕地有 1200 元的政策性收入。以退耕还林工程为平台，支持贫困县加大财政涉农资金整合力度，集中资源调整种植结构，下大力调减玉米种植面积，因地制宜大力发展刺梨、核桃、板栗、樱桃、猕猴桃等特色产业，建成一批高标准、高质量的经果林基地，带动建档立卡贫困户 41 万户、164 万人人均增收 2000 元左右。创新石漠化治理投资体制，积极开展石漠化治理政府与社会资本合作，2018—2020 年每年争取利用 1 亿元中央预算内投资资金与社会资本开展合作，在石漠化区域积极发展特色生态种养殖业，并以合同约定中央投资固定收益补贴贫困农户和村集体，促进石漠化治理与脱贫攻坚有机结合。

（二）实施森林生态效益补偿扶贫工程

认真落实我省 4928 万亩国家公益林每亩 15 元的补偿标准。巩固完善森林生态效益补偿机制，主动向财政部、国家林业局等部委汇报、沟通，尽快制定出台提高地方公益林补偿标准方案，健全补偿资金投入机制，逐步提高纳入森林生态效益补偿的 3750 万亩地方公益林补偿标准，实现与国家公益林补偿标准并轨，带动建档立卡贫困户 66 万户、258 万人人均增收 70 元左右。

（三）实施生态护林员精准扶贫工程

按照中央、省、县三级分担的原则，整合中央补助资金、森林管护资金及切块到县的财政专项扶贫资金，并新增省级财政资金，加大对生态护林员的资金投入，按照“应聘尽聘”原则，贫困县根据实际需要优先从建档立卡贫困人口中选聘生态护林员，在现有生态护林员4.47万人基础上再新增生态护林员5.2万人；建立统一规范的森林管护队伍体系和管理制度，切实解决护林队伍类型、方式、补助标准不统一等问题，并进一步扩大生态护林员医疗保险覆盖范围，防止生态护林员脱贫后因病返贫。到2020年全省生态护林员森林资源管护队伍总规模达9.67万人，人均管护森林面积稳定在1500亩以内；带动建档立卡贫困户5.2万户、20万人人均增收2300元左右。

（四）实施重点生态区位人工商品林赎买改革试点工程

根据《国家级公益林管理办法》相关规定，对现有重点生态区位内Ⅰ级保护林地以及禁止采伐的非国有林并已划定为国家一级公益林的人工商品林，通过租赁、赎买和改造提升等多种方式，促进重点生态区位集中连片生态公益林质量提高、森林生态服务功能增强和林农收入稳步增长，实现社会得绿、林农得利。2018年至2020年通过全额赎买试点、部分赎买试点、改造提升试点等多种方式，完成赎买改革试点面积18万亩，带动建档立卡贫困户4000户、1.7万人人均增收2万元左右。

（五）实施自然保护区生态移民工程

将省级及以上自然保护区核心区、缓冲区和试验区内自愿搬迁贫困人口优先纳入我省新增易地扶贫搬迁工作计划，从根本上减少对自然生态的破坏，并按照标准对移民对象进行生态补偿，促进脱贫。2017年至2019年力争完成省级及以上自然保护区搬迁建档立卡贫困人口16877户、57379人，其中核心区建档立卡贫困人口2458户、8396人，缓冲区建档立卡贫困人口2885户、9915人，试验区建档立卡贫困人口11534户、39068人。

（六）实施以工代赈资产收益扶贫试点工程

瞄准贫困村和建档立卡贫困人口，探索“以工代赈资产变股权、贫困户变股民”的资产收益扶贫新模式，将以工代赈投入贫困村道路、水利设施等不宜分割的资产，折股量化到农村集体经济组织，或参股到当地发展前景较好的特色产业发展等项目中，并在农村集体经济组织的收益分配时对建档立卡贫困户予以倾斜支持。从2018年开始每年从中央资金中安排

4000万元以上，重点支持全省14个深度贫困县开展试点，进一步明确入股资金比例、入股主体、受益主体，规范集体股权设置办法，健全收益分配制度，明确项目覆盖的贫困户能享有按照国家入股资金年度存款基准利率的最低保障，切实使贫困户收益来源多元化，多方位推动贫困户提高收入水平，确保项目覆盖的贫困户人均增收1900元左右。

（七）实施农村小水电建设扶贫工程

对贫困县新建或在建小型水电站按每千瓦4000元给予中央资金补助，项目法人每年将中央投资收益（年收益高于6%的据实缴存，低于6%的由项目法人补足6%）存入县级人民政府指定账户，专项用于扶持建档立卡贫困户脱贫和贫困村基础设施等公益事业建设，扶持贫困户脱贫。开展水电矿产资源资产收益扶贫改革试点，探索建立集体股权参与水电矿产资源项目分红的资产收益扶贫长效机制，促进资源开发与脱贫攻坚有机结合，实现贫困人口共享资源开发成果。2018年安排省预算内补助资金1800万元，推进普定县、贵定县、黄平县3个水电资源开发资产收益扶贫改革试点项目实施，带动项目覆盖的建档立卡贫困户人均增收700元左右。

（八）实施光伏发电项目扶贫工程

对威宁、盘州、普安等光照资源相对丰富、电网接入条件允许的贫困地区优先配置光伏发电指标，按照光伏发电与农林、养殖、旅游相结合的原则，建设农光互补、林光互补等项目。组织威宁、赫章、盘州、普安等地区编制光伏扶贫规划和实施方案，力争进入国家光伏扶贫试点地区名录。2017年至2020年全省贫困县每年扩大光伏发电规模20万千瓦以上，累计完成总投资52亿元以上，利用荒山荒坡5000亩以上，带动项目覆盖的建档立卡贫困户人均增收3000元左右。

（九）实施森林资源利用扶贫工程

大力发展林下经济，利用省脱贫攻坚投资基金扶贫产业子基金、林业项目贷款贴息等政策，大力发展林菌、林药等林下种植业和林下养鸡、养蜂等林下养殖业，加大林地空间利用力度，发展立体林业，到2020年林下经济建设利用林地面积3300万亩，其中林下种植551万亩、林下养殖1551万亩、林下产品采集加工725万亩、森林景观利用473万亩；发展林菌种植50万亩、养鸡1500万羽、食用菌2亿棒；全省林下经济产值突破1000亿元，带动建档立卡贫困户 1 万户、3. 2 万人人均增收 1200 元左右。加快森林旅游业与康养服务业发展，完善国家级森林公园基础设施，创建一批国家级、省级森林康养示范基地；开展森林康养示范创建活动，每年评选一批森林康养示范市、县（区）、镇、村。到 2020 年，全省森林、林木（花卉）公园达 100 处、各级重要湿地达 236 个、森林康养基地达 100 个，森林旅游业与康养服务业力争实现产值 2500 亿元，助推贫困群众 20 万户、60 万人增收脱贫。

（十）实施碳汇交易试点扶贫工程

以 14 个深度贫困县、20 个极贫乡镇、2760 个深度贫困村的森林碳汇资源开发为重点，利用全国碳市场和现有 9 个碳交易试点体系，引导具有碳交易配额履约任务的企业购买林业碳汇减排量，完成履约目标；鼓励对口帮扶贫困地区的单位，购买对口贫困地区的林业碳汇，完成对口帮扶任务、践行降碳社会责任；推广大型公共活动、会议购买碳汇减排量、消除碳足迹、实现会议“碳中和”的做法，引领绿色低碳办会。2018 年全省深度贫困地区完成碳汇扶贫项目 5~10 个，实现新增碳汇量 50 万吨以上；2019 年全省深度贫困地区碳汇资源开发覆盖度达 50%以上，实现新增碳汇量 70 万吨以上；2020 年全省深度贫困地区碳汇资源开发覆盖度达 80%以上，实现新增碳汇量 100 万吨以上。

三、保障措施

（一）加强组织领导

建立健全发展改革、林业、财政、扶贫、水利、水库和生态移民以及能源部门之间的定期会商工作机制，统筹推进生态扶贫各项工作，形成共商共促生态扶贫工作合力。各有关部门要加大对生态扶贫工作的指导督促力度，及时协调解决工作中存在的重大问题，并针对重点工作制定专项实施方案，明确工作目标，细化工作措施，确保取得实效。各地政府和发展改革、林业、能源部门要强化对生态扶贫工作的组织领导，主要负责人对重点工作要亲自谋划，对重大事项要亲自协调，及时研究和推动解决本地区生态扶贫工作中的痛点难点问题；要将生态扶贫作为重点工作纳入年度工作计划，制定出台年度工作要点，细化时间表、路线图，明确责任人，一级抓一级，层层压实责任，形成生态扶贫攻坚责任体系。

(二) 加快项目落实

各地各有关部门要始终坚持把项目化落实作为推动生态扶贫的重要载体和有效手段，在推动项目建设过程中保护生态环境，在项目投产达效后促进贫困群众增收。要积极做好项目谋划和储备工作，建立生态扶贫专项项目库，扎实做好项目前期工作，滚动推出一批大项目、好项目。要注重解决项目建设资金不足的问题，通过政府与社会资本合作（PPP）、融资平台公司市场化转型、盘活存量资产、提升项目包装谋划水平、扩大直接融资等方式，拓宽项目融资渠道，加快项目建设进程。

(三) 健全工作机制

建立动态管理和调度工作机制，对年度重点工作实行台账管理、按月进行调度，完成一项、销账一项。建立生态扶贫项目的调度督查和奖惩机制，对项目建设进展情况、资金到位情况、资金使用情况以及带动贫困群众增收情况等进行调度督查；对建设进度缓慢、资金拨付不及时、资金违规使用的项目要及时约谈主要领导和分管领导，并通报相关情况；对建设情况好、资金拨付及时、带动贫困群众增收效果明显的项目，要予以表彰奖励。

(四) 强化资金保障

省发展改革委、省林业厅、省财政厅、省扶贫办、省水利厅、省水库和生态移民局、省能源局要尽快制定资金筹措方案。通过争取中央资金支持、加大省级财政投入、市县财政适度分担、社会资本有序进入等方式确保生态扶贫十大工程顺利实施。

(五) 加大政策支持

要优化科技服务体系，组织相关科技人员深入基层、深入一线开展科技帮扶，不断提升贫困群众科技水平；搭建专业合作社与高校、科研院所、技术推广单位的合作平台，引进和推广新技术、新产品。要加大金融支持力度，充分利用财政贴息、小额信用贷款、林权抵押等方式，多渠道解决生态扶贫融资问题。

参考文献

［1］白永秀，宁启．易地扶贫搬迁机制体系研究［J］．西北大学学报（哲学社会科学版），2018，48（4）：62-74.

［2］鲍青青，唐善茂，王瑛．生态贫困初探［J］．资源与产业，2009，11（5）：111-114.

［3］蔡典雄，等．中国生态扶贫战略研究［M］．李玮，译．北京：科学出版社，2015.

［4］蔡进．耕地资源贫困与农村多维贫困测度及耦合关系研究［D］．重庆：西南大学，2018.

［5］曹诗颂，赵文吉，段福洲．秦巴特困连片区生态资产与经济贫困的耦合关系［J］．地理研究，2015，34（7）：1295-1309.

［6］查燕，王惠荣，蔡典雄，武雪萍．宁夏生态扶贫现状与发展战略研究［J］．中国农业资源与区划，2012，33（1）：79-83.

［7］陈阿江，闫春华．从生态贫困到绿色小康——生态脆弱区的乡村振兴之路［J］．云南社会科学，2020（1）：24-31.

［8］陈金明，吴炜．武陵山片区生态保护与扶贫开发协同发展论纲［J］．学习月刊，2015，4（2）：28-29.

［9］陈南岳，王国华．我国城市生态贫困问题初探［J］．西北民族学院学报（哲学社会科学版），2002（6）：58-62.

［10］陈南岳．城市生态贫困研究［J］．生态经济，2002（5）：44-47.

［11］陈南岳．我国农村生态贫困研究［J］．中国人口·资源与环境，2003（4）：45-48.

［12］程蹊，陈全功，程兵．工业化引致生态贫困的基本过程与形式浅析［J］．生态经济，2015，31（5）：166-169.

［13］程伟礼，马庆．中国一号问题：当代中国生态文明问题研究［M］．上海：学林出版社，2012：25-26.

［14］程欣，帅传敏，王静，等．生态环境和灾害对贫困影响的研究综述［J］．资源科学，2018，40（4）：676-697.

［15］邓玲，顾金土．后扶贫时代乡村生态振兴的价值逻辑、实践路向及治理机制［J］．理论导刊，2021（5）：77-84.

［16］邓小平．邓小平论林业与生态建设［J］．内蒙古林业，2004（8）：1.

［17］邓小平．邓小平文选（第三卷）［M］．北京：人民出版社，1993：21.

［18］豆书龙，叶敬忠．乡村振兴与脱贫攻坚的有机衔接及其机制构建［J］．改革，2019（1）：19-29.

［19］杜明义，余忠淑．生态资本视角下的生态脆弱区生态贫困治理——以四川藏区为例［J］．理论月刊，2013（2）：176-179.

［20］方世南．习近平生态文明思想中的生态扶贫观研究［J］．学习论坛，2019（10）：20-26.

［21］甘庭宇．精准扶贫战略下的生态扶贫研究——以川西高原地区为例［J］．农村经济，2018（5）：40-45.

［22］高红贵，李攀．新时代生态经济学的一个重大理论问题——生态经济融合发展论［J］．贵州社会科学，2019（6）：108-114.

［23］高楠，马耀峰，李天顺，等．基于耦合模型的旅游产业与城市化协调发展研究——以西安市为例［J］．旅游学刊，2013，28（1）：62-68.

［24］龚晓宽．贵州经济社会发展60年研究（1949—2009）［M］．北京：中央文献出版社，2009：126.

［25］古瑞华．“两山论”下民族地区生态扶贫的法治保障［J］．贵州民族研究，2017，38（3）：29-33.

［26］贵州省档案局．贵州年鉴2018［M］．《贵州年鉴》编辑部，2018：39.

［27］贵州省地方志编纂委员会．贵州省减贫志［M］．北京：方志出版社，2016.

［28］贵州省地方志编纂委员会．贵州省志（1978—2010）（卷四）·人口和计划生育［M］．贵阳：贵州人民出版社，2017：113.

［29］贵州省土地学会论文集编辑组．贵州省土地学会学术交流论文集［M］．贵州省土地学会，2004：37.

［30］郭晓鸣，张克俊，虞洪，等．实施乡村振兴战略的系统认识与道路选择［J］．农村经济，2018（1）：11-20.

［31］郭晓鸣．乡村振兴战略的若干维度观察［J］．改革，2018（3）：54-61.

［32］国家统计局住户调查办公室．中国农村贫困监测报告2020［M］．北京：中国统计出版社，2020.

［33］韩跃民．全球生态贫困治理与“中国方案”［J］．社会科学战线，2019（11）：205-213.

［34］何运鸿．消除生态贫困的有效途径——黔东南州积极实施生态工程的几点思考［J］．农村经济与技术，2001（2）：33-34.

［35］和月月，周常春，张峰．生态扶贫政策对农户生计策略和收入的影响［J］．统计与决策，2021，37（4）：82-86.

［36］胡鞍钢．中国减贫之路：从贫困大国到小康社会（1949—2020年）［A］．清

华大学国情研究中心．国情报告（第十一卷·2008年（下））[M]．北京：党建读物出版社，2012：38.

[37] 胡兴东，杨林．中国扶贫模式研究 [M]．北京：人民出版社，2018.

[38] 胡钰，付饶，金书秦．脱贫攻坚与乡村振兴有机衔接中的生态环境关切 [J]．改革，2019（10）：141-148.

[39] 胡振通，王亚华．中国生态扶贫的理论创新和实现机制 [J]．清华大学学报（哲学社会科学版），2021，36（1）：168-180+206.

[40] 郇庆治，陈艺文．生态文明建设视域下的当代中国生态扶贫进路 [J]．福建师范大学学报（哲学社会科学版），2021（4）：48-61+169-170.

[41] 黄承伟，周晶．减贫与生态耦合目标下的产业扶贫模式探索——贵州省石漠化片区草场畜牧业案例研究 [J]．贵州社会科学，2016（2）：21-25.

[42] 黄金梓，段泽孝．"互联网+"与生态扶贫之因应 [J]．湖南广播电视大学学报，2016（1）：59-62.

[43] 黄金梓，李燕凌．突发环境事件与生态脆弱性地区返贫风险防控 [J]．江西社会科学，2021，41（4）：245-253.

[44] 黄金梓．社会风险视域下生态扶贫政策工具及其适用机制优化 [J]．求索，2019（3）：111-117.

[45] 黄祖辉．准确把握中国乡村振兴战略 [J]．中国农村经济，2018（4）：2-12.

[46] 江泽民．江泽民文选（第1卷）[M]．北京：人民出版社，2006：463.

[47] 蒋永穆，王丽萍．西藏生态扶贫的生成逻辑、实践成效及路径优化 [J]．西藏大学学报（社会科学版），2020，35（4）：155-162.

[48] 金世超．生物多样性保护与减贫视角下的贵州生态扶贫策略研究 [D]．北京：中国科学院研究生院，2016.

[49] 孔凡斌，许正松，陈胜东．建立中国生态扶贫共建共享机制：理论渊源与创新方向 [J]．现代经济探讨，2019（4）：23-28.

[50] 孔凡斌．鄱阳湖生态经济区环境保护与生态扶贫问题研究 [M]．北京：中国环境科学出版社，2011.

[51] 郎秀云．中国生态扶贫的理论创新、精准方略与实践经验 [J]．江淮论坛，2021（4）：149-155.

[52] 雷明，姚昕言，袁旋宇．地方生态扶贫内在循环机制的优化——基于贵州省扶贫实践的研究 [J]．南京农业大学学报（社会科学版），2020，20（4）：152-162.

[53] 雷明．绿色发展下生态扶贫 [J]．中国农业大学学报（社会科学版），2017，34（5）：87-94.

[54] 冷志明，丁建军，殷强．生态扶贫研究 [J]．吉首大学学报（社会科学版），2018，39（4）：70-75.

[55] 李广义．桂西石漠化地区生态扶贫的应对之策研究 [J]．广西社会科学，

2012（9）：19-22.

［56］李虹．中国生态脆弱区的生态贫困与生态资本研究［D］．成都：西南财经大学，2011.

［57］李虹．中国生态贫困的主体分析［J］．生态经济，2013（8）：41-44+50.

［58］李惠梅，张雄，张俊峰，等．自然资源保护对参与者多维福祉的影响——以黄河源头玛多牧民为例［J］．生态学报，2014，34（22）：6767-6777.

［59］李双成．生态何以扶贫？［J］．当代贵州，2020（35）：80.

［60］李天威．西部大开发重点区域和行业发展战略环境评价［M］．北京：中国环境出版社，2016：37.

［61］李仙娥，李倩，牛国欣．构建集中连片特困区生态减贫的长效机制——以陕西省白河县为例［J］．生态经济，2014，30（4）：115-118.

［62］李晓夏，赵秀凤．生态扶贫理论的马克思主义之维［J］．人民论坛，2020（1）：88-89.

［63］李晓夏，赵秀凤．中国生态扶贫治理机制研究——基于 CiteSpace 下的可视化分析［J］．世界农业，2020（12）：60-69+78.

［64］李秀芬，王杨．绿色增长下的扶贫政策取向——国外近期文献综述［J］．西北民族大学学报（哲学社会科学版），2018（1）：89-93.

［65］李忠，党丽娟．生态产品价值实现的国际经验与启示［J］．资源导刊，2019（9）：52-53.

［66］李周．中国的生态扶贫评估和生态富民展望［J］．求索，2021（5）：14-24.

［67］梁诗吉，邓萍．一图看懂贵州生态渔业发展［J］．当代贵州，2020（26）：12-13.

［68］廖彩荣，郭如良，尹琴，胡春晓．协同推进脱贫攻坚与乡村振兴：保障措施与实施路径［J］．农林经济管理学报，2019，18（2）：273-282.

［69］林鑫．生态文明建设的自然与社会意义研究［D］．成都：成都理工大学，2015.

［70］刘慧，叶尔肯·吾扎提．中国西部地区生态扶贫策略研究［J］．中国人口·资源与环境，2013，23（10）：52-58.

［71］刘琳，贾根良．生态经济学的演化特征与演化生态经济学［J］．黑龙江社会科学，2013（1）：56-62.

［72］刘彦随．中国新时代城乡融合与乡村振兴［J］．地理学报，2018，73（4）：637-650.

［73］刘艳华，徐勇．中国农村多维贫困地理识别及类型划分［J］．地理学报，2015，70（6）：993-1007.

［74］刘耀彬，李仁东，宋学锋．中国城市化与生态环境耦合度分析［J］．自然资源学报，2005（1）：105-112.

［75］刘玥，帅传敏，程欣，等．基于 DSR 模型的三峡库区贫困的时空演变分

析——生态减贫视角［J］. 经济地理，2017，37（7）：156-165.

［76］刘肇军. 喀斯特石漠化综合治理绩效评价体系及管理机制研究——以贵州为例［M］. 2016：39.

［77］刘子富. 攻坚——毕节试验区开发扶贫、生态建设纪实［M］. 北京：新华出版社，2015.

［78］龙花楼，屠爽爽. 土地利用转型与乡村振兴［J］. 中国土地科学，2018，32（7）：1-6.

［79］龙先琼. 关于生态贫困问题的几点理论思考［J］. 吉首大学学报（社会科学版），2019，40（3）：108-113.

［80］罗盛锋，代新洋，黄燕玲. 生态旅游扶贫研究动态及展望［J］. 桂林理工大学学报，2015，35（3）：642-648.

［81］罗万云，王光耀，韦惠兰. 环境风险认知、生计禀赋与农民生态移民意愿——基于甘肃省西部生态贫困县市的实证调查［J］. 北方民族大学学报（哲学社会科学版），2018（4）：90-97.

［82］骆方金，胡炜. 生态扶贫：文献梳理及简评［J］. 经济论坛，2017（3）：150-152.

［83］骆方金，刘联军. 精准生态扶贫：战略意义及路径选择［J］. 农业经济，2017（10）：63-65.

［84］吕静. 贫困地区走绿色发展乡村振兴之路的思考——以甘肃礼县为例［J］. 甘肃农业，2018（17）：30-31.

［85］麻朝晖. 贫困地区经济与生态环境协调发展研究［M］. 杭州：浙江大学出版社，2008.

［86］麻春霞. 生态扶贫初见成效后的创新跟进研究［J］. 原生态民族文化学刊，2019，11（06）：19-24.

［87］马克思，恩格斯. 马克思恩格斯全集（第19卷）［M］. 北京：人民出版社，2002：405.

［88］马克思，恩格斯. 马克思恩格斯全集（第3卷）［M］. 北京：人民出版社，2002：301.

［89］马克思，恩格斯. 马克思恩格斯全集（第46卷）［M］. 北京：人民出版社，2003：878.

［90］马克思，恩格斯. 马克思恩格斯文集（第1卷）［M］. 北京：人民出版社2009：225.

［91］马克思，恩格斯. 马克思恩格斯文集（第7卷）［M］. 北京：人民出版社，2009：115.

［92］马克思，恩格斯. 马克思恩格斯选集（第3卷）［M］. 北京：人民出版社，2012：998.

［93］马克思．1844 年经济学哲学手稿［M］．北京：人民出版社，2000：83.

［94］马中，周月秋，王文．2018 中国绿色金融发展研究报告［M］．北京：中国金融出版社，2018：27.

［95］毛泽东．毛泽东论林业［M］．北京：中央文献出版社，2003.

［96］毛泽东．毛泽东文集（第 6 卷）［M］．北京：人民出版社，1999.

［97］孟琳琳，包智明．生态移民研究综述［J］．中央民族大学学报，2004（6）：48-52.

［98］孟庆武．“后扶贫时代”精准生态扶贫的实现机制［J］．人民论坛，2019（24）：158-159.

［99］闵继胜．改革开放以来农村环境治理的变迁［J］．改革，2016（3）：84-93.

［100］莫光辉．精准扶贫视域下的产业扶贫实践与路径优化——精准扶贫绩效提升机制系列研究之三［J］．云南大学学报（社会科学版），2017，16（1）：102-112.

［101］莫光辉．绿色减贫：脱贫攻坚战的生态扶贫价值取向与实现路径——精准扶贫绩效提升机制系列研究之二［J］．现代经济探讨，2016（11）：10-14.

［102］牛胜强．多维视角下贫困内涵及我国农村贫困标准的科学构建［J］．当代经济管理，2018，40（7）：1-5.

［103］欧阳祎兰．探索生态扶贫的实现路径［J］．人民论坛，2019（21）：70-71.

［104］欧阳志云，郑华．生态安全战略［M］．北京：学习出版社，2014：65.

［105］齐文平，王艳慧，赵文吉，等．虑及生态环境的十四片区贫困县多维贫困度量［J］．应用生态学报，2018，29（11）：3760-3772.

［106］乔宇．生态贫困视域下民族生态脆弱地区减贫研究——以武陵山片区为例［J］．贵州民族研究，2015，36（2）：125-128.

［107］全球环境研究所．新能源与扶贫发展相结合的案例梳理和研究建议——以光伏扶贫为例［M］．北京：全球环境研究所，2016.

［108］中共中央关于全面深化改革若干重大问题的决定［M］．北京：人民出版社，2013.

［109］沈茂英，杨萍．生态扶贫内涵及其运行模式研究［J］．农村经济，2016（7）：3-8.

［110］史玉成．生态扶贫：精准扶贫与生态保护的结合路径［J］．甘肃社会科学，2018（6）：169-176.

［111］史志乐，张琦．实施乡村振兴需要绿色减贫推动［J］．中国生态文明，2018（3）：67-68.

［112］孙才志，陈琳，赵良仕，等．中国农村水贫困和经济贫困的时空耦合关系研究［J］．资源科学，2013，35（10）：1991-2002.

［113］佟玉权，龙花楼．脆弱生态环境耦合下的贫困地区可持续发展研究［J］．中国人口·资源与环境，2003（2）：50-54.

[114] 童星，林闽钢．我国农村贫困标准线研究［J］．中国社会科学，1994（3）：86-98.

[115] 万健琳，杜其君．生态扶贫的实践逻辑——经济、生态和民生的三维耦合［J］．理论视野，2020（5）：62-67.

[116] 汪三贵，冯紫曦．脱贫攻坚与乡村振兴有机衔接：逻辑关系、内涵与重点内容［J］．南京农业大学学报（社会科学版），2019，19（5）：8-14+154.

[117] 王馗．习近平生态扶贫思想研究［J］．财经问题研究，2016（9）：11-12+14.

[118] 王丽华．就业援助：西部农村反贫困的现实抉择——基于减缓地缘性贫困和生态贫困的视角［J］．理论探讨，2012（2）：94-97.

[119] 王培志．贵州经济社会发展概要［M］．北京：中国计划出版社，1989：6.

[120] 王萍，杨敏．新时代农村生态扶贫的现实困境及其应对策略［J］．农村经济，2020（4）：34-42.

[121] 王萍．新发展阶段生态扶贫脱贫成果巩固中的返贫风险及其防控机制构建［J］．重庆社会科学，2021（10）：30-40.

[122] 王萍．新时代多民族地区生态扶贫：现实意蕴、基本路径与困境溯因——基于生态文明视角［J］．新疆社会科学，2019（3）：123-130+150.

[123] 王如松，杨建新．产业生态学和生态产业转型［J］．世界科技研究与发展，2000（5）：24-32.

[124] 王世杰，张殿发．贵州反贫困系统工程［M］．贵阳：贵州人民出版社，2003：191-192.

[125] 王松霈．生态经济学［M］．西安：陕西人民教育出版社，2000.

[126] 王小林，Sabina Alkire. 中国多维贫困测量：估计和政策含义［J］．中国农村经济，2009（12）：4-10+23.

[127] 王艳慧，李静怡．连片特困区生态环境质量与经济发展水平耦合协调性评价［J］．应用生态学报，2015，26（5）：1519-1530.

[128] 王艳慧，钱乐毅，陈烨烽，等．生态贫困视角下的贫困县多维贫困综合度量［J］．应用生态学报，2017，28（8）：2677-2686.

[129] 王永平，陈勇．贵州生态移民实践：成效、问题与对策思考［J］．贵州民族研究，2012，33（5）：77-83.

[130] 王振颐．生态资源富足区生态扶贫与农业产业化扶贫耦合研究［J］．西北农林科技大学学报（社会科学版），2012，12（6）：70-74.

[131] 韦凤琴．用绿色发展推进生态扶贫［J］．人民论坛，2020（15）：136-137.

[132] 魏后凯，檀学文．扶贫攻坚示范区建设的贵州实践［M］．北京：社会科学文献出版社，2018.

[133] 魏后凯．如何走好新时代乡村振兴之路［J］．人民论坛·学术前沿，2018（3）：14-18.

［134］温铁军．生态文明与比较视野下的乡村振兴战略［J］．上海大学学报（社会科学版），2018，35（1）：1-10.

［135］吴大华，谢忠文，罗剑．跨越不走寻常路［M］．贵阳：贵州人民出版社，2017：153.

［136］吴国宝．改革开放40年中国农村扶贫开发的成就及经验［J］．南京农业大学学报（社会科学版），2018，18（6）：17-30+157-158.

［137］吴寒斌．永生的生命线：党的群众路线教育实践活动长效机制研究［M］．北京：光明日报出版社，2015：24.

［138］吴乐，孔德帅，靳乐山．生态补偿对不同收入农户扶贫效果研究［J］．农业技术经济，2018（5）：134-144.

［139］习近平．推动我国生态文明建设迈上新台阶［J］．求是，2019（3）：3-8.

［140］习近平．习近平谈治国理政（第二卷）［M］．北京：外文出版社，2017：394.

［141］向春敏．黔东南"三共三带"旅游扶贫模式的实践及意义［J］．山西农经，2018（23）：39-40.

［142］肖翠仙．广西城市生态贫困的区域比较分析［J］．广西社会科学，2012（4）：25-28.

［143］肖磊．绿色发展理念下生态扶贫法治保障研究［J］．法学杂志，2019，40（5）：39-47.

［144］肖融．法治化视角下的生态扶贫：概念生成、价值理念与机制构造［J］．甘肃政法大学学报，2021（4）：126-136.

［145］徐奉臻．发展观的嬗变与新中国新型现代化的理论建构［M］．北京：中国环境出版社，2014：64.

［146］徐锡广，申鹏．易地扶贫搬迁移民的可持续性生计研究——基于贵州省的调查分析［J］．贵州财经大学学报，2018（1）：103-110.

［147］许英凤，侯西安．习近平生态扶贫思想及其现实启示［J］．西南交通大学学报（社会科学版），2018，19（5）：1-6.

［148］许幼霞．贵州省生态脆弱性演变及土地生态安全格局构建研究［D］．贵阳：贵州师范大学，2018：87-88.

［149］颜红霞，韩星焕．中国特色社会主义生态扶贫理论内涵及贵州实践启示［J］．贵州社会科学，2017（4）：142-148.

［150］杨博文．政策导向下我国农林碳汇交易生态扶贫监管框架研究［J］．农业经济与管理，2019（3）：51-60.

［151］杨彩云，杨广斌，戴丽，等．贵州省耕地利用效益时空分异特征研究［J］．湖南师范大学自然科学学报，2021.

［152］杨定，杨振山．高寒地区生态贫困评价及影响因素分析——以色林错地区为例［J］．资源科学，2021，43（2）：293-303.

[153] 杨发庭，张亦瑄．生态扶贫的内在逻辑及实现路径［J］．世界社会主义研究，2021，6（1）：35-47+103.

[154] 杨静，梁隽．绿水青山迎面来［N］．贵州日报，2018-07-30（007）.

[155] 杨庭硕，皇甫睿．生态扶贫概念内涵的再认识：超越历史与西方的维度［J］．云南社会科学，2017（1）：88-93+187.

[156] 杨庭硕．生态扶贫导论［M］．长沙：湖南人民出版社，2017.

[157] 杨文举．西部农村脱贫新思路——生态扶贫［J］．重庆社会科学，2002（2）：36-38.

[158] 杨颖，胡娟．贵州扶贫开发成效、历程及挑战思考［J］．开发研究，2013（2）：89-92.

[159] 叶兴庆．新时代中国乡村振兴战略论纲［J］．改革，2018（1）：65-73.

[160] 殷阿娜，邓思远．环京津贫困带生态——贫困耦合关系困境的博弈分析［J］．当代经济管理，2017，39（3）：57-62.

[161] 雍会，吴强．干旱区农业开发与生态贫困关系及对策研究［J］．新疆大学学报（哲学·人文社会科学版），2011，39（1）：17-20.

[162] 由沙丘．我国工业绿色全要素水资源效率研究［D］．哈尔滨：哈尔滨工业大学，2017.

[163] 于存海．论内蒙古农牧区生态安全、生态贫困与生态型反贫困特区建设——兼论社会政策在农牧区反贫困中的作用［J］．内蒙古财经学院学报，2006（5）：26-30.

[164] 于存海．论西部生态贫困、生态移民与社区整合［J］．内蒙古社会科学（汉文版），2004（1）：128-133.

[165] 于法稳．西北地区生态贫困问题研究［J］．中国软科学，2004（11）：27-30+56.

[166] 于法稳．乡村振兴战略下农村人居环境整治［J］．中国特色社会主义研究，2019（2）：80-85.

[167] 于开红，付宗平，李鑫．深度贫困地区的“两山困境”与乡村振兴［J］．农村经济，2018（9）：16-21.

[168] 于开红．马克思主义视阈下的中国生态贫困问题研究［D］．成都：西南财经大学，2016.

[169] 张慧芝，刘月．滦河流域民族聚居区生态贫困的脱贫路径［J］．民族学刊，2018，9（6）：11-17+98-100.

[170] 张家其，吴宜进，葛咏，等．基于灰色关联模型的贫困地区生态安全综合评价——以恩施贫困地区为例［J］．地理研究，2014，33（8）：1457-1466.

[171] 张军．乡村价值定位与乡村振兴［J］．中国农村经济，2018（1）：2-10.

[172] 张燕，居琦，王莎．生态扶贫协同下耕地生态补偿法律制度完善——基于法政策学视角［J］．宏观经济研究，2017（9）：184-191.

[173] 张永亮，刘璨，刘浩，刘延安．林业重点工程对农民生计持续影响研究[J]．林业经济，2013，35（10）：23-28+43.

[174] 张毓卿，周才云．精准扶贫视域下赣南生态扶贫困境与优化路径[J]．江西社会科学，2016，36（12）：53-58.

[175] 张芷蕣．武陵山片区生态贫困测度与空间格局[J]．知识经济，2017（24）：11-12.

[176] 郑继承．中国生态扶贫理论与实践研究[J]．生态经济，2021，37（8）：193-199.

[177] 中共中央文献研究室．邓小平年谱（1975—1997）（下）[M]．北京：中央文献出版社，2004：882.

[178] 周侃，王传胜．中国贫困地区时空格局与差别化脱贫政策研究[J]．中国科学院院刊，2016，31（1）：101-111.

[179] 周晓光．实施乡村振兴战略的人才瓶颈及对策建议[J]．世界农业，2019（4）：32-37.

[180] 朱冬亮，殷文梅．贫困山区林业生态扶贫实践模式及比较评估[J]．湖北民族学院学报（哲学社会科学版），2019，37（4）：86-93.

[181] 朱启臻．当前乡村振兴的障碍因素及对策分析[J]．人民论坛·学术前沿，2018（3）：19-25.

[182] 庄天慧，孙锦杨，杨浩．精准脱贫与乡村振兴的内在逻辑及有机衔接路径研究[J]．西南民族大学学报（人文社科版），2018，39（12）：113-117.

[183] 邹波，刘学敏，王沁．关注绿色贫困：贫困问题研究新视角[J]．中国发展，2012，12（4）：7-11.

[184] 邹薇，方迎风．关于中国贫困的动态多维度研究[J]．中国人口科学，2011（6）：49-59+111.

[185] 佩鲁（Perroux，F）．新发展观[M]．北京：华夏出版社，1987：92.

[186] 赫尔曼·E. 戴利（Herman E. Daly）．超越增长可持续发展的经济学[M]．上海：上海译文出版社，2006.

[187] Brown L R，Mcgrath P L，Stokes B. Twenty-two Dimensions of the Population Problem. [J]. Population Reports，1976（11）.

[188] E. Walter Coward，Melvin L. Oliver，Michael E. Conroy. Building Natural Assets Re-thinking the Centers' Natural Resources Agenda and Its Links to Poverty Alleviation [C]. Paper Presented to Workshop，Assessing the Impact of Agricultural Research on Poverty Alleviation，San Jose，Costa Rica，1999：18-20.

[189] Gill A R，Viswanathan K K，Hassan S. The Environmental Kuznets Curve（EKC）and the Environmental Problem of the Day [J]. Renew-able and Sustainable Energy Reviews，2018，81（2）：1636-1642.

[190] Grant J P. The State of the World's Children [M]. New York: UNICEF/ Oxford University Press, 1994: 65-68.

[191] Janet A. Fisher, Genevieve Patenaude, Patrick Meir et al. Strengthening Conceptual Foundations: Analysing Frameworks for Ecosystem Services and Poverty Alleviation Research [J]. Global Environmental Change, 2013, 23 (5).

[192] Lade S J, Haider L J, Engström G, et al. Resilience Offers Escape from Trapped Thinking on Poverty Alleviation [J]. Science Advances, 2017, 3 (5).

[193] Mcconnachie M M, Cowling R M, Shackleton C M, et al. The Challenges of Alleviating Poverty through Ecological Restoration: Insights from South Africa's "Working for Water" Program [J]. Restoration Ecology, 2013, 21 (5): 7.

[194] Pagiola S, Platais G. Payments for Environmental Services: From Theory to Practice. Initial Lessons of Experience [M]. Washington DC: World Bank, 2004.

[195] Richards Michael. Common Property Resource Institutions and Forest Management in Latin America [J]. Development & Change, 2010 (1): 95-117.

[196] Samal P K, Palni L M S, Agrawal D K. Ecology, Ecological Poverty and Sustainable Development in Central Himalayan Region of India [J]. The International Journal of Sustainable Development & World Ecology, 2003, 10 (2): 157-168.

[197] Sen, Amartya. Development as Freedom [M]. New York: Oxford University Press, 1999.

[198] Sen, Amartya. Poverty and Famines: An Essay on Entitlement and Deprivation [M]. New York: Oxford University Press, 1981.

[199] Stefano Pagiola, Agustin Arcenas, Gunars Platais. Can Payments for Environmental Services Help Reduce Poverty? An Exploration of the Issues and the Evidence to Date from Latin America [J]. World Development, 2004, 33 (2).

后　记

生态扶贫是一种绿色、可持续的扶贫策略，是我国精准扶贫方略的重要组成部分。生态扶贫通过将生态保护与扶贫开发相结合，成为新时代治理生态贫困问题的一项重要制度创新。进入后扶贫时代，持续推进相对贫困地区经济社会发展和生态环境改善仍是一项长期、艰巨和复杂的工作。在巩固拓展脱贫攻坚成果同乡村振兴有效衔接的历史交汇期，应巩固提升生态扶贫成效，有序衔接乡村生态振兴，在生态振兴中发挥生态扶贫有益模式和宝贵经验的作用，以优良的生态环境赋能美丽宜居乡村建设，不断谱写乡村生态与经济双重振兴的新篇章。

本书正是基于这一视角，选取贵州省作为我国生态扶贫研究的典型样本，探讨了在脱贫攻坚与生态保护的双重任务和双重压力下，贵州坚守发展与生态两条底线，立足当地生态环境资源禀赋，积极探索生态扶贫的有效模式和途径，初步走出一条脱贫攻坚与生态文明建设双赢的新路径。贵州从生态扶贫迈向生态振兴的生动实践，是西部欠发达地区发挥生态优势实现后发赶超的一个缩影，为其他地区协同推进生态治理和贫困治理提供了贵州经验。

在本书出版之际，特别感谢贵州省社会科学院的资助，使之入选甲秀文库，感谢书稿匿名评审专家提出的修改意见。在贵州省社会科学院对外经济研究所工作的数年，我跟随院专家学者多次参与到贵州各地的实地调研，这为本书写作提供了坚实的基础。感谢科研处领导和同事的帮助与督促，使书稿更加完善。感谢中国金融出版社编辑为本书出版付出的辛勤工作。在书稿的撰写过程中，我参阅并引用了许多专家学者的相关研究成果，以注释、参考文献等形式标注和说明，在此致以诚挚的感谢。

脱贫攻坚的全面胜利并不意味着贫困问题的终结，生态贫困治理也非朝夕之功。本书关于生态与贫困之间关系的探讨，虽然尝试拓展生态扶贫的内涵及研究范围，但鉴于生态贫困问题的复杂性，对生态贫困类型的划分不一定完全正确，尚需进一步深入研究与探讨。对贵州省案例的评价分析，由于相关生态环境数据未能及时获取和更新，许多问题有待后续深入研究。限于笔者的知识水平，本书肯定存在诸多不足和缺点，敬请各位专家和读者批评指正。

张琳杰

2021 年 10 月